o Legado Vivo
de Peter Drucker

o Legado Vivo de **Peter Drucker**

Craig L. Pearce,
Joseph A. Maciariello
Hideki Yamawaki

*M.*BOOKS

M.Books do Brasil Editora Ltda.

Rua Jorge Americano, 61 - Alto da Lapa
05083-130 - São Paulo - SP - Telefones: (11) 3645-0409/(11) 3645-0410
Fax: (11) 3832-0335 - e-mail: vendas@mbooks.com.br
www.mbooks.com.br

Dados de Catalogação na Publicação

PEARCE, Craig L.; MACIARIELLO, Joseph A.; YAMAWAKI, Hideki
O Legado Vivo de Peter Drucker – a sabedoria, o conhecimento e as ideias ao alcance dos líderes atuais

2011 – São Paulo – M.Books do Brasil Editora Ltda.

1. Liderança   2. Administração   3. Recursos Humanos

ISBN: 978-85-7680-102-3

Do original: The Drucker Difference
ISBN original: 978-0-07-163800-5
© 2010 by Craig L. Pearce, Joseph A. Maciariello, Hideki Yamawaki, McGraw Hill
© 2011 M.Books do Brasil Editora Ltda. Todos os direitos reservados. Proibida a reprodução total ou parcial. Os infratores serão punidos na forma da lei.

Editor
Milton Mira de Assumpção

Tradução
R. Brian Taylor

Produção Editorial
Beatriz Simões Araújo

Coordenação Gráfica
Silas Camargo

Editoração
Crontec

Ilustração da capa
Opoku Acheampong

2011
M.Books do Brasil Editora Ltda.
Todos os direitos reservados.
Proibida a reprodução total ou parcial.
Os infratores serão punidos na forma da lei.

Sumário

Prefácio à Edição Brasileira...13

Prefácio 19

Introdução – O Legado Vivo de Peter Drucker.............................23
As Contribuições Neste Livro 25
Juntando Tudo 29

1. **Administração como Arte Liberal** 31
As Artes Liberais: uma Tradição Histórica.......................33
Aplicando Administração como uma Arte Liberal para os
Executivos de Hoje 36
Conclusão..43

2. **Drucker sobre Governo, Empresas e Sociedade Civil: Funções,
Relacionamentos, Responsabilidades** 47
A Necessidade do Governo em Conduzir, Não Pilotar 49
Juntando Tudo 52
Chama-se Responsabilidade, Idiota! 54
Olhando Pela Janela para Ver o Que é Visível, Mas Ainda Não
Foi Visto 56

3. **Liderando Profissionais do Conhecimento: Além da Era de Comando
e Controle**...63
O Que É Trabalho com Conhecimento Técnico? 64
O Desafio em Liderar Profissionais do Conhecimento 65
Liderança no Contexto Histórico.....................................66
Como Liderar o Trabalho com Conhecimento Técnico – Está
na Receita...68

6 O LEGADO VIVO DE PETER DRUCKER

Liderança Diretiva 68
Liderança Transacional 69
Liderança Transformacional 70
Liderança de Delegação de Poder 70
Evidência Científica Sobre a Liderança Compartilhada 71
A Liderança Compartilhada é uma Panaceia? 72
O Futuro de Liderar o Trabalho com Conhecimento Técnico 72

**4. Administração Baseada em Valor(es): Responsabilidade Social
Corporativa Vai de Encontro à Administração Baseada em Valor 75**
Adam Smith, a Mão Invisível e Administração Baseada em Valor 77
A Perspectiva de um *Stakeholder* 79
Administração Baseada em Valor(es): um Casamento da
Administração Baseada em Valor e a Teoria dos *Stakeholders* 80
Administração Baseada em Valor(es) – A Evidência 83
Conclusão 84

5. Drucker sobre a Governança Corporativa 87
Diretorias: o Eterno Vilão 87
As Reformas Governamentais dos Estados Unidos em 2002 88
O Papel da Diretoria 89
Administração *versus* Governança 92
Independência do Diretor *versus* Independência da Diretoria 93
O Novo Foco: Liderança da Diretoria 95
Os Diretores Deveriam Engajar-se com os *Stakeholders*? 99
Conclusão 102

6. Propósito Corporativo 103
O Que É o Propósito Corporativo? 104
Por Que um Propósito Focado no Cliente É Superior? 105
Equilibrar os Interesses dos *Stakeholders* é um Propósito
Vago 106
Por Que Não um Propósito Focado no Funcionário? 107
Por Que Não um Propósito Focado no Acionista? 107
Qual É o Papel dos Lucros? 113
Propósito e Significado 115
Propósito e Estratégia 117
Propósito e Orientação Estratégica 118

Propósito e a Maneira de Administrar 119
   Propósito e o Processo de Formulação da Estratégia.................119
   Refletindo o Propósito nas Metas Operacionais 120
   Influência Administrativa por meio de Valores Compartilhados
   Fundamentada no Propósito...121
   Administrando a Mudança com Propósito 122
  As Responsabilidades da Liderança 122

7. Estratégia para Qual Propósito? **125**
  Propósito...127
   Armadilhas...130
   Stakeholders...132
  Objetivos..134
  Estratégia 135
  Execução 136
   Talentos e Adequação...136
   Políticas...137
   Responsabilidade e Responsabilização pelos Resultados,
   Não pelas Atividades...137
  Conclusão...138

8. O Século XXI: o Século do Setor Social **139**
  Drucker e o Setor Social 140
  O Setor Social Definido 142
  Liderando a Mudança Social: Inovação e Empresariado por
  meio do Setor Social 143
   TransFair USA...145
   YWCA da Grande Los Angeles 148
  Desenvolvendo o Amanhã do Setor Social 150

9. Ambiente Econômico, Inovação e Dinâmica das Indústrias **153**
  Ambiente Industrial 154
  Ambiente Nacional...158
  Ambiente Global 162
  Conclusões 164

10.Uma Praga no Carisma: Por Que Liderança Conectiva e Caráter Importam ... **165**
  Carisma *versus* Caráter e Desempenho 167

8 O LEGADO VIVO DE PETER DRUCKER

O Fim da Era Geopolítica: a Emergência da Era Conectiva 168
Desafios da Era Conectiva: Diversidade e Interdependência 170
Integrando Diversidade e Interdependência 171
Autenticidade e Responsabilidade: Marcos da Liderança
Conectiva 172
Maquiavelismo Desnaturado: Instrumentalismo Ético 173
Alcançando a Missão por Conexões: um Repertório de Estilos
de Realização 175
    O Modelo L-BL de Estilos de Realização 177
    O Conjunto de Estilos de Realização Direto: Intrínseco,
    Competitivo e Poder 177
    O Estilo de Realização Instrumental: Pessoal, Social
    e Confiante 179
    O Conjunto de Estilos de Realização Relacional: Colaborador,
    Contribuidor e Indireto 181
Inventários para Medir a Liderança Conectiva: Avaliações
Individuais, Organizacionais, Situacionais e de 360° 184
Liderança para Quê? Lidando com as Questões Sérias de Vida 185
    O Perigoso *Trade-Off* 185
    Uma Contribuição Fundamental da Liderança 186

**11. Produtividade do Profissional do Conhecimento e a Prática da
Autoadministração** **189**
Produtividade de Dentro para Fora 190
Desenvolvendo a Prática de Autoadministração 192
Autoadministração Significa Administrar Seu Sistema Nervoso 194
A Atenção é a Base para a Autoadministração 194
    Drucker e a Necessidade Vital de Treinar a Percepção 195
    Atenção Concentrada: Foco é Poder 196
    Tarefas Múltiplas Danificam Sua Produtividade, Seus
    Relacionamentos e Seu Cérebro 196
    Quebrando o Ciclo de Tarefas Múltiplas 198
    Meditação para Concentração: Fortalecendo o CEO Interno 198
Atenção, Atenção Plena e Abandono Sistemático: Aprendendo
a Ver para Mudar 199
    Neuroplasticidade: Religando a Rede 200
    Atenção Plena Significa Direcionar a Atenção 201
    Atenção Plena e Adam Smith 201

Empregando o Espectador Imparcial 202
Atitudes Mentais para o *Status Quo* e Atitudes Mentais para o
Crescimento 202
Estar Atento às Emoções Reativas 205
O Caso do Engenheiro Ansioso 205
Drucker, o Grande Libertador 206

12. Mercado de Mão de Obra e Recursos Humanos: Administrando Trabalhadores Manuais e Profissionais do Conhecimento 209

Fundações Conceituais e a Importância do Mercado de Mão de Obra 210
Recursos Humanos e o Papel da Administração................................212
Usando os *Insights* de Drucker para Entender o Impacto do
Mercado de Mão de Obra de Imigração nos Estados Unidos.............215
Conclusão..219

13. Peter Drucker: o Economista Humanista 221

Introdução..221
Peter Drucker: os Primeiros Anos 222
Peter Drucker: Grupos e Governos 226

14. As Visões de Drucker e Suas Fundações: Corporações, Gerentes, Mercados e Inovação.. 235

Sobre as Bases da Visão de Drucker 235
Contexto Histórico 236
Bases Econômicas..242
Síntese 247
A Visão de Drucker 247
Economia Clássica e a Intenção de Lucro 249
Propósito Social Corporativo e o Imperativo de Valor.............253
Responsabilidade Social Corporativa e Ética Administrativa 257
Propósito Corporativo e Inovação...260
Recapitulação...262
Uma Conjectura da Visão de Drucker sobre o Colapso Econômico
de 2008-2009 263

15. Drucker sobre Marketing: Lembre-se, de que os Clientes são o Motivo para Você Ter um Negócio 267

A História do Marketing 268

10 O LEGADO VIVO DE PETER DRUCKER

Drucker sobre Marketing 269
    Vendo a Organização do Ponto de Vista do Cliente 269
    Os Clientes São Racionais ou Irracionais? 270
    A "Abordagem ao Marketing Total" 271
    Limites do Mercado e Mercados em Mudança 272
Drucker sobre Inovação, Desempenho Organizacional e Bem-Estar
Social 274
    Marketing em Contextos Diferentes 274
    Princípios Sólidos de Marketing: o Bom e o Ruim 275
Conclusão 277

16. Um Exame Mais Detalhado dos Planos de Pensão **279**
    O Mercado de Investimentos dos EUA 281
    Anatomia dos Investidores dos Fundos de Pensão 282

Notas **289**

Referências **305**

Índice **319**

Este livro foi selecionado, aprovado e recomendado pela ACADEMIA BRASILEIRA DE MARKETING.

A ACADEMIA BRASILEIRA DE MARKETING é uma iniciativa e propriedade intelectual do MADIAMUNDOMARKETING, idealizada no final dos anos 1990 e institucionalizada em março de 2004.

Tem como MISSÃO: identificar, selecionar e organizar as melhores práticas do MARKETING mundial e disseminá-las no ambiente empresarial brasileiro, garantindo o acesso às mesmas, muito especialmente das micros, pequenas e médias empresas, no sentido de contribuir, decisivamente, para seus sucessos e realizações na luta pela sobrevivência e crescimento.

Tem como VISÃO: tornar todas as empresas brasileiras extremamente competitivas pela adoção e implementação das melhores práticas do MARKETING, resultando, por decorrência, no desenvolvimento econômico e social do país.

Seu ENTENDIMENTO DO MARKETING: mais que uma caixa de ferramentas, é o de tratar-se de ideologia empresarial soberana e consagrada, presente nas empresas que buscam, de forma incansável e permanente, conquistar, desenvolver e preservar clientes, e crescer, sempre, e, preferencialmente, através dos próprios clientes.

Agostinho Gaspar
Alex Periscinoto
Álvaro Coelho da Fonseca
Amália Sina
Antonio Jacinto Matias
Armando Ferrentini
Carlos Augusto Montenegro
Chieko Aoki
Cristiana Arcangeli
Edson de Godoy Bueno
Eduardo Souza Aranha
Elcio Aníbal de Lucca
Francisco Alberto Madia de Souza
Francisco Gracioso
Gilmar Pinto Caldeira
Guilherme Paulus
Ivan F. Zurita

João De Simoni Soderini Ferracciù
José Bonifácio de Oliveira Sobrinho
José Estevão Cocco
José Victor Oliva
Lincoln Seragini
Luiz Antonio Cury Galebe
Luiz Carlos Burti
Marcelo Cherto
Marcos Henrique Nogueira Cobra
Miguel Krigsner
Milton Mira de Assumpção Filho
Nizan Guanaes
Pedro Cabral
Peter Rodenbeck
Régis Dubrule
Viviane Senna
Walter Zagari

Prefácio à Edição Brasileira

DRUCKER, PETER FERDINAND DRUCKER, mudou a minha vida.

Se, como disse o filósofo e jornalista espanhol, JOSÉ ORTEGA y GASSET, "eu sou eu mais as minhas circunstâncias", minha circunstância foi ter caído em minhas mãos, em 1963, ano de lançamento da edição brasileira, o livro "PRÁTICA DE ADMINISTRAÇÃO DE EMPRESAS".

Nesse livro, PETER DRUCKER, com sua sensibilidade, poder de observação e capacidade de síntese, anuncia ao mundo o início da ADMINISTRAÇÃO MODERNA. Aquela que se caracteriza por inverter a mão de direção. Não mais de dentro para fora, como eram as empresas até então, e sim de fora para dentro, para sempre, como passam a ser as empresas de sucesso daí para frente. Coloca, definitivamente, o cliente como eixo, ponto de partida e chegada; razão de ser de um negócio; convertendo o marketing, muito mais que uma ferramenta ou departamento, em uma ideologia. A ideologia da empresa moderna.

Na medida em que a razão de ser de empresas de todos os portes e de todos os setores de atividade é CONQUISTAR E PRESERVAR CLIENTES, Drucker sentencia: "o marketing é a função única e comum das empresas. E é tão essencial que não basta ter um departamento e entregar a ele todos os assuntos do mercado. O marketing compreende todo o negócio. É o negócio inteiro olhado do ponto de vista de seus resultados

14   O LEGADO VIVO DE PETER DRUCKER

finais, isto é, sob a ótica do cliente. Assim, a preocupação e a responsabilidade pelo marketing devem penetrar e permanecer presentes em todos os setores da empresa, e não exclusivamente na área de marketing".

Em seus quase 96 anos de vida, escreveu 42 livros, formou empresários e profissionais no mundo inteiro, anunciou com a necessária e suficiente antecedência o mundo em que amanheceríamos na virada do milênio – novo, plano e colaborativo –, sem jamais conseguir esconder os traços marcantes de sua personalidade: generosidade, simpatia e simplicidade, próprios dos verdadeiramente sábios.

DRUCKER, desde cedo, descobriu-se um CIRCUNSTANTE, conforme se explica: "Os circunstantes não têm história própria. Embora possam estar no palco, não fazem parte da peça. Não pertencem sequer à plateia. O êxito do espetáculo e de cada ator depende do público, enquanto as reações de um circunstante não têm efeito algum, exceto sobre ele mesmo. Porém, nos bastidores, é testemunha das coisas que nem atores e nem a plateia perceberam. Sua perspectiva é diferente, seu ângulo de visão exclusivo. UM CIRCUNSTANTE REFLETE, NÃO COMO UM ESPELHO, MAS SIM COMO UM PRISMA, POIS NO REFLETIR ELE REFRATA O SEU TESTEMUNHO".

De verdade, mesmo, descobriu-se UM CIRCUNSTANTE no dia 11 de novembro de 1923 – viria a morrer exatos 82 anos depois -, quando foi escolhido para liderar todo o desfile do DIA DA REPÚBLICA DA ÁUSTRIA, em VIENA, a data mais importante do país e a frente de milhares de estudantes e soldados. Depois de alguns quarteirões cumprindo sua missão decidiu passar a bandeira para outro de seus companheiros porque, e definitivamente, se recusava a marchar com a tropa, com a multidão; queria seguir seu próprio caminho, não queria nem conduzir e muito menos ser conduzido. Quando se deu conta da sua condição de CIRCUNSTANTE, se lembrou de outros episódios de sua infância em que já manifestara semelhante comportamento.

Em seus registros e manifestações, muito pouco sobre seus pais, ADOLPH DRUCKER, um funcionário público qualificado, e CAROLINE DRUCKER, uma física de formação e profissão. Sua família perten-

Prefácio à Edição Brasileira **15**

cia à elite intelectual e política de VIENA, e sua casa era frequentada duas ou três vezes por semana pelo mais importante grupo de artistas, intelectuais, médicos, advogados e psicólogos da cidade. DRUCKER ignorava e se aborrecia com essas pessoas.

Mas era apaixonado por sua avó, BERTHA BOND. "Uma velhinha boba", como ela mesma se intitulava, todas as vezes que precisava de alguma coisa, ou queria passar a perna em alguém. Segundo DRUCKER, "VOVÓ BERTHA não era brilhante. Era simples e direta. Tinha os olhos abertos para tudo. Possuía sabedoria ao invés de sofisticação, sagacidade ou inteligência".

BERTHA BOND foi aluna de piano de CLARA SCHUMANN, tocou para BRAHMS, e no final de sua curta carreira como pianista foi regida por GUSTAV MAHLER. Produziu dezenas e dezenas de frases memoráveis, como: "Meninas, vistam sempre lingerie limpa quando saírem. Nunca se sabe o que vai acontecer", para horror de seus filhos e netos.

Na infância e juventude de DRUCKER, as pessoas que mais acompanharam suas recordações e o influenciaram, até o final de sua vida, foram duas professoras – DONA ELSA e DONA SOPHY -, um casal amigo – HEMME e GENIA (Dr. HERMANN e EUGENIA SCHWARZWALD), e outro casal de artistas – CONDE TRAUN-TRAUNECK e MARIA MUELLER.

Segundo DRUCKER, as professoras "me fizeram ver que é possível ensinar e aprender mantendo um alto padrão de qualidade, um interesse inabalável e constante". HEMME foi quem praticamente o expulsou de VIENA dizendo: "Quando se decide partir, parte-se. Não se fica fazendo visitinhas de despedida. Dê um beijo de adeus em GENIA, levante-se e vá para casa arrumar a mala. O trem para Londres parte amanhã ao meio dia e você estará nele". E o outro casal de artistas, que se manifestava pública e permanentemente contra o nazismo, e que acabou se suicidando quando HITLER e seus seguidores ingressaram em VIENA.

DRUCKER casou-se em 1934 com DORIS SCHMITZ, com quem teve 4 filhos, e que lhes deram 6 netos. Antes de conhecer DORIS, trabalhou

16 O LEGADO VIVO DE PETER DRUCKER

como repórter em um jornal de FRANKFURT (ALEMANHA), enquanto se tornava Doutor em Direto Público e Internacional pela FRANKFURT UNIVERSITY (1931). Depois foi para LONDRES trabalhar em um banco comercial. Já casado, imigrou para os EUA, tornando-se correspondente de várias publicações europeias.

Em 1939, publica seu primeiro livro, "THE END OF ECONOMIC MAN: THE ORIGINS OF TOTALITARISM", caindo nas graças de CHURCHILL e no ódio dos nazistas, e no outono de 1943 recebe um telefonema de PAUL GARRETT, RP da GENERAL MOTORS, falando em nome do homem que mudou a história da companhia, ALFRED SLOAN JR., convidando DRUCKER para conhecer os novos métodos e princípios administrativos que adotara de uma empresa que renasceu a partir do mercado, sob a ótica do marketing. Uma empresa, a primeira empresa do mundo moderno, a se destruir e reconstruir DE FORA PARA DENTRO. Lastreado nessa experiência que durou dois anos, e em tudo o mais que viu nos anos seguintes, publica em 1954 o histórico livro "THE PRACTICE OF MANAGEMENT", que estabelece as bases da ADMINISTRAÇÃO MODERNA e eleva o MARKETING à condição de IDEOLOGIA EMPRESARIAL: A IDEOLOGIA A SER ADOTADA E PRATICADA PELAS PRINCIPAIS EMPRESAS DO MUNDO DAÍ PARA FRENTE – na recomendação dele, PETER DRUCKER.

Tudo o mais é história, milhares e milhares de empresas que cresceram e prosperaram à luz de seus inestimáveis e fundamentais ensinamentos.

DRUCKER passou boa parte de sua vida no sul da CALIFÓRNIA, Estados Unidos da América, para onde se mudou em meados dos anos 1970. No início, além de escrever, lecionava GESTÃO e CIÊNCIAS SOCIAIS na CLAREMONT GRADUATE SCHOOL. Nos anos 80, é criado o CLAREMONT GRADUATE CENTER of MANAGEMENT, que mais tarde recebe a denominação de PETER DRUCKER. E nos anos 80 ainda, o então DRUCKER CENTER converte-se na PETER F. DRUCKER GRADUATE SCHOOL OF MANAGEMENT da CLAREMONT GRADUATE UNIVERSITY.

Prefácio à Edição Brasileira **17**

Ao escolher um livro para homenagear DRUCKER, seu PATRONO, a ACADEMIA BRASILEIRA DE MARKETING optou por aquele desenvolvido, discutido e elaborado em seu próprio ambiente de trabalho, por 18 professores da escola que leva seu nome: O LEGADO VIVO DE PETER DRUCKER. No título, e de certa forma, uma homenagem de seus amigos a uma de suas muitas reflexões: "JOSEPH SCHUMPTER, um dos maiores economistas de todos os tempos, quando tinha 25 anos de idade rascunhou como gostaria de ser recordado. Em primeiro lugar como o melhor cavaleiro; depois, como o melhor amante da Europa; e, finalmente, como o melhor economista. 45 anos depois, próximo de sua morte, voltou ao tema eliminando o primeiro e o segundo lugar e restringindo-se ao economista, ao homem que tinha alertado o mundo sobre os perigos da inflação. Eu me pergunto, permanentemente, que recordação gostaria de deixar? E o simples fato de se fazer essa pergunta induz a pessoa a renovar-se e a ver-se como alguém que faz a diferença..."

Drucker fez e continuará fazendo a diferença por muitas décadas. Seguramente, até 2050. Boa leitura!

Francisco Alberto Madia de Souza

Presidente da Academia Brasileira de Marketing,
Presidente do Madiamundomarketing e Madia Marketing School.

Prefácio

Charles Handy

Este livro é um tipo de celebração. Não são muitas as pessoas que veem a obra de sua vida atrair todos os membros do corpo docente para um projeto de colaboração baseado nesse legado intelectual. Mas, afinal de contas, nem todo mundo é Peter Drucker, nem muitos membros do corpo docente são como os da School of Management em Claremont, que carregam o nome de Drucker. O desejo de todos os eruditos é que seu trabalho cresça e se desenvolva além de sua morte. O projeto que este livro resume é, portanto, o mais sincero elogio que alguém poderia fazer a um grande pensador, professor e erudito no centenário de seu nascimento.

Porém ele é mais do que isso. Ele é, ou deveria ser, uma inspiração e um desafio para outros locais de aprendizado e ensino. Os editores deste volume de ensaios são muito modestos. A história por trás do livro é sem dúvida singular, como dizem, mas os editores não dão a devida ênfase à cultura institucional especial que o tornou possível. Perguntamo-nos, ele poderia ter acontecido em qualquer outra escola de negócios? E se não, por quê não?

Como relatado, uma reunião de todos os membros da Drucker School (ou The Peter F. Drucker and Masatoshi Ito Graduate School of Management, seu título completo) decidiu espontaneamente, "sem incitação ou provocação", desenvolver um curso em conjunto. A cada semana, o curso seria ministrado por um membro diferente do corpo docente, cada um deles demonstrando como o trabalho de Drucker estava sendo desenvolido em sua própria área de estudo. Este livro oferece-nos uma visão geral dessas contribuições individuais para o curso.

É muito raro ver 18 professores trabalharem juntos, em harmonia, mas concordarem em unir sua pesquisa e ensino individual ao trabalho de outra pessoa é ainda mais especial. A Drucker School não é uma escola grande, o que facilitou esse processo, mas você não precisa estar em grande número para fazer a diferença, neste caso, a Diferença Drucker, como eles a chamaram. Na realidade, grandes instituições, em suas buscas por mais tamanho e influência, se esquecem por que elas foram criadas.

As escolas de administração para formados são lugares incomuns. A maioria delas foca em uma disciplina, seja ela direito, medicina ou arquitetura. As escolas de administração, por outro lado, trazem disciplinas diferentes para se relacionarem a uma área de atividades – organizações –, geralmente deixando que os alunos façam todas as conexões necessárias entre as disciplinas. A variedade de disciplinas dificulta ainda mais o desenvolvimento de uma filosofia comum ou direção. Certa vez, no início de minha carreira como professor na recém-formada London Business School, um jornalista me ligou perguntando o que a escola achava sobre a recente retração econômica. Ouvi a mim mesmo responder: "A escola, como escola, não tem uma opinião, embora alguns professores individuais possam ter". Eu pensei, depois que desliguei, que o ideal seria a escola ter uma opinião, ou pelo menos uma filosofia compartilhada.

A Drucker School tem uma filosofia. É uma filosofia profundamente enraizada na teoria humanística de administração e governo de Peter Drucker – uma perspectiva das organizações onde as pessoas importam. Peter Drucker viveu muito tempo, era muito curioso sobre muita coisa e descreveu tantos tópicos em seus escritos que há um poço profundo de pensamentos do qual a escola pode extrair. Certa vez foi dito sobre um potencial primeiro ministro britânico que ele seria uma decepção, isso porque "ele não tinha bagagem cultural", o que significava que ele tinha uma base estreita e superficial em relação à visão do mundo, embora fosse profissionalmente astuto. É um fracasso compartilhado por muitos líderes de negócios de hoje. Ninguém pode dizer que Peter Drucker não tinha bagagem cultural. Na realidade, foi seu amplo entendimento de história, arte e todas as disciplinas humanas, não apenas de negócios, que o fez interessante para tantos durante tanto tempo.

Assim sendo, o livro é, em primeiro lugar, uma excelente maneira de entender como as ideias de Drucker se aplicam aos dilemas de hoje, sejam eles problemas enfrentados por organizações, por governos ou por indivíduos. Mas ele também serve de exemplo sobre como uma escola de administração ou de negócios consegue usar uma filosofia declarada para misturar o que, à primeira vista, são disciplinas bastante diferentes. Tive o privilégio de conhecer a Drucker School de perto e sei que ela funciona.

Charles Handy é filósofo social, autor e locutor, residente em Londres. Ele foi Professor Visitante na Drucker School em 2008.

Introdução

O Legado Vivo de Peter Drucker

Craig L. Pearce, Joseph A. Maciariello e Hideki Yamawaki

A alternativa para instituições autônomas que funcionam e agem não é a liberdade. É a tirania totalitarista.

– Peter F. Drucker

Este livro proporciona um retrato do trabalho originado no laboratório da The Peter F. Drucker and Masatoshi Ito Graduate School of Management, onde membros do corpo docente, alunos e funcionários exploram juntos as fronteiras de administração. Peter Drucker, é claro, foi membro do nosso corpo docente de 1971 a 2005, e ministrou cursos conosco até meados dos seus 90 anos. Na realidade, muitos de nós tivemos enorme prazer em sentarmos em suas aulas. Além do ambiente de sala de aula, muitos de nós tínhamos um relacionamento pessoal com ele – ele influenciou nossos pensamentos, nossa cultura e nossa filosofia. O que era interessante sobre Peter é que ele era tão humilde e tão magnânimo. Ele dava créditos a todos que o cercavam e compartilhava suas ideias e seus conselhos gratuita e respeitosamente.

Nossa filosofia de administração na Drucker School está profundamente enraizada no trabalho profissional de Peter e em seu caráter pessoal. Nossa abordagem à organização está intensamente focada no lado humano de empresa – a ideia de que as pessoas têm valor e dignidade, e que a função da administração é proporcionar um contexto no qual elas possam florescer intelectual e moralmente. Este é o posicionamento filosófico que une os membros do nosso corpo docente, é a mensagem que ressoa dentro de nós, e foi o que inicialmente nos atraiu para a Drucker School. Hoje aspiramos em levar adiante a mensagem de Drucker por meio de nosso ensino, nossos escritos e nossas consultorias, e, nem é preciso dizer, por meio de nosso envolvimento cívico. A devoção de Peter ao trabalho de organizações no setor social tem sido um exemplo para todos nós.

Foi muito triste para nós quando Peter faleceu em 11 de novembro de 2005. Na Drucker School, houve um sentimento de vazio, naturalmente. Ele era, afinal de contas, a cola que inicialmente nos uniu em nossa busca para melhorar a vida das pessoas. Inicialmente, encontramos muitas pessoas, inclusive nós, fazendo perguntas como: "O que Peter acharia?", "Quais perguntas Peter faria?" ou "O que Peter faria?" É claro que Peter teria desencorajado tais perguntas – ele queria que todos nós pensássemos por conta própria, mas ninguém conseguia ignorar o profundo compromisso de Peter com a administração como uma atividade humana, que é sobre o que este livro trata.

Em nossa jornada, descobrimos que a filosofia de Peter penetrava em nossa visão do mundo de maneira tão profunda que ele continua vivendo através do trabalho de todos aqueles que seguem seus passos. Uma coisa que sabemos muito bem sobre Peter é que ele não queria que nós simplesmente olhássemos para trás, para o que ele fez. Ele queria que pegássemos o manto da administração, o qual ele carregou com tamanha aptidão por tanto tempo, e o levássemos adiante, cada um em seu próprio caminho.

Durante uma reunião do corpo docente da Drucker School, na primavera de 2007, algo impressionante aconteceu. Espontaneamente, sem incitação ou provocação, todo o corpo docente aderiu à ideia de desenvolver um curso em conjunto, sobre o qual pudéssemos legar e honrar as bases intelectuais que Peter Drucker havia assentado para cada um de nós. Este precisava ser um curso novo, diferente; um curso que abrangesse as várias disciplinas de administração. Era um curso inspirado por Peter Drucker, e foi feito para continuar construindo o legado vivo de Drucker dentro de nossos respectivos campos, além de expandir seu legado para o futuro por meio de nossos ensinamentos.

Embora o curso "The Drucker Difference" tenha sido concebido na primavera de 2007, ele nasceu em setembro desse mesmo ano. Ele é singular. A cada semana, ele é ministrado por um membro diferente do corpo docente. Cada aula começa com as bases filosóficas de Drucker e cada membro do corpo docente expande as bases de Drucker através de seu próprio trabalho. O curso perpetua o legado vivo de Drucker, e este livro capta a essência do curso.

Para alguns de nós, o trabalho intelectual de Drucker pode ser encontrado em seu trabalho sobre pensões; para outros, em seu trabalho no setor sem fins lucrativos; para outros, em seu meio século de trabalho sobre o trabalho com conhecimento técnico; e para outros ainda, é sua profunda preocupação pela importância de criar uma sociedade que funcionasse. Peter era prolífico. Seu trabalho tocou em quase todos os aspectos da sociedade (incluindo a arte e a teoria do caos, as quais não estão incluídas neste livro), e cada um de nós consegue extrair desse poço lições diferentes para levar adiante a filosofia de Drucker. A seguir, fazemos uma revisão breve do conteúdo deste livro.

As Contribuições Neste Livro

O livro começa com "Administração como Arte Liberal", de Karen Linkletter e Joseph A. Maciariello. Os autores concretizam as ideias de Drucker sobre como a administração, quando adequadamente praticada, é uma arte liberal. O que ele queria dizer é que administração é liberal porque extrai seus fundamentos da vida, como conhecimento e sabedoria, e é uma arte porque ela requer aplicação e sabedoria para ser realizada.

Em seguida, em "Drucker sobre Governo, Empresas e Sociedade Civil", Ira Jackson faz três coisas. Primeiro, ele introduz a filosofia de Drucker sobre governo. Segundo, explora a perspectiva de Drucker sobre o relacionamento apropriado entre empresas e governos. Terceiro, examina os desafios comuns e as características diferenciadoras da administração e da liderança em empresas, governos e sociedade civil, que Drucker estava entre os primeiros a entende e a defender. Ao fazer isso, o capítulo apresenta um curso claro para o futuro de tais esforços.

No capítulo seguinte, "Liderando Profissionais do Conhecimento", Craig L. Pearce examina a natureza do trabalho com conhecimento técnico, do qual a emergência Drucker identificou quase meio século atrás. Trabalho com conhecimento técnico é fundamentalmente diferente dos outros tipos de trabalho; ele requer contribuições voluntárias do capi-

26 O LEGADO VIVO DE PETER DRUCKER

tal intelectual dos profissionais habilitados que o realizam. Do mesmo modo, Pearce diz que precisamos perguntar-nos qual tipo de relacionamento é mais apropriado no contexto do profissional do conhecimento. Assim sendo, esse capítulo discute múltiplas formas de liderança e identifica como cada uma é mais apropriadamente distribuída entre os profissionais do conhecimento.

Em seguida, em "Administração Baseada em Valor(es)", James Wallace examina a justaposição da criação de valores baseados em riqueza com valores humanos. A abordagem da administração baseada em valores (ABV) enfatiza que o único propósito da corporação é criar riquezas para o acionista, ao passo que a estrutura de responsabilidade social corporativa (RSC) enfatiza preocupações sociais mais amplas e vários *stakeholders*. Wallace demonstra que essas duas filosofias se complementam muito mais do que divergem uma da outra; quando ambas são apropriadamente empregadas, elas levam a um ciclo virtuoso em que "fazer o bem" leva a "fazer bem", o que proporciona a habilidade de "fazer ainda melhor". Como dizia Drucker: "Não é suficiente 'fazer bem'; também é preciso 'fazer o bem'". Mas para poder "fazer o bem", uma empresa precisa primeiramente "fazer bem".

Baseado no capítulo de Wallace em "Drucker sobre a Governança Corporativa", Cornelis de Kluyver expande as opiniões de Drucker sobre o papel crítico da governança em empresas modernas. Esse capítulo estuda as principais questões no debate atual sobre governança corporativa e as conecta à filosofia e aos escritos de Peter Drucker.

Richard Ellsworth, em "Propósito Corporativo", proporciona uma perspectiva sobre o papel do propósito corporativo, o qual Drucker definiu como o conceito central da corporação. Pelo fato de o propósito corporativo ser o elemento central da estratégia – o fim para o qual cada estratégia é direcionada –, ele age como uma fonte de coesão organizacional, direção estratégica e motivação humana. Lidar com as razões fundamentais para a existência de uma empresa levanta questões a respeito dos meios e fins da performance corporativa. Assim, esse capítulo examina a influência profunda que o propósito, ou a falta deste, tem sobre a corporação.

Subsequentemente, Vijay Sathe, em seu capítulo "Estratégia para Qual Propósito?", oferece uma estrutura poderosa – a estrutura POSE – para avaliar a estratégia. A estrutura POSE significa propósito, objetivos, estratégia e execução, e está firmemente embutida no trabalho de Drucker sobre estratégia e implementação da estratégia. É uma ferramenta útil para gerentes em todos os níveis.

Em seguida, Sarah Smith Orr, em seu capítulo "O Século XXI: o Século do Setor Social", oferece uma estrutura para elaborar um entendimento sobre os traços distintos de organizações sem fins lucrativos / setor social ao aplicar e adaptar as ferramentas originalmente desenvolvidas por Peter Drucker.

Hideki Yamawaki, em "Ambiente Econômico, Inovação e Dinâmica das Indústrias", oferece uma visão mais macro das forças ambientais que agem sobre as empresas. Seguindo a linha de Drucker, Yamawaki examina como o ambiente de negócios atual de um país é moldado pelas suas condições históricas, políticas, econômicas e sociais. Quando a pessoa desenvolve um entendimento profundo dessas questões, ela está mais bem preparada para entender o formato do futuro vindouro para uma indústria, para uma empresa específica e para a economia global.

No próximo capítulo, "Uma Praga no Carisma", Jean Lipman-Blumen claramente identifica as profundas preocupações de Drucker sobre a liderança executiva. Drucker insistia que os líderes devem ser julgados pela sua performance e caráter, não pela qualidade enganosa e sedutora do carisma. Nesse capítulo, Lipman-Blumen demonstra como os líderes podem permanecer fiéis aos seus próprios constituintes, mantendo sua integridade e autenticidade, ao mesmo tempo conectando suas visões àquelas de grupos aparentemente antagonistas ou competitivos com os quais eles devem conviver e trabalhar em um mundo cada vez mais interdependente.

Continuando, em "Produtividade do Profissional do Conhecimento e a Prática da Autoadministração", Jeremy Hunter e J. Scott Scherer explicam a ênfase há muito estabelecida por Drucker sobre a necessidade de autoadministração. Eles fazem isso ao explorar a noção de "autoadministração errônea" – algo que é comumente sentido como estresse e que tem muitos custos pessoais e organizacionais escondidos. Desta maneira, esse capítulo introduz conceitos básicos e práticas de autoadministração.

Roberto Pedace, em seu capítulo "Mercado de Mão de Obra e Recursos Humanos", expõe a intersecção entre as ideias de Drucker sobre recursos humanos, administração de pessoal e as ferramentas que os economistas usam para discutir questões nessas áreas. Embora esta não tenha sido a ênfase primária dos pensamentos de Drucker, grande parte de seu trabalho descrevia a importância de decisões administrativas no recrutamento, treinamento, incentivos e compensação de funcionários, e Pedace extrai lições claras para os gerentes nesta área crítica da empresa.

As decisões que um funcionário toma sobre motivação criticamente afetam a sua produtividade. Jay Prag, subsequentemente, expande as visões de economia de Drucker em seu capítulo "Peter Drucker: o Economista Humanista". Nesse capítulo, Prag mostra como Drucker entendeu a atividade econômica ao observar atentamente o comportamento humano – algo que geralmente é deixado de lado nas equações matemáticas adotadas pela vasta maioria de economistas modernos, o que se encontra no coração do enfraquecimento da economia moderna.

No próximo capítulo, "As Visões de Drucker e Suas Fundações", Richard Smith proporciona uma revisão histórica abrangente das contribuições intelectuais de Drucker. Em seguida, ele examina como podemos realizar a visão de Drucker em nossas organizações hoje, especialmente no que diz respeito ao papel dos gerentes, à função dos mercados e à importância da inovação. Smith ilustra o profundo compromisso de Drucker com a Escola Austríaca de economia, com a responsabilidade individual, com a liberdade e com o perigo, sempre presente, de perder essas liberdades.

Em "Drucker sobre Marketing", Jenny Darroch examina alguns dos princípios de marketing e inovação que Drucker introduziu muitos anos atrás. Neste capítulo, Darroch enfatiza a necessidade de vermos a empresa pelo ponto de vista do cliente – talvez a lição mais importante de Drucker em marketing. Além disso, examina a tensão contínua e dinâmica entre servir os clientes existentes e criar novos clientes.

Por último, Murat Binay apresenta-nos uma visão geral dos sistemas de aposentadoria nos Estados Unidos e no resto do mundo, em "Um Exame Mais Detalhado dos Planos de Pensão". Como explica Binay, Peter Drucker considerava a significância potencial de sistemas de aposentadoria públicos e privados, e fez observações prescientes sobre nossos sistemas de fundo de pensão. Esse capítulo explora o impacto econômico e social dos fundos de pensão, juntamente com sua influência na estrutura de propriedade das corporações dos Estados Unidos.

Juntando Tudo

Este livro oferece uma verdadeira prodigalidade de ideias que expande a fruta intelectual cultivada pelo horticultor mestre, Peter Ferdinand Drucker. Como tal, ele é um documento vivo, orgânico, que respira. As pessoas envolvidas neste projeto estão profundamente comprometidas com a filosofia de Drucker, a qual enfatiza o aprendizado perpétuo e o desenvolvimento contínuo como profissionais do conhecimento e como seres humanos. Nós sinceramente esperamos que você ache o conteúdo estimulante e provocativo. É claro que, embora estejamos elaborando as bases de Drucker, os pontos de vista expressados são unicamente dos autores específicos dos vários capítulos – somos todos um trabalho em andamento. Encorajamos você a se juntar a nós nessa busca para fazer a diferença em nossas vidas e em nossos trabalhos.

1

Administração como Arte Liberal

Karen E.Linkletter e Joseph A. Maciariello

Ainda não sabemos precisamente como conectar as artes liberais e a administração. Não sabemos ainda qual o impacto que essa conexão terá em qualquer uma das partes – e casamentos, mesmo os ruins, sempre mudam ambos os parceiros.

– Peter F. Drucker
"Teaching the Work of Management", *New Management*

As manchetes no final de 2008 e início de 2009 vociferavam evidências do descontentamento do público com a América corporativa. Os manifestantes repetidamente reuniam-se em Wall Street, exprimindo desgosto com a ajuda do governo ao setor financeiro. Os executivos da AIG repetidamente recebiam ameaças de morte depois que os pagamentos de bônus da empresa vieram a público. O Procurador de Nova York, Andrew Cuomo, iniciou uma investigação sobre o pagamento acelerado de bônus de funcionários da Merrill Lynch antes de sua fusão com o Bank of America. Rick Wagoner, CEO da General Motors, juntamente com seus companheiros CEOs, Robert Nardelli, da Chrysler e Alan Mulally, da Ford, voaram para Washington em jatos particulares para apelar pelo dinheiro dos contribuintes para resgatar a indústria automotiva, levando muitos sábios a perceberem como a América corporativa havia se "tornado tão alienada ao mundo real".

32 O LEGADO VIVO DE PETER DRUCKER

De salários inchados a pagamentos de bônus sem garantias a fraudes diretas como a de Bernie Madoff, a imagem pública das empresas americanas sofreu um abate nos últimos tempos. Adicionando mais lenha nessa fogueira de ira popular, há o sentimento de que as corporações perderam suas bússolas morais; quem quer ajudar um valentão que não joga de acordo com as regras? Parece que algo está realmente errado nas salas de diretoria da América. Temos as pessoas erradas liderando nossas organizações? Elas não foram bem treinadas? Ou é simplesmente, como dizem muitos, a marca de o capitalismo reproduzir ganância e luxúria pelo poder?

Peter Drucker tinha muito a dizer sobre o papel de poder nas organizações, assim como a seleção e o treinamento de executivos eficazes. Mas sua maior preocupação era que as organizações direcionassem sua atenção às pessoas; as organizações precisam prover os seres humanos com *status*, função e um sentimento de comunidade e propósito. Vista nesse contexto, a administração de pessoas dentro das organizações envolve o entendimento da natureza humana e valores culturais, comunais e morais – nas palavras de Drucker, uma questão de "bem e mal".[1] Embora muitas empresas tenham certo tipo de código de ética em suas declarações de missão, as questões de bem e mal existem para ser deixadas para as áreas de teologia ou filosofia – não para salas de reuniões. Ainda assim, Drucker insistia na necessidade de valores nas organizações. Isto fica claro não apenas em suas obras escritas, mas também foi evidenciado pelo seu estilo de ensinar e sua filosofia, como nós dois testemunhamos nos anos que trabalhamos com ele. E dado o estado da imagem da empresa aos olhos do público, talvez fosse útil fazer a pergunta: o que os gerentes e os executivos valorizam e por quê? Se organizações são sobre seres humanos, de onde estes seres extraem seus valores?

Uma maneira para começar a direcionar esse assunto é levar a sério a declaração de Drucker de que administração é uma arte liberal. Embora ele nunca tenha definido esse conceito totalmente, está claro que ele visualizava uma conexão entre a tradição de artes liberais, herdada das civilizações gregas e romanas, e as operações pragmáticas, diárias de uma organização. Um elemento crucial que conecta as artes liberais e a administração é a adoção e manutenção de valores culturais. Historicamente, o treinamento em artes liberais enfatiza o cultivo de crenças, comportamentos e opiniões que eram considerados por certas civilizações de alta qualidade moral (boa ou ruim). Se administração é, como Drucker disse, uma arte liberal, então ela deve similarmente envolver o desenvolvimento de códigos compartilhados de conduta e crenças dentro de uma organização. As implicações práticas da administração como arte liberal para as organizações de hoje são de grande projeção, e podem, de fato, proporcionar um novo esquema para resgatar a reputação da América corporativa.

As Artes Liberais: uma Tradição Histórica

O conceito de artes liberais, do qual o termo *artes liberais* origina, tem uma longa história. Embora ele tenha se originado com os gregos, os romanos, notavelmente Cícero, usaram o termo em latim *"artes liberales"* por volta do início do primeiro século a.C. A definição de uma arte liberal era uma habilidade ou ofício praticado por um cidadão livre, que tinha o tempo e os meios para estudar; em seu sentido clássico, a educação em artes liberais era para a elite, a classe que comandava a sociedade. O treinamento em artes liberais significava, então, treinar cidadãos para serem os líderes da sociedade. Assim sendo, o ideal de uma educação em *artes liberales* era instilar padrões de conduta e caráter, conhecimento/domínio de um corpo de textos, um respeito pelos valores e padrões sociais e apreciação pelo conhecimento e verdade. Quando houve o colapso do Império Romano, a Igreja incorporou os ideais clássicos e o currículo das artes liberais na educação cristã, infundindo as *artes liberales* antiga com uma nova missão religiosa.[2]

À medida que centros de aprendizado eram estabelecidos nas grandes universidades por toda a Europa, e os ideais da *Renaissance* começaram a ser infiltrados nessas instituições, o currículo do treinamento em artes liberais mudou, mas a ênfase sobre os valores da antiguidade e a transmissão de valores morais, para refinar o ser humano, permaneceu. Os modelos de educação superior desenvolvidos em Cambridge e Oxford foram virtualmente transplantados para as colônias americanas, primariamente como faculdades de denominação protestante, tal como Harvard (1636), William e Mary (1693) e Yale (1701). Como na Inglaterra e na Europa, essas primeiras universidades educavam um grupo de elite de jovens rapazes em literatura clássica (na versão original em grego e latim), assim como a Bíblia, para desenvolver o caráter moral deles e sua disponibilidade para estudos adicionais em direito, medicina ou sacerdócio.[3]

34 O LEGADO VIVO DE PETER DRUCKER

As mudanças de atitude e o aumento da industrialização acenderam o chamado para um currículo educacional que fosse mais acessível para um segmento maior do público e mais adequado para as necessidades práticas de uma economia em expansão. A Lei Morrill de 1862 concedia ajuda financeira às faculdades que ensinassem agricultura e matérias vocacionais, refletindo a definição revista de o que constituía matérias apropriadas para instituições de ensino superior. O modelo da universidade de pesquisa alemã, onde a produção de eruditos havia substituído o ensino como fonte de prestígio e renda, assentou a fundação para as novas universidades americanas, como a John Hopkins (1876). Em resposta à demanda crescente por mais treinamento pragmático, várias faculdades de artes liberais estabeleceram as primeiras escolas de comércio para formados.

Ainda assim, mesmo com essas novas escolas profissionais de MBA, havia a suposição de que os alunos que entrassem receberiam uma educação de artes liberais; a Tuck School of Administration and Finance de Dartmouth (1900), a Harvard Business School (1908) e a Wharton School da Universidade da Pensilvânia (1921) exigiam uma formação no ensino médio ou o estudo no ensino médio coincidindo com o treinamento em comércio.[4] O motivo para exigir uma educação em artes liberais, como precursora dos estudos em comércio, era proporcionar uma fundação moral para os jovens: treinamento em valores religiosos, clássicos e virtudes.

O conceito de artes liberais, e por extensão "administração como uma arte liberal", deve então envolver uma base em valores, virtudes e formação de caráter. Um ponto interessante, no entanto, é que nunca houve um único currículo acordado ou conjunto padrão de disciplinas que constituíssem uma educação em artes liberais. A Igreja alterou significativamente a tradição pagã de *artes liberales* greco-romana, enfatizando disciplinas (linguagem, gramática e história) que permitissem o estudo das escrituras. O treinamento em artes liberais continuou mudando para acomodar novas informações e pontos de vista. Quando as novas traduções dos textos de Aristóteles e outras obras filosóficas se tornaram disponíveis, nos séculos XII e XIII, a lógica era mais altamente valorizada como a rota para o conhecimento de "o bem". O novo humanismo da *Renaissance*, que também abrangia textos clássicos, injetou um foco no domínio secular; a educação em artes liberais tinha por objetivo preparar a pessoa para uma vida moral na terra, não apenas estudar as escrituras.[5] A tensão entre "aprender por aprender" e aprender como preparação para uma vida produtiva permanece até hoje. Nunca houve, e não há, um curso uniforme de estudo que constitua uma educação em artes liberais.

Entretanto, o que *é* constante é a tentativa de incutir um conjunto de valores acordados ou crenças culturais. Os valores e crenças mudam com o tempo, mas o objetivo mais abrangente não. Basicamente, as *artes liberales* e suas várias interações esforçam-se para definir o que é bom, certo e justo em uma dada sociedade ou cultura. Assim como as tradições mudaram seus contextos de pagãs para cristãs, e então para a sociedade secular de hoje, o ideal de instilar valores compartilhados permanece, porém este se tornou cada vez mais complexo. Em uma sociedade diversificada, o que constitui "certo" e "bom"? Quem ou o que os define? Onde a pessoa localiza esses valores é uma questão importante. Lutar com essa questão é lutar com a legitimidade e universalidade de certos valores. Basicamente, isso envolve discutir questões teológicas ou filosóficas mais amplas: a preocupação de Drucker com o "bem e o mal". Tais questões abrangentes não estão confinadas a lugares isolados; o sucesso esmagador do livro de Rick Warren, *The Purpose Driven Life*, indica que há uma busca global por respostas a uma das perguntas mais importantes da vida, como: "Por que eu estou aqui?" e "Qual é a minha missão?". Assim sendo, instilar uma mentalidade de artes liberais envolve uma busca constante pela melhor maneira de adotar valores baseados em tradição, mesmo que esta seja transformada com o passar do tempo. É levar muito a sério o conselho de Sócrates de revisar a vida de uma pessoa, porque "a vida que não passamos em revista não vale a pena viver".

Hoje, as *artes liberales* são vastamente proclamadas como irrelevantes para a sociedade e a educação americana. Os objetivos passados do treinamento em artes liberais parecem elitistas, culturalmente insensíveis e totalmente impraticáveis para o quadro atual de executivos e profissionais ambiciosos, sem mencionar os gerentes e empresários do nível médio. As faculdades de artes liberais renovaram radicalmente seus currículos, suas exigências para ingresso e suas atitudes para tentar sobreviver, tanto econômica quanto culturalmente. Ainda assim, há muitas evidências que sustentam a opinião de que a erosão das artes liberais é, em partes, responsável pelo nosso clima atual de ganância e lucro a qualquer custo. Em seu livro recente, *From Higher Aims to Hired Hands*, Rakesh Khurana argumenta que a ênfase atual das escolas de comércio na maximização do valor do acionista como a única medida de sucesso organizacional demoveu gerentes profissionais a nada mais do que "simples empregados". Sem qualquer outra responsabilidade, a não ser consigo mesmo, esses "empregados" não têm o sentimento de maiores obrigações morais, sociais ou éticas para com a sociedade ou as organizações que os empregam.

Em *Management, Revised Edition*, Peter Drucker, um pensador que esteve sempre à frente de seu tempo, chamou administração de uma arte liberal:

> *Administração é, portanto, o que a tradição costumava chamar de arte liberal: "liberal" porque ela lida com os fundamentos do conhecimento, autoconhecimento, sabedoria e liderança; "arte" porque ela é prática e aplicação. Os gerentes [deveriam] extrair todo o conhecimento e* insights *das humanidades e das ciências sociais – em psicologia e filosofia, em economia e história, na ética assim como nas ciências físicas. Porém eles precisam concentrar esse conhecimento em eficácia e resultados – em curar um paciente doente, ensinar um aluno, construir uma ponte, projetar e vender um* software *fácil de usar.*

Drucker acreditava que a administração seria a chave para manter vivo o sentimento das artes liberais na sociedade de hoje. Ele via um relacionamento importante entre as duas formas de treinamento. As artes liberais trazem "sabedoria" e "autoconhecimento" para a prática da administração, enquanto administração pode "ser a disciplina e a prática pela qual, e na qual, as 'humanidades' irão adquirir novamente reconhecimento, impacto e relevância". E a prática da administração como uma arte liberal poderá, de fato, devolvê-la ao seu *status* profissional original e pretendido.

Aplicando Administração como uma Arte Liberal para os Executivos de Hoje

Se Peter Drucker estava certo sobre a administração ser uma arte liberal, ela deve retornar aos ideais originais de educação em artes liberais, os quais eram fundamentais ao conceito de profissionalismo nos negó-

Administração como Arte Liberal **37**

cios e ao conceito de Drucker de "uma pessoa educada". A dificuldade em implementar administração como uma arte liberal está na dicotomia percebida entre as "torres de marfim" da academia e o "mundo real" dos negócios. Como mostramos, a história da tradição das artes liberais envolvia o treinamento para o "mundo real" da política, do direito, da medicina e da liderança religiosa. Além disso, a reconciliação das *artes liberales* clássicas com o mundo diário tem uma longa tradição na América. Os puritanos estabeleceram uma sociedade extremamente intelectual, com uma das mais altas taxas de alfabetização no mundo ocidental. A missão primária do Harvard College era treinar ministros no currículo de artes liberais. Mas a faculdade também matriculava professores escolares de gramática e líderes governamentais, preenchendo sua missão de instilar valores cultivados e tradições por toda a comunidade de Massachusetts Bay.[6] Os puritanos também tiveram bastante sucesso no domínio material; o historiador Stephen Innes argumentou que a marca de Calvinismo dos puritanos impeliu seu desenvolvimento econômico.[7] Os pais fundadores dos EUA também adotaram os ideais das artes liberais em seu conceito de "virtude republicana", acreditando que um mundo republicano apenas sobreviveria se seus líderes entendessem a importância de valores sociais e o conceito de bem comum.[8] A educação era considerada essencial para a governança sólida de uma sociedade livre. Thomas Jefferson fundou a Universidade de Virginia não apenas para "desenvolver as capacidades de raciocínio de nossos jovens", mas também "para harmonizar e promover os interesses de agricultura, manufatura e comércio".[9]

A conexão entre as metas das artes liberais e as dos profissionais praticantes pode ter sido perdida, mas ela pode ser restaurada. Na opinião de Drucker, era responsabilidade das artes liberais "demonstrar e embutir valores, criar visão... [e] liderar".[10] Administração como arte liberal, por sua vez, exigiria que os praticantes fizessem o mesmo.

Peter Drucker codificou administração como uma disciplina e como uma profissão incorporando ambos *technê*,[11] ao qual ele se referiu como conhecimento especializado ou tecnologia e prática, a qual ele se referiu como arte. "Prática" é a arte de integrar e harmonizar os vários corpos especializados de conhecimento para que a energia produzida pela organização seja maior do que a soma das contribuições individuais.

E como declarado por Drucker em *The Practice of Management*, "Obter mais do que o que se coloca somente é possível na esfera moral".

38 O LEGADO VIVO DE PETER DRUCKER

Consequentemente, a prática de integridade no grupo de administração, e especialmente na alta gerência, é a pedra fundamental da administração. Executivos são exemplares, e suas práticas servem de exemplos para serem seguidos pelos outros. Suas práticas determinam o espírito de equipe da organização (por exemplo, a o que Drucker se refere como o espírito da organização). E para que o espírito de equipe em uma organização seja alto, a integridade deve permear as práticas de administração.[12]

Em sua obra *Orators and Philosophers* (Oradores e Filósofos), Bruce Kimball argumenta que a educação em artes liberais tem, historicamente, envolvido uma tensão entre aqueles que acreditavam que tal educação deveria ter como finalidade a busca pela verdade (os filósofos) e aqueles que acreditavam que ela deveria permitir que as pessoas fossem membros ativos da sociedade (os oradores). A administração como arte liberal efetivamente combinaria os dois modelos, exigindo que os profissionais funcionassem não apenas como gerentes efetivos, mas também que eles incorporassem valores mais amplos que suplantassem as operações comuns, diárias das organizações. Drucker mostrou a preferência clara por executivos que possuem integridade e bom julgamento moral àqueles executivos que, embora sejam mais dotados intelectualmente, não têm integridade. O cerne do raciocínio por esta preferência é sua paixão pelo crescimento e desenvolvimento do indivíduo:

> *Um homem em si poderá saber muito pouco, ter um desempenho medíocre, não saber julgar ou ter alguma habilidade, e ainda assim não causar muitos danos, como gerente. Mas se ele não tiver caráter e integridade – não importa quanto conhecimento tenha, quão brilhante ou bem-sucedido ele seja – ele destrói. Ele destrói pessoas, o recurso mais valioso da empresa. Ele destrói espíritos. E ele destrói o desempenho.[13]*

Assim sendo, a prática da administração como uma arte liberal não envolve apenas a habilidade de aplicar conhecimento no mundo material, mas também uma referência constante às fontes mais altas de referência moral.

Um dos legados do treinamento das escolas de comércio na teoria de agência e confiança administrativa em modelos financeiros como a única medida de desempenho é a ausência de tais referências de moral. Os executivos hoje não recebem do sistema de mercado um compasso moral. O mercado está cego, tanto para o bem quanto para o mal, e é, portanto, capaz de produzir grande bem e grande mal. Sem um ponto de referência moral, os executivos provavelmente não agirão de maneira responsável com seu próprio pessoal, com seus clientes ou com o público. Eles provavelmente não desenvolverão o potencial de seu próprio pessoal. Estamos vendo isso agora, quando milhões de trabalhadores são demitidos e a confiança nas instituições financeiras e regulatórias de nosso país está desgastada. Não é muito severo dizer que o público está perdendo a confiança na administração como profissão.

Sem executivos competentes, que se atenham aos princípios rígidos da conduta moral, a própria sobrevivência das instituições essenciais de nossa sociedade está sendo prejudicada. É nessas instituições que está a sobrevivência de nosso sistema de mercado livre, como conhecemos nos Estados Unidos. A noção de que capacidade e integridade são exigidas para os executivos da sociedade não era novidade nos escritos de Drucker. Ela foi firmemente estabelecida há mais de 80 anos por Chester Barnard em seu livro *The Functions of the Executive*. Escrito durante a Grande Depressão, a obra de Barnard serviu como uma defesa do sistema capitalista em face à disfunção maciça da economia americana. Nos anos 1930, o desemprego descontrolado inflamou um movimento significativo contra o capitalismo, aguçado por figuras políticas como o Governador da Louisiana, Huey Long e o candidato governamental da Califórnia, Upton Sinclair. A percepção da desigualdade, da falta de compromisso para com os valores compartilhados, levou à repugnância pública ao que antes era considerada a pedra fundamental da sociedade americana. Estamos hoje testemunhando uma mudança similar quando as pessoas percebem que a América corporativa não compartilha os mesmos valores morais que os americanos da corrente principal.

A administração como arte liberal oferece a esperança de alinhamento dos valores das empresas com os valores dos indivíduos e os da sociedade mais ampla. Drucker acreditava que a organização era a chave para alinhar os valores individuais e sociais. Como uma instituição social, a organização tem responsabilidades para com a comunidade. Como uma instituição humana, uma organização depende do desempenho de seu pessoal para seu sucesso. Drucker era fervoroso sobre a função do ser humano e a dignidade, o crescimento e o desenvolvimento do ser humano enquanto estiver trabalhando. No prefácio para *Management, Revised Edition*, Jim Collins mencionou: "Ver outros seres humanos simplesmente como um meio para um fim, em vez do fim em si, pareceu algo profundamente imoral para Drucker. E embora tenha escrito muito sobre instituições e sociedades, eu acredito que ele se importava muito mais com o indivíduo".

Um dos principais objetivos de uma educação em artes liberais, em qualquer época, era desenvolver um indivíduo virtuoso, que pensasse. Na Grécia de Aristóteles, o estudo das artes liberais dependia do tempo livre: a liberdade de uma atividade intelectual para seu próprio bem. Em nosso mundo moderno, poucos de nós podemos nos dar ao luxo de buscar a avenida filosófica das tradições das artes liberais; o modelo oratório de Cícero, de cidadãos virtuosos do mundo, é mais realista para muitos americanos. Uma abordagem em artes liberais demanda que conectemos o mundo comum de trabalho com o mundo erudito de filosofias e morais. O trabalho é instrumental para o desenvolvimento da pessoa. A tarefa da administração é desenvolver o indivíduo para que pessoas comuns consigam ter um desempenho extraordinário. Em *Concept of the Corporation*, Drucker escreveu que "as instituições mais bem-sucedidas e as mais duradouras empregam gerentes que induzem seus membros a um crescimento intelectual e moral que vai além das capacidades originais do homem". Este fim é incorporado na própria definição de Drucker sobre liderança: "Liderança é a elevação da visão de uma pessoa para que ela possa enxergar mais além, o aumento do desempenho de uma pessoa para padrões mais altos e a construção da personalidade de uma pessoa além de suas limitações normais".[14]

Onde, mais especificamente, os gerentes de hoje falharam em seguir os ideais das artes liberais de administração? Uma área particularmente perturbadora é o desequilíbrio entre a compensação do executivo e a do trabalhador. De acordo com o *Wall Street Journal*, em 2007 a média de renda de um CEO era 180 vezes maior do que a renda de seu funcionário normal. A compensação excessiva dos executivos era especialmente perturbadora para Drucker. Ele via isso não apenas como indecoroso, mas imoral. Hoje vemos uma reação violenta contra os executivos que levaram suas organizações à bancarrota e, em seguida, colheram grandes bônus. Em um obituário escrito um dia depois da morte de Drucker, em 11 de novembro de 2005, Patricia Sullivan, do *Washington Post*, escreveu

Administração como Arte Liberal **41**

que Drucker havia avisado sobre as consequências das compensações excessivas dos executivos: "Em 1997, ele previu uma reação violenta ao aumento no pagamento de executivos dizendo, 'Na próxima crise econômica, haverá uma explosão de amargura e desprezo contra os grandes chefes corporativos que pagam a si mesmos milhões'". Estamos agora testemunhando uma avalanche de críticas direcionadas aos executivos do American International Group (AIG), que estão programados para receber US\$ 165 milhões em bônus executivos, isso depois de a AIG ter recebido US\$ 182 bilhões de fundos em ajuda financeira do governo dos Estados Unidos. Considerava-se que a AIG "era muito grande para fracassar". Realmente ocorreu uma reação pública violenta, e vários executivos da AIG devolveram os bônus.

Drucker e seu colega e amigo de longa data, Walter Wriston, pensavam parecido em muitas questões, inclusive sobre a compensação excessiva de executivos. Wriston serviu como CEO e Chairman do Citicorp por 17 anos e levou o banco à proeminência internacional. Ele nunca recebeu um salário de US\$ 1 milhão por ano, apesar da posição do Citicorp como o maior banco do mundo. Ele observou que seu salário de US\$ 950.000 estava bem distante da compensação de US\$ 200 milhões que alguns menos iluminados receberam em 2006. Em uma entrevista conduzida por A. J. Vogl, editor da *The Conference Board Review*™ *Magazine* (algumas semanas antes da morte de Wriston), Wriston clamava por uma nova geração de estadistas corporativos, como aqueles de um passado não tão distante, que estivessem dispostos a falar com autoridade contra os abusos de executivos. "Onde estão os líderes de negócios? Meu mentor, George Moore, diria que eles estão brincando de esconde-esconde. Eles estão se escondendo. Quem são os porta-vozes para as empresas americanas hoje? Dê-me o nome de um – rapidamente. Onde estão os Irving Shapiro, os Reggie Jones, os Bud Warner de hoje? Eles se levantavam e falavam abertamente." Wriston estava se lembrando de um período não muito distante da história dos negócios americanos, quando havia estadistas executivos entre a elite de líderes de negócios americanos. Eles falavam abertamente contra os abusos e resolviam problemas como o antigo boicote de petróleo do Oriente Médio nos anos 1970 e a eliminação da Regulamentação Q (a proibição do pagamento de juros nos depósitos à vista dos bancos). Wriston incorporava a ideia de Drucker de administração como arte liberal, na qual os executivos internalizam mais amplamente os valores sociais acordados, comunicam esses valores às suas organizações e os incorporam em seus comportamentos diários.

A aplicação da administração como arte liberal mantém a promessa de proporcionar um compasso de moral para os executivos. A equipe de trabalho de Drucker proporciona esse compasso de moral, especialmente no que diz respeito ao tratamento de seres humanos, o recurso mais valioso da administração. A administração como arte liberal consegue restaurar a dignidade humana no local de trabalho e consegue reverter a degradação dos seres humanos, a qual estamos testemunhando agora nas organizações pelas instituições americanas. Capitalismo não é um sistema sem falhas; as reviravoltas econômicas são parte do processo. No entanto, a menos que os gerentes de organizações consigam provar que eles entendem que há uma diferença entre o bem e o mal, que eles estão dispostos a lidar com as questões de moralidade e valores, não podemos (e não devemos) esperar que o público respeite a administração como uma profissão e a América corporativa como uma força positiva.

A administração como arte liberal oferece algumas diretrizes para preparar os futuros executivos para levarem, com sucesso, as altas demandas que serão colocadas sobre eles no século XXI se quisermos que a liberdade, como a conhecemos, sobreviva. Para alcançar isso, os executivos precisam ser educados tanto na disciplina da administração em si (por exemplo, a equipe de conhecimento técnico que lida com a prática da administração) quanto nas humanidades e ciências sociais porque, como observou Drucker, a administração "está profundamente envolvida em questões espirituais – a natureza do homem, bom e mau".

A pergunta permanece: como lidamos com as questões espirituais em um mundo multicultural? Uma das reclamações contra as artes liberais é que, historicamente, elas têm focado profundamente nos valores e tradições da Europa Ocidental. Drucker era bastante consciente dessa tendência e defendia uma mudança no foco do treinamento das artes liberais.[15] Ele esteve profundamente envolvido na reconstrução do Japão após a Segunda Guerra Mundial e continuou seu envolvimento em empresas japonesas e no governo pelo resto de sua vida. Ele encontrou em Confúcio diretrizes éticas fundamentais para o comportamento moral que são apropriadas para todos os *stakeholders* em uma organização. E essas diretrizes são suficientemente *modestas* para alcançar níveis realistas do comportamento moral, dada a natureza dos seres humanos, bom e mau. Essas diretrizes são:

- *definições claras dos relacionamentos fundamentais (entre todos os stakeholders);*
- *normas de condutas universais e gerais – normas que estejam conectadas a qualquer pessoa ou organização, de acordo com suas normas, funções e relacionamentos; e, por fim,*
- *uma ética organizacional efetiva, que, de fato, mereça ser seriamente considerada como ética, terá de definir o comportamento correto como o comportamento que otimiza os benefícios de cada parte, fazendo com que os relacionamentos sejam, de fato, harmoniosos, construtivos e mutuamente benéficos.*[16]

Essas diretrizes devem ser colocadas em práticas para realizar dois objetivos, realçar o crescimento e desenvolvimento da pessoa e o desempenho da organização. Para que a pessoa consiga alcançar esses objetivos, é necessário um *feedback* cândido e oportuno para auxiliá-la.

Claramente, o conceito de Drucker de administração como uma arte liberal evoca a ênfase histórica na busca pelo "bom" e "correto" na vida; ele requer uma definição de "comportamento correto". Ele também reflete a mutabilidade do ideal das artes liberais; o fato de achar que Confúcio deveria ser trazido a serviço da tradição greco-romana e cristã diz muito sobre a abertura de Drucker aos caminhos diferentes para o ideal.

Conclusão

Drucker deixou para que outras pessoas definissem as implicações da administração como uma arte liberal. Dado o contexto histórico das origens das artes liberais, assim como o papel das artes liberais e da educação profissional na América, a ideia de Drucker, de administração como uma arte liberal, envolve repensar não apenas como educamos os gerentes, mas também como abordamos a administração como uma profissão. Ao preparar os alunos e gerentes em administração como arte liberal, nossa sociedade expandirá a capacidade de homens e mulheres para que assumam responsabilidade de maneira moral e socialmente construtiva.

44 O LEGADO VIVO DE PETER DRUCKER

Peter Drucker era bastante conhecido como um observador que tentava "ver o futuro que já havia acontecido". Em uma conversa com Bob Buford, em 10 de agosto de 1996, ele refletiu sobre a condição da civilização americana:

> *Em duas semanas, em Aspen, em um seminário onde sou o palestrante principal, tornar-me-ei bastante impopular ao dizer que não temos problemas econômicos. Temos apenas problemas sociais. Mas eles são inúmeros. Esta manhã, quando acordei às três da madrugada, você não tem ideia, tive de rezar muito para superar esse desespero, e ainda não o superei. Sim, eu sei, mas o fato de estarmos conscientes desses problemas é a única coisa otimista.[17]*

Em *Landmarks of Tomorrow*, Drucker argumenta pela necessidade de valores espirituais da humanidade para poder moldar a cultura. No Capítulo 10, "The Human Situation Today", Drucker explora a questão de onde as pessoas se encaixam no mundo pós-moderno: "O homem alcançou o conhecimento para se destruir física, emocional, psicológica e moralmente". Mais especificamente, ele se refere aos adventos em conhecimento das ciências comportamentais que, por meio do "condicionamento operante",[18] podem "transformar o homem em uma máquina biológica, operada pela manipulação de medos e emoções, um ser sem crenças, sem valores, sem princípios, sem compaixão, sem orgulho e sem humanidade".[19] A solução de Drucker era um retorno aos valores espirituais para direcionar o uso do poder criado pelo novo conhecimento para servir os mais altos interesses do ser humano.

Drucker foi fortemente influenciado pela sua própria educação em artes liberais, a qual o levou a enxergar essas dimensões morais e espirituais de administração e sociedade. Mas existem evidências empíricas e históricas que corroborem seus pontos de vista? Acreditamos que sim. Robert W. Fogel, historiador econômico e ganhador do Prêmio Nobel em Economia em 1993, acredita que o problema mais urgente nos Estados Unidos seja a aquisição e distribuição igualitária de *ativos espirituais*, não ativos materiais: "Embora a consolidação de ganhos passados não possa ser ignorada, o futuro do igualitarismo na América traz à tona a habilidade da nação em combinar o crescimento econômico contínuo com um conjunto totalmente novo de reformas igualitárias que discutam as necessidades espirituais de nosso tempo, seculares assim como sagradas. Desigualdade espiritual (não imaterial) é hoje um problema tão grande quanto a desigualdade material, talvez até maior". Em *The Soul of Capitalism: Opening Paths to a Moral Economy*, o jornalista William Greider argumenta que o capitalismo americano pode ser modificado para "se adequar mais fielmente aos valores amplos da sociedade", essencialmente conectando o motor do crescimento econômico aos objetivos das artes liberais. O sociólogo Robert Wuthnow traça o longo histórico da América, de tentar reconciliar os valores religiosos com o crescimento econômico, e observa que na sociedade de hoje "nossos problemas como nação são espirituais assim como materiais". Drucker não estava sozinho em sua avaliação da nossa necessidade ao considerar as questões morais e espirituais quando operando em um mundo de administração e negócios.

Ironicamente, um retorno aos ideais das artes liberais pode, de fato, fazer com que a administração seja, mais uma vez, valiosa para o "mundo real". O sentimento popular, alimentado pelos escândalos corporativos e pelo comportamento de executivos inalcançáveis, que parecem não ter compasso de moral, voltou-se contra a administração como uma profissão; em vez disso, a América corporativa é recebida com zombarias e leitura de cartazes: "Ajude financeiramente as pessoas, não os bancos". Talvez a única esperança de redenção para a administração como uma profissão é praticá-la como arte liberal: fundamentá-la em um entendimento de valores culturais compartilhados que são incutidos por meio da educação e modelados pelo comportamento executivo.

2

Drucker sobre Governo, Empresas e Sociedade Civil: Funções, Relacionamentos, Responsabilidades

Ira A. Jackson
Reitor Henry Y. Hwang do Peter F. Drucker and Masatoshi Ito Graduate School of Management e Professor de Administração na Claremont Graduate University

Há enormes evidências de que o governo é grande, em vez de forte; gordo e inchado, em vez de poderoso; que ele custa muito, mas faz pouco... Bem quando precisamos de um governo forte, saudável e vigoroso.
Precisamos do governo como a instituição central na sociedade de organiza-ções. Precisamos de um órgão que expresse o desejo comum e a visão comum, e permita que cada organização faça suas melhores contribuições à sociedade e ao cidadão e ainda expresse as crenças e os valores comuns.
O propósito do governo é, em outras palavras, governar.
— Peter F. Drucker, *The Age of Discontinuity*

Embora Peter Drucker seja corretamente considerado por muitos como "o pai da administração moderna" e o "guru dos negócios" do século XX, aproximadamente 60% de seus escritos e ensinamentos focaram na sociedade, não nos negócios em si. Drucker focou nas orga-nizações em geral, não exclusivamente no setor privado, e ele não focou nas organizações e seu pessoal como instituições independentes, mas sim

48 O LEGADO VIVO DE PETER DRUCKER

como elas se relacionam entre si e entre os setores. Drucker se considerava primeiramente um "ecologista social", observando a natureza de instituições feitas pelo homem na sociedade como um cientista observa a natureza e a ecologia da vida física na terra. O princípio organizacional central de sociedade, como Drucker firmemente acreditava, precisava ser responsabilidade pessoal, institucional e coletiva – responsabilidade para ser eficaz, para agir eticamente, para ser respeitoso com os outros e responsabilidade para com o futuro.

Talvez seja surpreendente, dado seu *status* como "Einstein dos negócios", que Drucker considerasse o governo como o mais importante dos três setores indispensáveis da sociedade:

- **Público.** *O governo, ele implorava, precisa ser forte e vigoroso, hoje mais do que nunca.*
- **Privado.** *As empresas precisam ser o motor da inovação, mas elas devem também considerar seu papel como contribuintes de benefícios à sociedade, não apenas aos acionistas.*
- **Filantrópico.** *A sociedade civil e a sociedade sem fins lucrativos são a nova cola que une uma sociedade operante com o engajamento e responsabilidade para com a comunidade.*

Com o equilíbrio entre esses setores e com cada setor tendo seu propósito distinto, a sociedade consegue funcionar, e podemos também nos tornar uma sociedade responsável. Embora na prática isto seja difícil, ele via uma "sociedade operante" como a garantia mais provável contra a tirania e o extremismo, os quais ele havia experimentado pessoalmente em sua juventude. Ele via instituições eficazes e responsáveis em todos os setores como sendo a melhor esperança para a civilização resistir e para os indivíduos, as comunidades e a sociedade prosperarem.

Este capítulo tenta captar as observações de Drucker sobre o papel dos governos; o relacionamento dos setores público, privado e filantrópico; e a responsabilidade de todas as organizações de trabalharem em comum acordo para criar e sustentar uma sociedade responsável. Ele conclui com algumas especulações sobre como a elaboração e a perspectiva de Drucker poderão informar sobre alguns dos muitos desafios que estamos enfrentando atualmente, nacional e globalmente.

A Necessidade do Governo em Conduzir, Não Pilotar

As escolhas para a economia – assim como para todos os outros setores – não estão mais entre a indiferença governamental completa e o controle governamental completo.

– Peter F. Drucker, *The Age of Discontinuity*

O megaestado que este século construiu está na bancarrota, tanto moral quanto financeiramente. Ele não cumpriu o prometido. Mas seu sucessor não pode ser um "governo pequeno". Existem muitas tarefas, doméstica e internacionalmente. Precisamos de um governo efetivo – e é por isso que os eleitores em todos os países desenvolvidos estão clamando.

– Peter F. Drucker, "*Really* Reinventing Government"

Drucker era um observador perspicaz de políticos, empresas, cultura, tecnologia, história, filosofia, sociologia e natureza humana. Ele abordava a administração como uma arte liberal, e era quase um homem da *Renaissance*: expansivo, perspicaz, holístico, interconectado e pensador. De fato, entende-se Drucker como um pensador de sistemas. Ele dedicou sua vida à reflexão de meios em avançar a coerência, a efetividade e o propósito em uma sociedade de organizações. Ele tinha muitas ideias originais que hoje foram validadas pela sua incorporação em nosso DNA diário. Muito de seu fulgor é hoje aceito simplesmente como bom-senso. Entre as muitas ideias e observações de Drucker que continuam moldando nosso entendimento de como a sociedade, os negócios e as organizações em geral funcionam, estão as seguintes:

- *Vivemos em uma sociedade de conhecimento.*
- *Funcionários são um ativo, não um passivo, e os funcionários com conhecimento técnico precisam ser respeitados e engajados, não direcionados ou controlados.*
- *Administração é fazer as coisas da maneira correta; liderança é fazer a coisa certa.*
- *Uma economia saudável não consegue sobreviver em uma sociedade doente.*
- *O setor social está crescendo em importância.*
- *Os gerentes precisam se administrar e se motivar antes que possam administrar ou motivar os outros.*

O LEGADO VIVO DE PETER DRUCKER

- *Toda empresa precisa inovar e comercializar continuamente se quiser sobreviver e ter sucesso.*
- *É importante "ver o que está visível e ainda não foi visto" e agir sobre o futuro que já existe.*
- *Como observou Drucker: "a melhor maneira de prever o futuro é criá-lo".*

Essas e muitas outras contribuições, influentes e originais, revelam quanto as ideias de Drucker permeiam nosso vocabulário e nosso pensamento.

As ideias de Drucker sobre o governo são menos conhecidas. Aqui, também, descobrimos que Drucker era perspicaz, frequentemente original, presciente e incrivelmente relevante.

O que é amplamente conhecido sobre Drucker e o governo é que sua visão de mundo foi moldada principalmente pelo surgimento do fascismo e totalitarismo na sua terra natal, Áustria, e na Alemanha, onde ele estagiou. Seus primeiros trabalhos foram banidos e queimados pelos nazistas. Ele fugiu para a América, onde escreveu o primeiro de seus 39 livros, *The End of Economic Man*. Dizem que Churchill ficou tão impressionado com esse livro que o atribuiu como leitura obrigatória para sua equipe. O foco de Drucker nas organizações, na efetividade das instituições, na ética pessoal e na responsabilidade social surgiu de sua experiência na formação ao testemunhar a disfunção da sociedade e o colapso de suas principais instituições. Ele era assombrado pela tirania resultante e pela ideologia dos *"ismos"* – fascismo, totalitarismo, comunismo. Drucker era dificilmente um utópico ou sonhador. Ele havia experimentado o pior do fracasso social. Ele dedicou sua vida a combater as vulnerabilidades que permitiriam a recorrência de extremismo como consequência de gerentes ineficazes, líderes sem ética e cidadãos irresponsáveis. Sua meta era uma sociedade operante e responsável: equilibrada, imparcial, inovadora, eficaz, sustentável e justa.

Mais tarde em sua vida, e principalmente refletindo sobre a experiência da América contemporânea, Drucker escreveu sobre a "doença do governo". Ele foi tipicamente incisivo e imperdoável ao observar, no *The Age of Discontinuity*, que "embora o governo nunca tenha sido tão proeminente como agora" e "certamente tão disseminado", há "também uma montanha de evidências de que os cidadãos acreditam cada vez menos no governo e estão cada vez mais desencantados com ele. Realmente, o governo está doente – logo quando mais precisamos de um governo forte, saudável e vigoroso". Ele observou que o crescente "desencantamento com o governo transpõe as barreiras nacionais e as linhas ideológicas", e que "estamos normalmente nos dirigindo para duvidar e desconfiar do governo e, no caso dos jovens, se rebelar contra ele". "Não esperamos mais resultados do governo." De fato, Drucker descobriu que "o maior fator no desencantamento com o governo é que ele não desempenhou sua função". Em funções que vão além de guerrear e inflar a moeda, o governo era visto como incompetente. A crítica específica de Drucker era direcionada aos fracassos do estado de bem-estar social e à guerra às drogas, e ele finalmente especulava em conversas sérias que talvez devêssemos legalizar as drogas e tirar o lucro e o crime do comércio destas. O governo moderno, dizia ele, havia se tornado "ingovernável". O governo tornou-se caro, "grande e incômodo", "um gerente medíocre", "um governo de formas" preocupado mais com procedimentos do que com resultados. Em outra obra, em *The New Realities*, Drucker observou que "os governos acham difícil abandonar uma atividade, mesmo que esta já tenha ultrapassado totalmente sua utilidade... [e] ficando, assim, comprometido com o ontem, com o obsoleto, não sendo mais produtivo". Ele era visto como um dos primeiros defensores da privatização e não acreditava que a "reinvenção do governo" levaria ao tipo de reestruturação básica e à reconsideração do governo que ele achava necessária.[1]

Drucker é bastante lembrado por seu foco em empresas, e muitas de suas observações e prescrições sobre o papel do setor público são menos conhecidas, lembradas ou seguidas. Muitas de suas narrativas, sobre os fracassos múltiplos de um estado moderno de bem-estar, foram expropriadas pelos conservadores em uma época em que o pêndulo havia balançado agudamente para uma desregulamentação e para a abrangência de mercados. Ironicamente, esses *insights* esquecidos estão entre sua ideias mais reveladores, mais oportunas e construtivas para nossa condição atual.

Hoje, quando a desconfiança pública e o cinismo estão mais afiados do que nunca e a confiança na integridade de empresas e de governos está, historicamente, em baixa, Drucker nos lembra, de maneira simples e poderosa, no capítulo "The Sickness of Government" do *The Age of Discontinuity*, de que o "propósito do governo é tomar decisões fundamentais, e tomá-las de maneira eficaz". O governo em curso tem certo monopólio sobre o uso de força, isso porque sua primeira obrigação é garantir a proteção e a segurança de seu povo. Mas o propósito central do governo é "focar as energias políticas da sociedade. É dramatizar as questões. É apresentar escolhas fundamentais". O governo é o instrumento pelo qual garantimos justiça e um campo de jogo nivelado.

Drucker nos faz voltar aos princípios básicos e iniciais: nós precisamos de governo, e precisamos que este governe, mas não devemos confundir governo com burocracia. Drucker não previa ou queria o "enfraquecimento do estado". Pelo contrário, ele afirmava que precisamos de "um governo vigoroso, forte e bastante ativo". Não é o tamanho, o custo ou o escopo de serviços fornecidos pelo governo que são importantes; é, sim, sua capacidade de tomar grandes decisões. Drucker evocava uma imagem vívida para esclarecer seu ponto de vista ao comparar o governo a um regente. "O regente em si não toca um instrumento. Seu trabalho é saber a capacidade de cada instrumento e evocar um desempenho ótimo de cada um deles. Em vez de ser o 'executor', ele se torna o 'regente'. Em vez de 'fazer', ele lidera". Nós precisamos, em essência, de um governo que conduza, não que reme, que "seja forte porque ele se confina a decisões e direções, e deixa que os outros 'façam' o que é preciso".

Como "regente" da sociedade, o governo precisa decidir as regras, racionar os recursos e distribuir as tarefas onde elas se encaixam melhor: entregá-las a empresas ou organizações sem fins lucrativos por meio de licitações competitivas, ou mantidas exclusivamente pelo governo, onde somente este tem autoridade (presumidamente, na condução de guerras, em garantir a paz e em recolher impostos). Em vez de sinalizar um recolhimento para o governo, Drucker descreve o retrato de uma sociedade que precisa de um governo mais forte, mais eficaz, com mais propósito e mais deliberado – mas, esperançosamente, com menos governo, por assim dizer.

Juntando Tudo

O que aprendi com Drucker sobre o governo é que, como previsto, ele estava certo. Por causa de sua experiência nos anos 1930 na Europa, esperava-se que ele clamasse por um estado fraco e que minimizasse o papel do governo. Certamente sua experiência ajudou a informar seu ultraje e desgosto com o estado moderno: suas ineficiências, sua burocracia perturbadora, seu tamanho e custos crescentes, sua inabilidade em abandonar funções que não são mais necessárias e o cinismo resultante de seus cidadãos. Ele também era igualmente ciente de líderes carismáticos, dada a devastação causada pelos três mais malévolos, porém carismáticos, líderes do século XX: Hitler, Mao e Stalin. Como resultado de seus legados, Drucker rotulou esse período como "o século perdido". Mas como sempre, Drucker nos surpreende com um conjunto firme de convicções afirmando que precisamos de um governo forte e eficaz como uma pré-condição e um pré-requisito para o crescimento, justiça social e progresso sustentável. A boa governança permite que outras organizações, nos setores privados e sem fins lucrativos, floresçam eficientemente e proporcionem equilíbrio e estabilidade para a sociedade.

O papel do governo em garantir igualdade e justiça tem de estar equilibrado com os pontos fortes das empresas para proporcionar eficácia e inovação em conjunto com os benefícios da sociedade civil em criar comunidades e oferecer legitimidade. Em outras palavras, o governo precisa governar, empresas precisam inovar e a sociedade civil precisa florescer e ser encorajada. Ao se alinhar dessa maneira, a sociedade estabelece um caminho claro em direção às suas metas, canaliza suas atividades àquelas organizações que são mais bem capacitadas para obter resultados e ganha a legitimidade que a mantém firme na comunidade e no propósito comum. Essa sociedade, chamada de igual, eficiente e legítima, ou pública, privada e filantrópica, é, em essência, o que Drucker definiu e descreveu como uma sociedade operante. Dito da melhor maneira possível, a sociedade tem instituições democráticas que governam de maneira sábia e implementam eficaz e ligeiramente; mercados funcionais e eficazes que encorajam a tomada de riscos, inovação e empreendedorismo para satisfazer as necessidades dos clientes e satisfazer a necessidade de crescimento e progresso; e instituições sem fins lucrativos em nível local e de comunidade, que proporcionam os serviços necessários por meio de ações coletivas e obrigações recíprocas. Na sinfonia social de Drucker, cada setor precisa agir de acordo com seu papel: o governo deve garantir a segurança, proporcionar justiça e, basicamente, reger; as empresas precisam criar, inovar, abandonar e alcançar resultados mensuráveis; e as organizações sem fins lucrativos precisam produzir comunidades e expressar interdependência por meio de ações voluntárias e iniciativa local.

54 O LEGADO VIVO DE PETER DRUCKER

Em cima de tudo isso, Drucker aplica seus testes, simples, porém exigentes, a organizações em todos os setores: Qual é sua missão? Quem é seu cliente? O que o cliente valoriza? Quais são os resultados? Qual é o nosso plano? Se você não existisse, teríamos de criá-lo? Você já ultrapassou sua vida útil? Você administra de modo eficaz? Você lidera com ética? Você age responsavelmente?

Chama-se Responsabilidade, Idiota!

No início de 1999, perguntaram a Peter Drucker: "O que você considera ter sido suas contribuições mais importantes?". Sua resposta:
"Eu percebi, logo cedo, quase 60 anos atrás, que a administração tornou-se um órgão constitutivo e função da Sociedade de Organizações; que a administração não é Administração de Empresas; que embora ela inicialmente tenha obtido atenção em empresas, ela é o órgão governador de todas as instituições na Sociedade Moderna; que eu estabeleci o estudo de administração como uma disciplina em seu próprio direito; e que foquei esta disciplina em Pessoas e Poder; em Valores, Estrutura e Constituição; e, acima de tudo, em responsabilidades – isto é, focada na Disciplina de Administração em administração como uma arte verdadeiramente liberal.

– Peter F. Drucker com Joseph Maciariello
Management, Edição Revisada

Durante a campanha presidencial de 1992, James Carville tinha uma placa em sua mesa para lembrá-lo, "É a economia, idiota!". Se Drucker estivesse conosco hoje, talvez ele sugerisse algo similar: conciso, direto e focado. Provavelmente ele teria nos alertado sobre a bagunça de empréstimos do *subprime*, o fiasco do *swap* de crédito, alavancagem de bancos e fundos especulativos, e a insustentabilidade de nossa dívida como consumidores. Ele teria visto claramente a miopia da extrema desregulamentação e fé descontrolada na mão invisível do mercado levando a economia para novos padrões de eficiência, e a consequência da exuberância irracional, arrogância e ganância que tomaram conta de nossa sociedade e nos mantiveram reféns da irresponsabilidade. Nos anos 1980, Drucker escreveu sobre o excesso de compensação de CEOs – em uma época em que um CEOs média ganhava 40 vezes mais do que um trabalhador de linha médio recebia ("Porcos se empanturrando em um chiqueiro é sempre um espetáculo repugnante", ele observou[2]). Quando

Drucker sobre Governo, Empresas e Sociedade Civil... 55

a bolha estourou em 2008, a proporção era de 400:1. Por todos seus escritos e ensinamentos, Drucker consistentemente avisava sobre os excessos do capitalismo financeiro – nossa vulnerabilidade à manipulação e a criação de instrumentos financeiros tão sofisticados, que apenas seus desenvolvedores compreendem totalmente as prováveis consequências de suas implementações.

Drucker teria visto no movimento ideológico do pêndulo da desregulamentação a ab-rogação perigosa da responsabilidade em troca da fé cega nos mercados. Ele se preocupava com o aumento da desigualdade muito antes que qualquer coeficiente Gini registrasse a crescente disparidade de renda entre o rico e o pobre, e o declínio no poder de compra da classe média. Drucker tinha uma aptidão incomum para olhar pela janela, ver e sentir tendências e realidades que outras pessoas não enxergavam; ele viu claramente o futuro que já está aqui. A teoria e a convicção de Drucker, de que uma sociedade operante precisa de equilíbrio e do reconhecimento dos papéis respectivos que cada setor teria, o levou a ver o perigoso desequilíbrio no excesso de consumismo, empréstimos e ganância. Seus escritos de décadas passadas sugerem o que ele provavelmente teria dito sobre nossa difícil situação e o caminho à frente.

Talvez eu esteja aproveitando demais a licença literária, mas acho que Drucker teria favorecido a lei de estímulos e certamente os investimentos em educação, saúde, autossuficiência em energia e no meio ambiente. Não tenho tanta certeza se ele teria apoiado a ajuda financeira aos bancos ou os subsídios para a GM (ele falou dos problemas da GM 40 anos atrás e achava que o declínio da GM era resultado de uma administração ruim, ineficaz e míope, e previa que uma reestruturação era inevitável e necessária). Ele teria favorecido instituições internacionais, como o G-20 e o WTO, o alcance aumentado do FMI, a emergência do Global Compact da ONU e outros mecanismos para atacar as questões globais que estão além do poder de soberania de estados para administrar ou controlar. Seria perigoso tentar adivinhar se ele teria ou não favorecido todas as ações do Fed ou o provável tamanho dos déficits – eu acho que não. Drucker acharia que esta é a hora perfeita para se fazer algumas perguntas sobre o papel, a responsabilidade e a capacidade do governo. Ele teria insistido que a nova autoridade investida ao governo deveria ser temporária e deveria ter uma data fixa para terminar, especialmente no que diz respeito à operação de qualquer função previamente privada. E ele teria insistido na transparência e responsabilidade, acreditando que, como sugeriu Frankfurter: "a luz do sol é o melhor desinfetante".

Olhando Pela Janela para Ver o Que é Visível, Mas Ainda Não Foi Visto

Se Drucker estivesse vivo agora, no seu 100º aniversário, o que ele veria se olhasse pela janela aqui na Drucker School ou de sua confortável casa em Claremont, Califórnia? Deixe-me simplesmente oferecer algumas observações que são sugestivas sobre o valor de ver as coisas pelos olhos de Drucker – olhando as circunstâncias atuais pelas lentes do pensamento de sistemas de Drucker e seu foco em uma sociedade operante que equilibra os setores e enfatiza a eficácia, a ética e a responsabilidade. Essas são apenas uma pequena fração das muitas questões que, sem dúvidas, preocupariam Peter, nosso ecologista social proeminente, se ele estivesse vivo hoje. No modo como Drucker abordou muitos tópicos, eu não postulo respostas. Essas questões evocam um conjunto de interesses urgentes e questões investigativas. Mencionarei apenas algumas.

Primeiro, em uma época em que o governo cresce em tamanho e importância, ainda não vemos um aumento mensurável na atratividade dos empregos do setor público, o que pode ser chamado de "o melhor e o mais brilhante". Como observaram Paul Volcker e outros, esta é "uma crise silenciosa no serviço público".[3] *Status* em declínio, baixas compensações e aumento no escrutínio público, todos se juntaram para tornar o serviço público menos atrativo, justamente agora que o governo precisa dos melhores talentos disponíveis. Esta é a hora quando a sociedade mais necessita da renovação da confiança e competência no serviço público. O GAO chega a ponto de colocar as necessidades de capital humano de nosso governo na sua lista de "alto risco" de vulnerabilidades nacionais.[4] Ignoramos essa vulnerabilidade estratégica às nossas próprias custas.

Segundo, o governo está tratando muitos problemas intratáveis que têm importância estratégica de longo prazo, o que é bom. Mas o governo, ou melhor, o sistema político que suporta nosso governo, ainda não tratou da necessidade de se envolver simultaneamente em um "abandono planejado" ao descartar as leis, os programas e os custos que já não são mais necessários ou relevantes nos tempos de hoje. Drucker teria dito que não podemos fazer um sem o outro. Ele certamente se juntaria a Pete

Drucker sobre Governo, Empresas e Sociedade Civil... **57**

Peterson e ao ex-administrador da GAO, David Walker, na choradeira contra os débitos sem fundos que deixamos para que as gerações futuras confrontem (no *The New York Times*, Peterson, o *chairman* sênior do Blackstone Group e ex-secretário de comércio, disse ser este um "momento de ou vai ou racha na história americana",[5] e isso foi antes do desastre do mercado no final de 2008). À medida que a Fundação Peterson avança sua causa de manter "a América forte e o Sonho Americano vivo promovendo a responsabilidade hoje para criar mais oportunidades para amanhã", ela acautela sobre a carga da dívida federal de US$ 56.4 trilhões – ou "sua cota de US$ 184.000".[6] Drucker teria aplaudido.

Terceiro, Drucker teria concordado com a avaliação feita pelo *Economist*, de que estamos vivendo um momento perigoso, pois 40% da população mundial vive em "democracias imperfeitas". Essas novas democracias estão no limite entre liberdade e tirania, e podem ir tanto para um lado quanto para o outro: aberta ou fechada, pluralista ou estadista.[7] Nós estamos, como Drucker teria concordado, em um perigoso ponto de virada. Desde a queda do Muro de Berlim, um número sem precedente de pessoas (2.508.845.187, de acordo com a reportagem de capa do *Economist*) se juntou à condição social daqueles que moram em nações semidemocráticas ou semivoltadas para o mercado. Drucker teria perguntado: o centro conseguirá se manter? A prosperidade será igualmente compartilhada? As instituições de uma democracia incipiente se manterão e amadurecerão, juntamente com leis, uma imprensa livre, transparência e responsabilidade nas grandes instituições públicas? Ou a oligarquia se desenvolverá juntamente com a divisão crescente entre ricos e pobres? Instituições fortes da sociedade civil serão estabelecidas ou encorajadas, ou o governo esmagará as divergências e restringirá as liberdades de organizações sem fins lucrativos (ONGs)? Drucker estaria fazendo estas e outras perguntas, empurrando-nos para respostas e soluções mais atrativas, e nos preveniria que o futuro está balançando.

Quarto, Drucker celebraria o renascimento do voluntarismo e da iniciativa de cidadãos, assim como Tocqueville fez dois séculos atrás. Tem havido uma explosão no crescimento de instituições sem fins lucrativos nos Estados Unidos e ao redor do mundo (crescendo em 36%, de 1,08 milhões para 1,48 milhões, de 1996 a 2006, de acordo com o National Council of Nonprofit Associations – Conselho Nacional de Associações Sem Fins Lucrativos), U.S Census Bureau – Base de Dados do Censo dos

O LEGADO VIVO DE PETER DRUCKER

EUA) e Bureau of Labor Statistics – Departamento de Estatísticas do Trabalho), o que é uma tendência bem-vinda e necessária. Mas ele também teria perguntado: estamos fazendo o suficiente para apoiar e encorajar a administração eficaz de organizações sem fins lucrativos? Já criamos mercados de capital eficazes para financiá-las e ajudá-las a crescer? Embora ele tenha sido um tremendo defensor e incentivador da sociedade civil, eu acho que ele teria tido coragem de questionar a qualidade e a eficácia da governança em organizações sem fins lucrativos, e ele teria se preocupado com os dados da Association of Certified Fraud Examiners, que alega ter uma perda anual de US$ 40 bilhões com fraudes no setor sem fins lucrativos.

Quinto, Drucker perguntaria por que ainda não conseguimos utilizar mais eficazmente a produtividade do profissional do conhecimento. A Proudfoot Consulting descobriu que uma média de 34,3% do tempo de trabalho no setor privado é efetivamente desperdiçado.[8] Três quartos deste é resultado de falta de planejamento e administração medíocre. Qual é, ele perguntaria, a porcentagem de tempo de trabalho desperdiçado no setor público? Em um mundo onde o PIB global é de US$ 50 trilhões, podemos realmente tolerar o desperdício de US$ 15 trilhões do valor produtivo? Quais mecanismos precisam ser instalados para captar esse valor desperdiçado, assim como para instalar soluções tecnológicas para captar a energia desperdiçada? Como podemos acelerar nosso entendimento sobre como administrar e motivar trabalhadores em uma economia que, cada vez mais, precisa ser impulsionada pela energia renovável do conhecimento?

Sexto, as empresas ao redor do mundo estão começando a seguir e a agir segundo os *insights* de Drucker de que "qualquer desafio social e global de nossos dias é uma oportunidade disfarçada". Os exemplos incluem a Eco-imagination na GE, o que a Procter & Gamble chama de "oportunidade social corporativa" e a rede de fornecimento "verde" do Walmart. Essas e outras empresas estão vendo, na parte inferior da pirâmide, oportunidades para inovação, nova penetração de mercado e o valor em contribuir para o progresso social e promover oportunidades econômicas, ao mesmo tempo avançando seus próprios resultados finais. Drucker ficaria muito satisfeito com essa nova leva de empresas que realmente "entendem" – não simplesmente dando mais à filantropia ou fazendo grandes declarações sobre a responsabilidade social corporativa, mas internalizando uma orientação social à sua estratégia corporativa e DNA – e estão ganhando vantagem competitiva ao serem inovadoras e criarem o que eu, no livro *Profits with Principles*, chamo de "valor com valores". Existem agora 3.000 membros no Global Compact da ONU, o qual reúne corporações multinacionais com governos e ONGs em uma aliança comprometida a avançar voluntariamente a Declaração Universal de Direitos Humanos, de Trabalho e do Meio Ambiente da ONU. Novos produtos estão sendo criados e entregues a nações anteriormente marginalizadas, e as empresas estão se tornando uma força bastante visível para o bem em muitos lugares, mesmo que, em outros lugares, elas sejam vistas como vilãs.[9] Acredito que se Peter estivesse conosco hoje, ele diria: Amém, por que vocês demoraram tanto, por que ainda não estamos vendo muito mais dessas coisas boas e o que podemos fazer para fornecer incentivos e acelerar esta concepção da empresa e seu compromisso com a criação e a resolução sustentável de problemas sociais?

Sétimo, obviamente estamos testemunhando outra virada, talvez com proporções tectônicas, no equilíbrio do poder, recursos e autoridade entre governos e empresas. O setor privado, que já não comanda mais de seus escritórios em prédios altos (usando a imagem vívida de Daniel Yergin), está recolhido, castigado, enfraquecido, humilhado e, ocasionalmente, suplicante. Drucker diria que o governo novamente comanda as terras altas e está de volta no negócio de governar. Ele também teria avisado que parece que nós cambaleamos de um extremo para o outro, enquanto o que realmente é preciso é equilíbrio e bom-senso. Ele estaria preocupado, assim como nós deveríamos estar, com os poderes sem precedentes do estado na economia e sobre os déficits que se acumulam. Mas ele veria neste momento de transição, talvez até mesmo transformador, a oportunidade de evoluir uma nova teoria e prática de o que ele chamava de uma sociedade operante ou responsável. Esta é a hora de abandonarmos as funções antigas, inúteis e onerosas do governo. Este é o momento certo para "reprivatizar", usando a frase de Drucker, muito do trabalho existente que o governo faz, mas que ONGs ou empresas conseguiriam fazer, e fariam, mais eficazmente. Eu acho que poderíamos ver a oportunidade para um grande realinhamento dos setores ao longo das linhas de convergência e colaboração – mas também maior clareza sobre os respectivos pontos fortes de organizações em setores diferentes.

60 O LEGADO VIVO DE PETER DRUCKER

Eu também imagino que Peter teria reconsiderado um pouco de seu ceticismo sobre a reinvenção do governo. Francamente, eu acho que ele foi bastante duro com os esforços de muitos em criar ou recriar funções governamentais que proporcionassem um bom atendimento ao "cliente", em medir sua eficácia e em se envolver no tipo de inovação empresarial que normalmente é encontrada em empresas privadas de ponta. Minha experiência pessoal e profissional como comissário da receita do Estado de Massachusetts há 20 anos é apenas um dos muitos exemplos de que o setor público é capaz de manter o foco na missão. Entendíamos nossa missão em três palavras simples: "honesto, justo, firme". Expressávamos uma orientação explícita para o cliente, com a garantia de restituição rápida e formulários de impostos codificados por cor e reescritos de uma linguagem burocrática para o inglês – tão simples que até mesmo o comissário conseguia preencher seu imposto de renda! Demonstrávamos eficiência ao aumentar a taxa de conformidade voluntária pelo cumprimento vigoroso e visível da lei, e trabalhávamos duro, aparentemente com sucesso, para restaurar a confiança pública nesta função mais básica e comum das funções governamentais – entre outras coisas, ficando abertos até meia-noite no dia 15 de abril para ajudar os contribuintes a preencher seus formulários; oferecendo anistia tributária que encorajou 56.000 ex-delinquentes e sonegadores a declarar o imposto de renda; mostrando nos formulários tributários em si de onde vem a renda tributária, quem paga o que e para onde ela vai; e convencendo os contribuintes honestos de que "a sonegação de impostos não é um crime sem vítimas".[10] Eu mencionei minha própria experiência apenas para sugerir que ela pode ser mais comum do que excepcional, e que por baixo do cinismo sobre a capacidade do governo de se reinventar ou se administrar eficazmente, há provas concretas de profissionais do governo que estão criando um setor público bastante diferente daquele que Drucker teve tempo de descobrir.

Por último, "*caveat emptor!*". Peter passou 35 anos de sua vida aqui em Claremont, escrevendo e ensinando de sua casa e nas salas de aula em sua escola. Tenho certeza de que ele estaria entre os primeiros a sugerir que as escolas de negócios para formados são culpadas, pelo menos em termos de responsabilidade parcial, pela situação difícil que enfrentamos agora como uma economia e como uma sociedade. Muitos dos titãs da indústria, que não têm moral, competência ou ética, são produtos de nos-

Drucker sobre Governo, Empresas e Sociedade Civil... **61**

sas cidadelas de capitalismo e de nossos programas de MBA. Muito do capital intelectual da academia foi dedicado à documentação das maravilhas do mercado, em vez de analisar as consequências de suas externalidades ou a destruição do que os economistas chamam de plebe. Drucker era, como sempre, presciente e apontou esse problema ao escrever em uma carta para o *Economist* em dezembro de 1994 sobre a "Fagin's School of Pickpockets and Prostitutes" (Escola Fagin de Trombadinhas e Prostitutas), uma referência não tão velada à tendência vocacional estreita que ele achava alarmante nas escolas de comércio proeminentes e o entusiasmo concomitante pelo MBA como uma credencial para o avanço financeiro, ao contrário de um caminho para empresas como agentes do progresso social. Como demonstraram Rakesh Khurana e outros, a comercialização de escolas de comércio levou à desprofissionalização da educação em administração.[11] Há a necessidade urgente de uma correção do mercado, por assim dizer. Felizmente, ela já está a caminho. Modestamente, observo, valores têm sido parte da corrente principal aqui na Peter F. Drucker and Masatoshi Ito Graduate School of Management por aproximadamente 40 anos. *Business Week* relatou que 56% dos estudantes de MBA em todo o país já admitiram ter "roubado" enquanto faziam seu MBA.[12] Claramente, há uma correção social necessária, uma que vá além do que fazemos na sala de aula, do que pesquisamos e de quais valores transmitimos quando nossos alunos chegam como capitalistas camaradas.

A boa nova, como diria Peter, é o desejo dessa próxima geração em fazer o bem ao mesmo tempo em que fazem bem-feito. Os requisitos para entrada no Teach for America (Ensino para a América) são tão competitivos quanto a entrada na Wharton. Outro indicador positivo é que a maior atividade de alunos na Harvard Business School não está nos clubes de capital de risco ou bancos de investimentos, mas sim na organização empresarial social.

De nossa parte, nós aqui na Drucker School estamos tentando ter um papel em enfatizar o principal *insight* de Drucker: que administração é primeiramente uma arte liberal. Abordamos administração com humildade e valores; com apreciação pela história, cultura e filosofia; e com uma abordagem integrada que enfatize igualmente a eficácia, a ética e a responsabilidade.

3

Liderando Profissionais do Conhecimento: Além da Era de Comando e Controle

Craig L. Pearce

O conhecimento técnico precisa ser melhorado, desafiado e aumentado constantemente, ou ele desaparecerá.

– Peter F. Drucker

Drucker identificou o aparecimento da era do trabalho com conhecimento técnico há mais de meio século atrás. Como era típico dele, ele estava olhando o horizonte, vendo o que não era visto, ainda assim, em retrospectiva, claramente passou a ser visto. Em 1968, Drucker declarou em seu livro presciente, *The Age of Discontinuity*, "Nos últimos 20 anos, a base de nossa economia mudou do trabalho manual para o trabalho com conhecimento técnico". Desde então, o trabalho com conhecimento técnico tornou-se um componente cada vez mais importante da economia, e passou a ser, cada vez mais, uma tarefa baseada em equipes. O motivo da mudança para um trabalho com conhecimento técnico baseado em equipes está claro. É cada vez mais difícil para qualquer indivíduo desenvolver a experiência necessária para todos os aspectos do trabalho que precisa ser realizado, não importando o contexto, e este fenômeno é mais profunda e amplamente forçado pelas organizações. Com essa ênfase no trabalho com conhecimento técnico baseado em equipes, surge a necessidade imperativa de questionar nossos modelos tradicionais de liderança.

Liderança é normalmente vista como o alcance da pessoa que está "no comando", enquanto os outros são simplesmente seguidores – o que é definido como liderança *vertical* ou *hierárquica*. Dito isto, pesquisas recentes indicam que a liderança pode mover-se para a pessoa com conhecimento, talentos e habilidades-chave para as tarefas enfrentadas por qualquer grupo, a qualquer momento – o que é definido como liderança *compartilhada*. A pesquisa sobre esse tópico é muito clara: ela indica que os grupos com desempenho medíocre têm a tendência de ser dominados por um líder nomeado, enquanto os grupos com alto desempenho demonstram padrões de liderança mais dispersos,[1] isto é, eles compartilham a liderança. Obviamente isso não significa que a liderança de cima seja desnecessária. Pelo contrário, o papel do líder hierárquico é absolutamente fundamental para o sucesso contínuo do trabalho com conhecimento técnico.

O Que É Trabalho com Conhecimento Técnico?

Antes de continuarmos, é necessário que sigamos em frente com um entendimento comum sobre trabalho com conhecimento técnico. Trabalho com conhecimento técnico requer um investimento significativo, e contribuição voluntária, de capital intelectual por profissionais talentosos: concomitantemente, o trabalho com conhecimento técnico passa a ser, cada vez mais, uma tarefa baseada em equipes.[2] A necessidade aumentada de trabalho com conhecimento técnico baseado em equipes é o resultado de pressões, tanto de cima para baixo quanto de baixo para cima. As pressões de cima para baixo, baseadas na organização, são o resultado da concorrência, tanto doméstica quanto global, que fez com que as empresas buscassem meios mais eficazes de competir.[3] Como resultado, elas buscam maneiras de reduzir os custos e melhorar a eficácia para se manterem competitivas. Naturalmente, isso também acarreta a necessidade de uma força de trabalho mais flexível, uma redução no prazo de entrega e o envolvimento do conhecimento técnico existente na organização, os quais podem, pelo menos parcialmente, ser alcançados por meio da sinergia de trabalho com conhecimento técnico baseado em equipes e liderança compartilhada.

Por outro lado, as pressões agregadas de baixo para cima, baseadas no indivíduo, que as empresas enfrentam, surgiram da natureza dramaticamente mutante da força de trabalho, seja ela doméstica ou global. Vejamos, por exemplo, o fato de que a força de trabalho é cada vez mais educada. Como resultado, ela tem mais conhecimento para oferecer às suas organizações. Os funcionários de hoje também exigem mais do trabalho do que um simples pagamento: eles exigem cada vez mais um impacto significativo,[4] o qual é alcançado por meio de abordagens ao trabalho com conhecimento técnico baseadas em equipes,[5] as quais dependem da liderança compartilhada.

Essa mudança para o trabalho com conhecimento técnico baseado em equipes criou a necessidade de questionar nossos modelos tradicionais e abordagens à liderança – eles precisam ser rebobinados e reformados? Parece que a resposta é sim. A saber, embora normalmente vejamos a liderança como um papel, com uma pessoa projetando influência para baixo nos seguidores, se, em vez disso, víssemos liderança como um processo, seria possível que todos os membros das equipes de profissionais do conhecimento se envolvessem no processo de liderança pela liderança compartilhada?[6] A pesquisa sobre esse tópico é muito clara – entre uma ampla variedade de contextos organizacionais, de laboratórios ao campo militar, de equipes face a face a equipes virtuais, de equipes da alta administração a organizações inteiras.[7] Resumindo, a liderança compartilhada acarreta um processo simultâneo, contínuo, de influência mútua dentro de um grupo caracterizado pela "emergência serial" de líderes oficiais e não oficiais.

O Desafio em Liderar Profissionais do Conhecimento

Há um desafio fundamental em liderar profissionais do conhecimento: geralmente há uma lacuna de conhecimento entre o líder nominal e o restante do grupo, e algumas vezes essa lacuna é bastante extrema. Naturalmente, isso nos faz questionar nossas noções tradicionais de liderança de cima para baixo, de comando e controle, estabelecidas por meio de paradigmas históricos e reforçadas pela mídia popular – a qual costumava buscar um líder heroico para glorificar, e, atualmente, procura um líder narcisista para difamar.

Além de identificar o aparecimento da economia de conhecimento técnico, Drucker também prenunciou o aparecimento coincidente da era da liderança compartilhada. Ele declarou: "A maioria das discussões sobre a tomada de decisões presume que apenas os executivos seniores tomam decisões ou que apenas as decisões dos executivos seniores importam. Este é um erro grave". Claramente, ele conjeturava um papel para maior participação no processo de criação do conhecimento técnico, seja pelo projeto ou pela simples emergência. Em retrospecto, o curso superior é obviamente por meio do engajamento proposital da força de trabalho, usando processos como a liderança compartilhada. Dito isto, como ensinava Drucker, é imperativo que examinemos as evidências, o que faremos na seção seguinte.

Liderança no Contexto Histórico

Foi durante a Revolução Industrial que a disciplina de administração começou a ser formalmente estudada, de maneira científica. Administração era formalmente reconhecida como um fator de produção em 1803, quando Jean Baptiste Say, um economista francês, declarou que empresários "devem possuir a arte de superintendência e administração". Antes de Say, os economistas ocupavam-se primeiramente com outros fatores da produção – terreno, mão de obra e capital. A Revolução Industrial iniciou o conceito de que liderança deve ser um componente importante dos esforços econômicos. Contudo, o reconhecimento antecipado da liderança como um componente importante da empresa industrial foi míope: a visão de liderança era aquela de comando e controle, e não foi até mais tarde que o mundo começou a observar pequenos vestígios de conceitos relacionados à noção de liderança compartilhada.

Durante a Revolução Industrial, a ênfase estava no controle administrativo ou de supervisão – em outras palavras, o modelo vertical de liderança. Por exemplo, em 1840 James Montgomery publicou um livro onde criticamente examinava e comparava as indústrias de manufatura de algodão dos Estados Unidos e da Grã-Bretanha. Ele louvava as organizações britânicas por seu nível realçado de experiência administrativa, e esta experiência era largamente focada no estabelecimento de sistemas rígidos de controle.

Durante todo o século XIX, o pensamento sobre administração era primariamente moldado pelas necessidades da indústria ferroviária emergente. O avanço das ferrovias, o primeiro negócio americano de larga escala, precisava de abordagens mais sistemáticas para poder coordenar e controlar as empresas expansivas que eram geograficamente dispersas, empregavam milhares de pessoas e exigiam enormes investimentos de capital. Um dos mais importantes pensadores de administração da época era Daniel C. McCallum. Em meados de 1800, ele desenvolveu seis princípios de administração, sendo que um deles era a unidade de comando.

Na virada para o século XX, e continuando por grande parte deste, o pensamento sobre administração havia se cristalizado em o que era chamado de administração científica. A pedra angular da administração científica era que todo trabalho deveria ser estudado cientificamente, e procedimentos ótimos poderiam ser desenvolvidos para garantir a produtividade máxima. Mais importante, a administração científica separava as responsabilidades administrativas das responsabilidades dos trabalhadores. Os gerentes recebiam a tarefa de identificar procedimentos precisos de trabalho, e exigia-se que os trabalhadores seguissem esses protocolos igualmente. A administração científica articulava uma perspectiva de comando e controle sobre o papel dos líderes na vida organizacional. Os líderes tinham de supervisionar e dirigir aqueles que estavam abaixo deles. Os subordinados tinham de seguir o que lhes era ordenado sem questionar. A noção de que líderes e seus subordinados pudessem mutuamente influenciar um ao outro era impensável.

Peter Drucker recordava-se de uma conversa que teve com um membro da National Labor Relations Board (NLRB) (Comissão Nacional de Relações Trabalhistas) nos anos 1940, que poderosamente ilustra as atitudes prevalecentes na época. Drucker explicou que: "Quando dizia algo sobre administração e trabalhadores terem 'um interesse comum na sobrevivência e prosperidade da empresa', meu amigo me interrompia: 'Qualquer empresa que afirme tais interesses comuns', ele dizia, 'é evidência aparente de violação da lei e culpada de práticas trabalhistas injustas'". Desse modo, a sabedoria comum por todo o século XX (e muito além) tem sido aquela de comando e controle: líderes e seguidores na organização industrial moderna teriam papéis separados e metas conflitantes. A influência permanecia vertical e unidirecional – para baixo –, a qual é diretamente oposta às necessidades da era de conhecimento técnico em que estamos hoje. Dito isto, uma vez que os paradigmas são estabelecidos, eles se estendem, por assim dizer.

Como Liderar o Trabalho com Conhecimento Técnico – Está na Receita

Precisamos ir além dos conceitos moribundos do passado se quisermos assumir o desafio do trabalho com conhecimento técnico no século XXI, e a liderança compartilhada é central a esse desafio. Do mesmo modo, é necessário entender os mecanismos pelos quais a liderança vertical e a compartilhada possam nivelar o conhecimento, talentos e habilidades de profissionais do conhecimento. As seções seguintes detalham os comportamentos específicos de líderes pelos quais os líderes hierárquicos e os profissionais do conhecimento que eles lideram possam se ajudar, com sucesso, para obter ganhos mutuamente benéficos.

As décadas de pesquisa em liderança e trabalho com conhecimento técnico identificaram uma variedade de estratégias ou comportamentos de liderança que servem como base da criação de conhecimento técnico nas organizações, e quando passamos para a liderança compartilhada, essas estratégias comportamentais continuam sendo relevantes, com uma diferença importante: os agentes e alvos de influência são geralmente colegas. Dito isto, as pesquisas identificaram claramente quatro tipos importantes de comportamento de liderança que emanam de líderes hierárquicos ou são compartilhados e distribuídos entre os profissionais do conhecimento: diretivo, transacional, transformacional e de delegação de poder.[8]

Liderança Diretiva

A liderança diretiva envolve prover direção focada na tarefa, como indica o termo.[9] Ela proporciona uma estrutura muito necessária para tarefas inerentemente sem estrutura.[10] Os profissionais do conhecimento altamente talentosos, sejam eles chamados de líderes ou "seguidores", geralmente encontrarão uma plateia receptiva para instruções e direções significativas e construtivas entre os trabalhadores menos experientes e aqueles que têm menos conhecimento técnico. A liderança diretiva é particularmente importante em equipes recém-formadas. Por exemplo, a liderança diretiva compartilhada poderá ser expressa em conversas quando os colegas exploram os limites do conhecimento entre si, por meio de uma direção para dar e receber, sobre como abordar encargos, alocar papéis ou resolver pontos de vista divergentes. De fato, o CEO da Cisco tem, propositadamente, tentado ampliar a participação na tomada de decisões e direções dadas no seu processo de liderança. Ao refletir sobre as dificuldades que a Cisco enfrentou após a bomba das ponto.com, o CEO John Chambers declarou: "Todas as decisões eram tomadas pelas dez principais pessoas na empresa, e a partir daí eram comunicadas para baixo". Agora a Cisco tem uma estratégia proposital de envolver a liderança compartilhada, com resultados impressionantes. De acordo com Chambers, "As diretorias e conselhos [que criamos] são capazes de inovar com tremenda velocidade. De 15 minutos a uma semana é o tempo que leva para obtermos um plano [de negócios] que antes demorava seis meses!". Ao envolver as habilidades diretivas dos funcionários mais abaixo na hierarquia, a Cisco conseguiu colher benefícios inovadores que escaparam a seus concorrentes hierárquicos.

Liderança Transacional

A liderança transacional acarreta influência por meio do suprimento estratégico de recompensas – elogios, reconhecimentos, compensações ou outras recompensas valiosas – que são contingentes ao desempenho do seguidor.[11] A fonte de tais recompensas tradicionalmente tem sido o líder vertical nomeado; no entanto, a liderança transacional compartilhada, no contexto de trabalho com conhecimento técnico, pode assumir a forma de elogios colegiados pelas contribuições exemplares. Além disso, os colegas também concedem atribuições valiosas ou recomendam distribuições financeiras baseadas no nível individual ou de equipes na consecução de marcos de projetos, alvos de qualidade ou outras medidas do desempenho. Por exemplo, uma equipe administrativa com a qual trabalhei em minha prática de consultoria, que era encarregada de uma instalação de produção de motores, ativamente fez uma campanha e conseguiu mudar o sistema de compensação, de um sistema de bônus baseado no indivíduo para um sistema de bônus baseado na equipe. Naturalmente, a incorporação de sistemas de bônus baseados na equipe levou a resultados positivos da equipe: essa organização recentemente ganhou seu State Senate Productivity Award (Prêmio de Produtividade do Senado Estadual) – análogo ao Prêmio Malcolm Balridge em nível nacional.[12]

Liderança Transformacional

Enquanto a liderança transacional enfatiza as recompensas que são valores imediatos, a liderança transformacional adota uma ênfase mais simbólica sobre o compromisso para com a visão coletiva, o envolvimento emocional e a satisfação de necessidades de ordem mais alta, tal como a criação de impacto profissional significativo ou desejos para se engajar em realizações inovadoras. Uma das tarefas do líder hierárquico, pelo menos inicialmente, é a de esclarecer a visão. Por outro lado, os profissionais do conhecimento se engajam em liderança transformacional compartilhada incentivando ou apelando para os desejos dos colegas de projetar produtos e serviços pioneiros, lançar novos riscos emocionantes, superar a concorrência para captar a maior parte do mercado na indústria ou simplesmente fazer do mundo um lugar melhor para se viver.

A liderança transformacional compartilhada é especialmente crítica no contexto de profissional do conhecimento, isso porque este contexto depende de contribuições intelectuais significantes e, pela sua própria natureza, voluntárias, de profissionais altamente talentosos. Um artigo recente na revista *Fortune*, por exemplo, declarou a criação de uma visão compartilhada como sendo a ideia de liderança mais importante do século XX.[13] Esta ideia foi vivamente ecoada numa entrevista recente com Leslie E. Stocker, presidente do Braille Institute of America (Instituto Braille da América). Ele disse: "Todos nós opinamos na criação da nossa missão comum... A chave é ajudar os outros a te liderarem, quando eles têm o conhecimento relevante".

Liderança de Delegação de Poder

O último tipo de liderança que examinamos aqui, e talvez o mais importante para se considerar no contexto de trabalho com conhecimento técnico, é a liderança de delegação de poder, a qual enfatiza a autoinfluência do funcionário em vez de controle de cima para baixo. Em muitas maneiras, a liderança de delegação de poder sintetiza o papel idealizado de um líder no trabalho com conhecimento técnico. Temos, a seguir, alguns trechos de entrevistas com líderes bem-sucedidos das equipes de mudança administrativa da minha experiência com consultoria. Um dos líderes de equipe disse: "O meu papel mais importante é o desenvolvimento da equipe – fazer com que eles interajam sem ser direcionados", enquanto outro líder declarou: "Algumas vezes você precisa ser um líder de torcida (cheerleader) [e] precisa ter cuidado para não ser um ditador". Outro líder, no entanto, resumiu seu papel no processo de criação do conhecimento ao declarar: "Eu disse a eles [os membros da equipe] que seu papel é me substituir".

Assim como as outras estratégias de liderança discutidas anteriormente, a liderança de delegação de poder pode também ser compartilhada e projetada lateralmente entre os colegas. Exemplos de liderança de delegação de poder compartilhada incluem encorajamento de colegas e apoio ao estabelecimento de metas, recompensa própria e autodesenvolvimento. A liderança de delegação de poder compartilhada enfatiza especialmente o desenvolvimento de talentos autoinfluenciados que orquestram o desempenho ao mesmo tempo em que preservam a autonomia. Como resultado, ela é adequada para os profissionais do conhecimento, que tanto desejam autonomia em seus empregos.[14]

Evidência Científica Sobre a Liderança Compartilhada

Drucker nos instruiu a basear nossas conclusões em fatos e lógica. Assim sendo, precisamos examinar a evidência científica sobre a liderança compartilhada no trabalho com conhecimento técnico. Aqui, a evidência é clara. Enquanto algumas equipes ou organizações alcançam um nível alto de liderança compartilhada, a evidência inicial indica que a liderança compartilhada tem um impacto significantemente maior na eficácia organizacional e da equipe do que o modelo mais tradicional de liderança hierárquica apenas. Esta evidência científica vem de uma ampla variedade de contextos, incluindo os grupos responsáveis por administrar as mudanças nas organizações (por exemplo, implementar novos protocolos, procedimentos e sistemas de trabalho), grupos virtuais (equipes geograficamente dispersas que se comunicam principalmente pela tecnologia de comunicação) e, talvez mais importante, as equipes da alta gerência. Em todos os casos, os grupos que demonstram níveis mais altos de eficácia eram aqueles que se engajaram em níveis mais altos de liderança compartilhada. Os grupos com desempenho baixo têm a tendência de ser dominados pelo líder, ao passo que os grupos com desempenho alto têm, na realidade, a maior parte da liderança vindo dos membros do grupo. Assim sendo, uma pergunta relevante é: "Por que simplesmente não nos

72 O LEGADO VIVO DE PETER DRUCKER

livramos dos líderes hierárquicos no trabalho com conhecimento técnico e deixamos que os especialistas se liderem?". Mais uma vez, vamos examinar as evidências. De acordo com nossa pesquisa, três das quatro medidas de liderança hierárquica são mais altas em grupos com desempenho alto. A única medida da liderança hierárquica que foi mais baixa em grupos com desempenho alto foi a medida de quanto o líder tentava delegar poder ao restante do grupo. Podemos especular que o motivo para isso é que os membros do grupo simplesmente não precisavam ter poder; eles atribuíam poder entre si.

A Liderança Compartilhada é uma Panaceia?

A liderança compartilhada não é uma panaceia para o excesso de problemas que aplacam o trabalho com conhecimento técnico. Por exemplo, se os profissionais do conhecimento, e especialmente os principais líderes organizacionais, resistirem à noção de liderança compartilhada, seu potencial será mitigado. Isso traz à tona uma pergunta importante: o que seria feito com um profissional do conhecimento sólido e bem-sucedido que rejeita a liderança compartilhada? Mais uma vez voltamo-nos para Drucker em busca de conselhos. Drucker disse: "A tarefa da liderança é criar um alinhamento de pontos fortes que façam com que os pontos fracos sejam irrelevantes". Assim sendo, aqueles que resistem à liderança compartilhada devem ser colocados em papéis de contribuintes individuais, onde seus talentos podem ser alimentados e suas contribuições ceifadas. Dito isto, a superdependência de qualquer indivíduo no processo de criação do conhecimento introduz riscos consideráveis para a organização: o que acontece se a pessoa deixa a organização? Está claro que isso minará a robustez do processo de criação do conhecimento.[15]

O Futuro de Liderar o Trabalho com Conhecimento Técnico

No final dos anos 1960, Drucker disse: "Não sabemos como administrar o profissional do conhecimento para que ele queira contribuir e desempenhar. Mas sabemos que ele deve ser administrado diferentemente". Este capítulo é uma tentativa de discutir os desafios que Drucker identificou. Liderança não é apenas um papel; é um processo social revelado, e é por esse processo – aquele que engaja o espírito humano total – que o verdadeiro trabalho com conhecimento técnico e as verdadeiras inovações podem ser alcançados. Estamos sem dúvidas em uma nova era, a era do trabalho com conhecimento técnico – uma era que Drucker definiu tão claramente há mais de meio século.

A era do conhecimento técnico é a era da liderança pós-vertical e hierárquica? É claro que não. Não é uma questão de escolher entre liderança vertical e liderança compartilhada quando se trata de trabalho com conhecimento técnico. Pelo contrário, as questões são (1) Quando a liderança é mais apropriadamente compartilhada? (2) Como uma pessoa desenvolve a liderança compartilhada? (3) Como uma pessoa facilita as transições tranquilas de liderança? Ao discutir essas questões, colocaremos as organizações mais próximas de um modelo apropriado de liderança na era do trabalho com conhecimento técnico. Como Drucker astutamente observou: "Trabalho com conhecimento técnico [é] uma tarefa baseada em equipes".

4

Administração Baseada em Valor(es): Responsabilidade Social Corporativa Vai de Encontro à Administração Baseada em Valor

James S. Wallace

"Não é suficiente fazer bem, é preciso também fazer o bem." Mas para poder "fazer o bem", uma empresa precisa primeiramente "fazer bem".
— Peter F. Drucker, *Management: Tasks, Responsibilities, Practices*

Para que uma empresa tenha sucesso na criação de riquezas, todos que tenham interesse nela precisam receber seu pedaço da "pizza" econômica.
— John Martin, William Petty e James Wallace, Value-Based Management with Corporate Social Responsibility

Pergunte a um economista por que existem empresas, e ele provavelmente lhe responderá que é muito mais eficaz realizar tarefas complexas dentro de uma empresa do que seria para um indivíduo contratar separadamente para a mesma tarefa. Imagine como seria difícil e oneroso para um indivíduo comprar um telefone celular se não houvesse empresas que produzissem tais aparelhos. Você teria de contratar um engenheiro para projetar os circuitos, outro para desenvolver o *software*, outro para produzir a embalagem e assim por diante.

Deixando para trás os motivos puramente econômicos, também perguntaremos: qual deve ser a meta de uma empresa? Neste ponto, estamos nos aventurando em uma área repleta com muito mais emoção e muito menos evidências sólidas. Neste capítulo, tentarei explorar essa questão por meio das lentes da administração como uma arte liberal, utilizando os escritos do pai da administração moderna, Peter F. Drucker.

As respostas para "por que as empresas existem" correm ao longo de um longo continuum. Em uma ponta estão os seguidores do antigo economista, Milton Friedman, que dizia em seu livro de 1962, *Capitalism and Freedom*, que as empresas apenas existem para fazer dinheiro para seus acionistas. Ele achava que qualquer outro motivo seria um gasto de dinheiro:

> *Poucas tendências poderiam minar por completo a própria fundação de nossa sociedade livre como a aceitação, pelos oficiais corporativos, de uma responsabilidade social que não seja a de fazer o máximo de dinheiro possível para seus acionistas.*

Nem todos compartilham deste ponto de vista sobre o propósito corporativo. Alguns argumentam que esta abordagem de administração baseada em valor (ABV) é simplesmente ganância.[1] Surgem as perguntas sobre as empresas terem ou não uma obrigação com vários *stakeholders*. Fazer dinheiro apenas é importante para que empresa possa fazer algo nobre? Os seguidores da teoria dos *stakeholders* da empresa argumentariam que esta deve considerar e equilibrar as necessidades de todos seus *stakeholders*. *Stakeholders*, neste caso, incluem qualquer grupo que seja afetado pelas ações da empresa. Esses grupos não incluem apenas os acionistas, mas também os funcionários, clientes, fornecedores, o governo, a comunidade onde a empresa está localizada e a sociedade em geral. Como disse Charles Handy,

> *O propósito de uma empresa... não é lucrar, e ponto final. É lucrar para que a empresa possa fazer algo mais ou algo melhor. Este "algo mais" passa a ser a justificativa real para a existência da empresa... É uma questão moral. Confundir os meios para se alcançar o fim é estar voltado apenas para si, o que Santo Agostinho considerava ser um dos maiores pecados... É saudável*

perguntar sobre qualquer organização, "Se ela não existisse, nós a inventaría-
mos?". A resposta seria "Apenas se pudéssemos fazer algo melhor ou mais útil
do que qualquer outra pessoa", e o lucro seria o meio para um fim maior.

Uma pergunta relacionada é como a tendência para a responsabilidade social corporativa (RSC) se encaixa no modelo ABV? Eles são conflitantes ou eles estão inter-relacionados? Para responder estas difíceis,
porém importantes, perguntas, explorarei primeiramente o modelo ABV,
com sua ênfase no acionista, e o modelo RSC, com sua ênfase em vários
stakeholders. Meu argumento é de que essas duas filosofias são muito
mais complementares do que conflitantes. De fato, as empresas ABV
bem-sucedidas estão aprendendo que praticar um programa RSC, algo
que eu chamo de administração baseada em valores, pode realmente ser
muito benéfico. Em vez de esses gastos alcançarem a soma de zero, o valor é adicionado. Isso leva ao "círculo virtuoso", onde fazer o bem leva
a fazer bem, o que proporciona a habilidade de fazer mais bem. Como a
citação de abertura por Peter Drucker proclama: *"Não é suficiente fazer*
bem, é preciso também fazer o bem". Mas para poder "fazer o bem",
uma empresa precisa primeiramente "fazer bem".

Adam Smith, a Mão Invisível e Administração Baseada em Valor

A ideia de que empresas existem para fazer dinheiro tem suas raízes intelectuais no ano de 1776, quando Adam Smith publicou sua influente
obra intitulada *The Wealth of Nations*.

> *Cada indivíduo se esforça para empregar seu capital para que seu produto*
> *tenha um valor maior. Ele geralmente não tem a intenção de promover o inte-*
> *resse público, nem saber quanto ele o está promovendo. Sua intenção é apenas*
> *sua própria segurança, apenas seus ganhos. E ele está nisso liderado por uma*
> *mão invisível para promover um fim, o qual não tem parte em sua intenção.*
> *Ao buscar seus próprios interesses, ele frequentemente promove o interesse da*
> *sociedade mais eficazmente do que quando ele tenta promovê-lo.*

Adam Smith usou esta metáfora da mão invisível para ilustrar que os
indivíduos (ou empresas) buscam riquezas ao seguir seu autointeresse, e
ao fazer isso eles criam riquezas para a economia como um efeito secun-

dário. Para entender como isso é alcançado, considere que, enquanto os clientes forem livres para escolher o que comprar e os vendedores livres para escolher o que querem vender e como produzir, o mercado determinará os produtos vendidos e os preços cobrados que adicionam valor para toda a sociedade. Isso acontece naturalmente quando todos seguem seus autointeresses. A ideia de que a maximização de lucros produz os melhores resultados para a sociedade em geral pode ser mostrada com o seguinte exemplo simples, baseado no trabalho de Michael Jensen. Uma empresa compra recursos na forma de materiais, mão de obra e capital. Essas compras são contratadas de seus donos pelas trocas voluntárias. A empresa combina essas entradas para produzir bens e serviços que são vendidos aos clientes, novamente pelas trocas voluntárias. Uma vez que todas as trocas são voluntárias, podemos concluir que o valor atribuído pelo comprador e pelo vendedor ao item trocado é igual ao preço pago. Em seguida, este valor foi adicionado à sociedade ao produzir um lucro, em que os bens e serviços são vendidos a um preço mais alto do que o custo para produzi-los. Quanto mais lucro a empresa produzir, mais valor será adicionado à sociedade.

Uma interpretação das ideias de Adam Smith foi repetida 200 anos depois no livro *The Quest for Value*, de G. Bennett Stewart III, um líder em consultoria de administração baseada em valor.

> *É fácil esquecer por que o trabalho mais importante da alta administração deve ser o de maximizar o valor de mercado de sua empresa. Se mais nada acontecer, um valor maior recompensará os acionistas que, afinal de contas, são os donos da empresa. Mas isso é muito mais importante, a sociedade como um todo também se beneficia. A busca por valor direciona os recursos escassos para seus usos mais promissores e mais produtivos. Quanto mais eficazmente os recursos forem distribuídos, mais robusto será o crescimento econômico e a taxa de melhoria em nosso padrão de vida. A mão invisível de Adam Smith está trabalhando quando os ganhos privados dos investidores passam a ser uma virtude pública. Embora não existam exceções para esta regra, na maioria das vezes há uma harmonia feliz entre a criação de valor do mercado de ações e o realce na qualidade de vida.*

Não é raro ver declarações de missão de empresas que endossam o conceito da mão invisível para criar valor para o acionista, ao mesmo tempo melhorando a sociedade como um todo. Por exemplo, o relatório anual de 2008 da Briggs & Stratton Corporation declara que:

*Criaremos valor superior ao desenvolver relacionamentos mutuamente bené-
ficos com nossos clientes, fornecedores, funcionários e comunidade... Na busca desta missão, proporcionaremos poder às pessoas ao redor do mundo para
que elas possam desenvolver suas economias e melhorar a qualidade de suas
vidas e, ao fazer isso, agregar valor aos investimentos de nossos acionistas.*

Embora algumas empresas ainda estejam promovendo sua dedicação
à administração baseada em valor, uma consequência infeliz que surgiu
logo após os escândalos abomináveis como o da Enron e da WorldCom é
a percepção de que, de alguma maneira, administração baseada em valor
é sinônimo de ganância, e que essa ganância é sinônimo de se aproveitar
dos outros *stakeholders*. Esta percepção é provavelmente o resultado da
falta de entendimento da ABV. Adam Smith acreditava que, quando as
pessoas são livres para buscar seus próprios interesses, é muito melhor
para a sociedade do que se esta estivesse sob um sistema onde o que é
"bom" é determinado externamente. Outros, no entanto, argumentam
uma perspectiva diferente.

A Perspectiva de um *Stakeholder*

O que passou a ser conhecido como a teoria dos *stakeholders* foi primeiramente apresentada por Edward Freeman em seu livro de 1984,
Strategic Management: a Stakeholder Perspective. Em contraste à teoria
de Friedman de valor dos *stakeholders*, que propõe que a corporação
deveria preocupar-se apenas com o acionista, a teoria dos *stakeholders*
propõe que as corporações tenham vários *stakeholders*, cada um deles
importante, e cada um deles com suas necessidades que devem ser equi-
libradas. Os *stakeholders* não são apenas os acionistas, mas também os
clientes, fornecedores, funcionários, a comunidade, o governo, o meio
ambiente e a sociedade em geral.

O movimento de responsabilidade social corporativa (RSC) está firmemente ligado à teoria dos *stakeholders*. Assim como a teoria dos
stakeholders, a RSC também envolve a identificação que uma organização faz de seus vários grupos de *stakeholders* e, em seguida, tentar equilibrar suas necessidades respectivas dentro da estratégia da organização.
Os defensores da RSC acreditam que existem vantagens estratégicas em
considerar as necessidades e valores de todos os grupos de *stakeholders*.
Este é um contraste brusco para os devotos de Friedman, que defendem

O LEGADO VIVO DE PETER DRUCKER

fazer para os *stakeholders* não acionistas apenas o que é exigido por lei ou regulamentação.

Administração Baseada em Valor(es): um Casamento da Administração Baseada em Valor e a Teoria dos *Stakeholders*

Quando vistos pela primeira vez, parece haver pouca coisa em comum entre os pontos de vista de Friedman e Freeman. Felizmente, este não é o caso. Talvez a maior mente a discutir as questões sobre o propósito de uma empresa tenha sido Peter F. Drucker. Ele definiu o propósito de uma empresa em termos do cliente em seu livro de 1954, *The Practice of Management*:

> *Se quisermos saber o que é uma empresa, precisamos começar com seu propósito. E o propósito deve ser encontrado fora da empresa em si. Na realidade, ele deve estar na sociedade, uma vez que uma empresa é um órgão da sociedade. Há apenas uma definição válida do propósito da empresa: criar um cliente. O cliente é a fundação de uma empresa e mantém a sua existência. Ela sozinha emprega pessoas. E é para suprir o cliente que a sociedade confia recursos que produzem riquezas às empresas.*

Drucker também considerava seriamente o conceito de responsabilidade social. Seus escritos incorporavam os pontos de vista de Friedman e Freeman; no entanto, Drucker conseguiu articulá-los de modo a unir esses dois pontos de vista divergentes em seu livro de 2002, *Managing in a Time of Great Change*:

> *Uma empresa que não mostra um lucro pelo menos igual ao seu custo de capital é socialmente irresponsável; ela desperdiça os recursos da sociedade. O desempenho do lucro econômico é a base e, sem este, a empresa não consegue absorver qualquer outra responsabilidade, não consegue ser um bom empregador, um bom cidadão, um bom vizinho. Mas o desempenho econômico não é a única responsabilidade de uma empresa... Toda organização precisa assumir a responsabilidade por seu impacto nos funcionários, no meio ambiente, nos clientes e em quem ou o que esta tocar. Isso é responsabilidade social. Porém sabemos que a sociedade irá, cada vez mais, esperar que grandes organizações, lucrativas ou sem fins lucrativos, ataquem as principais doenças*

sociais. E é aí que precisamos ter cuidado, isto porque boas intenções nem sempre significam que elas sejam socialmente responsáveis. É uma irresponsabilidade para uma empresa aceitar – e ainda mais buscar – responsabilidades que impeçam sua capacidade de realizar sua principal tarefa e missão ou agir onde esta não tem competência.

Enquanto alguns promovem a ideia de administração baseada em valor(es), como a de responsabilidade social corporativa, sendo "responsabilidade" da empresa fazer o bem ou devolver para a sociedade, outros promovem o conceito em termos mais econômicos. Em vez de projetá-la como uma obrigação corporativa, a administração baseada em valor(es) proporciona um processo para estruturar os acordos em que todos ganham entre os diferentes *stakeholders* no compartilhamento (e criação) de valor.

Robert Jenson, um economista notável, pergunta:

Os gerentes corporativos conseguem ter sucesso simplesmente mantendo a maximização de valor como meta e ignorando seus stakeholders? *A resposta é um "não" enfático. Para maximizar o valor, os gerentes corporativos precisam não apenas satisfazer todos os* stakeholders *corporativos – clientes, funcionários, gerentes, fornecedores, comunidades locais – mas também recrutar seu suporte.*

Em *Strategy and Society*, Michael Porter e Mark Kramer explicam mais:

Se as empresas analisassem seus prospectos para responsabilidade social usando a mesma estrutura que direciona suas escolhas centrais de negócios, elas descobririam que a RSC pode ser muito mais do que um custo, uma restrição ou um ato caridoso – ela pode ser uma fonte de oportunidades, inovações e vantagens competitivas.

As razões estratégicas para se engajar em uma abordagem à administração baseada no valor incluem o recrutamento (recrutas potenciais estão cada vez mais fazendo escolhas de carreira com base na responsabilidade social), a gestão do risco e a diferenciação da marca.

A SCA Packaging, uma empresa diversificada baseada na Suécia, que emprega mais de 43.000 pessoas em 43 países, descobriu que ela teria de fechar três fábricas. Quando tentavam decidir como proceder, como empresa "nos colocamos no lugar de nossos *stakeholders*, mais notavelmente no lugar de nossos funcionários. A empresa explicou o plano de negócios para o fechamento, mas também tínhamos de nos manter suficientemente abertos para sermos questionados, para proporcionarmos um contra-argumento e, em alguns casos, sermos suficientemente flexíveis para concordarmos com a mudança". A empresa trabalhou com seus funcionários na tentativa de mitigar, o máximo que pudesse, quaisquer adversidades. Isso incluía reassentar os funcionários em fábricas diferentes, ajudá-los a procurar outro emprego e fornecer indenização demissional. A empresa descobriu que conseguiu obter muitos benefícios por ter agido responsavelmente. Esses benefícios incluíram a não interrupção na operação da empresa durante o processo de fechamento, aumento na lealdade dos funcionários e a reputação brilhante como um empregador responsável.

Embora muitas vezes sejam necessárias décadas ou mais para desenvolver uma reputação superior, um acidente ou escândalo consegue destruir essa reputação em questão de dias. Os exemplos recentes variam desde os assédios sexuais dentro da Igreja Católica ao uso de esteroides no basebol profissional. Um programa de RSC proativo ajuda a evitar que tais episódios aconteçam e consegue mitigar os danos, caso eles ocorressem. As altamente visíveis atividades de RSC ajudam a afastar a atenção dos problemas existentes. Exemplos dessas atividades de RSC incluem a parceria da Merck com a Fundação Bill & Melinda Gates e com o governo de Botsuana para combater a AIDS, as iniciativas de saúde da British American Tobacco, os programas alternativos de energia eólica da BP e as decisões do Walmart em vender produtos orgânicos e construir lojas ecologicamente corretas.

As empresas estão constantemente buscando meios de se diferenciar de seus concorrentes na tentativa de captar os dólares dos clientes. Exemplos de organizações que usaram a RSC com sucesso como um diferenciador de marca incluem Whole Foods Market, Ben & Jerry's e The Body Shop.

C. W. Goodyear, CEO da BHP Billiton, uma empresa líder de recursos naturais, declarou:

> *A BHP Billiton percebeu há muito tempo que trabalhar em parceria com as comunidades é mais do que ser um bom cidadão corporativo. É um diferenciador competitivo poderoso. Ele tem o potencial de nos estabelecer como a empresa de escolha, dar-nos melhor acesso ao mercado, recursos naturais e os*

melhores e mais brilhantes funcionários. Ao fazermos isso, conseguimos maximizar os lucros para nossos acionistas ao mesmo tempo em que garantimos fazer a coisa certa para aqueles que são impactados pela nossa empresa.

Administração Baseada em Valor(es) – A Evidência

A declaração "Na teoria, teoria e prática são a mesma coisa. Na prática, elas não são" foi creditada a Albert Einstein e Yogi Berra. Independentemente de quem fez a declaração primeiro, a verdade é que o que parece bom no papel (teoria) nem sempre é possível no mundo real (prática). Assim sendo, é instrutivo ver se a teoria por trás da administração baseada em valor faz sentido comercialmente.

Não faltam estudos explorando as muitas facetas da administração baseada em valor. A maioria desses estudos tenta responder a pergunta "como a operação socialmente responsável está ligada ao desempenho financeiro de uma empresa?". Por causa da inconsistência desses estudos no que diz respeito ao conjunto de dados, aos períodos de tempo e às metodologias, é difícil chegar a conclusões definitivas. Felizmente, uma equipe de pesquisadores, Orlitzky, Schmidt e Rynes, trouxe clareza a esse caos ao realizar uma análise abrangente de 52 estudos que haviam investigado o relacionamento entre desempenho social corporativo e desempenho financeiro corporativo. Os pesquisadores encontraram pontos em comum nessas pesquisas e concluíram que a responsabilidade social corporativa tem grande chance de melhorar o desempenho financeiro. Mais especificamente, eles descobriram que (1) a responsabilidade social corporativa e o desempenho financeiro andam juntos, (2) há um círculo virtuoso entre responsabilidade social corporativa e o desempenho financeiro: empresas financeiramente bem-sucedidas gastam mais com RSC porque elas têm condições de gastar, mas a RSC também as ajuda a ter mais sucesso financeiramente, e (3) a responsabilidade social corporativa melhora o desempenho financeiro porque ela ajuda a empresa a construir uma reputação positiva com os *stakeholders* externos.

Esse estudo é consistente com uma pesquisa com 500 executivos de negócios conduzida por Grant Thornton LLP em 2007. Os três maiores benefícios desses programas observados na pesquisa foram (1) uma melhora na opinião pública, (2) uma melhora no relacionamento com o cliente e (3) uma melhora na atração e retenção de talentos.

84 O LEGADO VIVO DE PETER DRUCKER

Um estudo recentemente publicado por este autor e por Barbara Lougee foi mais além ao estudar se faz sentido para os investidores investirem em empresas socialmente responsáveis, e também se faz sentido para as empresas investirem em empreendimentos socialmente responsáveis. Uma coisa é mostrar que o investimento socialmente responsável (ISR) tem sentido financeiro; outra coisa é mostrar que faz sentido comercial as empresas investirem em programas de RSC.

Para testar se o investimento em empresas socialmente responsáveis tem algum sentido financeiro, comparamos os retornos no índice Domini 400, um dos portfólios de empresas desenvolvido para proporcionar um índice para investimentos socialmente conscientes, com os retornos do S&P 500. Encontramos uma pequena vantagem para o índice Domini, desde seu começo, em abril de 1990, até dezembro de 2006, o Domini 400 resultou em uma taxa anual de 12,09%, comparado a uma taxa anual de 11,45% para o índice de referência, o S&P 500. Esse estudo foi completado antes do desastre recente dos mercados financeiros. Quando este livro estava sendo escrito, durante o mês de maio de 2009, o Domini 400 continuava tendo um desempenho melhor do que o S&P 500, mas agora com uma margem levemente mais ampla, de 8,50% para 7,77%.

Para testar se o investimento em programas de RSC tem algum sentido comercial, examinaremos a seguir como vários comportamentos de RSC estão relacionados ao desempenho de uma empresa individual. As características de empresas que foram rotuladas como tendo o RSC como ponto forte, mostraram uma forte associação positiva com o retorno sobre os ativos (ROA) da empresa, ao passo que empresas que foram rotuladas como tendo preocupações com o RSC, mostraram uma associação bastante negativa com o ROA da empresa. Esse mesmo relacionamento foi exibido em empresas do Domini 400 e do S&P 500. No geral, a evidência nos conta uma história consistente: a administração baseada em valor faz sentido do ponto de vista financeiro.

Conclusão

Neste capítulo, explorei a questão fundamental da missão corporativa. Opiniões impetuosas sobre essas questões vão de "uma empresa existe apenas para fazer dinheiro" a "a empresa deve fazer dinheiro apenas para que possa fazer algo mais ou melhor". Em outras palavras, alguns veem a obtenção de lucro como a meta principal, uma discutível abordagem pura de administração baseada em valor, enquanto outro grupo considera os lucros apenas como um meio para um fim, sendo que este fim é algo mais "nobre".

Em vez de vermos este debate como se um lado estivesse certo e o outro errado, eu assumo a abordagem: "o que Peter Drucker teria a dizer sobre isso?". Ele tinha muito a dizer (na realidade, no capítulo 5 deste livro, Cornelis A. de Kluyver discute os escritos de Peter Drucker sobre o impacto da responsabilidade social corporativa na diretoria). Na opinião de Peter Drucker, nenhum lado está certo e nenhum lado está errado. Uma visão alternativa do debate pega algo de cada um dos lados e os coloca em algum lugar no meio, uma abordagem que eu chamo de administração baseada em valor(es).

A administração baseada em valores significa proporcionar uma mentalidade cultural para criar valor para a empresa. A administração baseada em valor(es) leva esta mentalidade a considerar não apenas o que fazer (fazer dinheiro), mas também como fazê-lo (operar de maneira socialmente responsável). A criação sustentável de riqueza no longo prazo pode ser alcançada apenas pelo envolvimento de todos os *stakeholders* da empresa.

Drucker fez um resumo de tudo isso em seu livro de 2003, *A Functioning Society*:

Não precisamos mais teorizar sobre como definir o desempenho e os resultados em grandes empresas. Temos exemplos bem-sucedidos... Essas empresas não "equilibram" tudo. Elas maximizam. Mas elas não tentam maximizar o valor do acionista ou os interesses de curto prazo de qualquer um dos "stakeholders" da empresa. Em vez disso, elas maximizam a capacidade da empresa em produzir riquezas. É este objetivo que integra os resultados de curto e longo prazo e que liga as dimensões operacionais do desempenho da empresa – posição no mercado, inovação, produtividade e pessoas e seu desenvolvimento – com as necessidades financeiras e os resultados financeiros. Este também é o objetivo do qual dependem todos os constituintes – sejam eles acionistas, clientes ou funcionários – para satisfazer suas expectativas e objetivos.

Nota do Autor: Este capítulo é baseado, em partes, no livro *Value-Based Management with Corporate Social Responsibility*, 2ª edição (Oxford University Press, 2009), com John Martin, William Petty e James Wallace.

5

Drucker sobre a Governança Corporativa

Cornelis A. de Kluyver

Sempre que uma instituição tem um desempenho ruim, como as diretorias das empresas têm tido em quase todos os principais fiascos dos últimos 40 ou 50 anos, é fútil culpar o homem. É a instituição que tem um desempenho ruim.
— Peter F. Drucker

O mais incrível sobre essa citação não é o fato de ela ser direta (uma das características de Drucker), mas sim quando ela foi escrita. Drucker fez essa declaração em 1976, quando o investimento institucional em empresas públicas dos EUA havia acabado de ganhar o "momentum" – pouco antes das tomadas de controle que vieram a público, as reestruturações dos anos 1980 e os escândalos corporativos na Enron, WorldCom, Tyco e outros que ocorreram ao redor da virada do século, e certamente bem antes da crise financeira de 2008. Isso também sugere uma pergunta: alguma coisa mudou?

Diretorias: o Eterno Vilão

A descrença sobre a eficácia das diretorias e a função da governança corporativa não é um fenômeno recente. Quando Drucker chegou a essa conclusão, as diretorias ao redor do mundo também estavam sendo atacadas e pressionadas a mudar. Na Europa, "codeterminação" (incluindo representantes dos sindicatos trabalhistas na diretoria) era a questão do dia. Nos Estados Unidos, o foco estava na representação de minorias e no "interesse público" na diretoria, não apenas para empresas públicas, mas também para as diretorias de universidades, hospitais e sociedades profissionais.

Como Berle e Means, no livro de 1932, *The Modern Corporation and Private Property*, haviam advertido sobre a concentração de poder econômico que ocorreu pelo surgimento de grandes corporações e a emergência de uma classe poderosa de gerentes profissionais, isolados das pressões não apenas dos acionistas, mas também do público em geral, Drucker preocupava-se com a lacuna crescente entre os valores dos alto executivos e os de seus constituintes. E como advogado, historiador e economista, ele apreciava a inércia dos sistemas legais e a lacuna que este criava entre direito corporativo e o desafio de criar transparência e responsabilidade em um ambiente corporativo cada vez mais complexo e global:

> *As regras para as diretorias em nosso direito corporativo – neste país assim como na Europa Ocidental – foram escritas em meados do século XIX. Elas consideravam uma empresa que era pequena e regional, às vezes local. Ela tinha um ou dois produtos. Era propriedade de um número pequeno de indivíduos, as pessoas que a começaram ou seus descendentes. Sucessivamente, sua participação na empresa era a principal, se não a única, propriedade dessas pessoas ou suas famílias. Assim sendo, elas estavam muito interessadas em seu desempenho e sucesso. Nessas situações, a diretoria podia ser o que a lei esperava que ela fosse, isto é, experiente e restrita aos assuntos da empresa. E isso oferecia direção à administração.[1]*

As Reformas Governamentais dos Estados Unidos em 2002

Drucker quase nunca falava ou escrevia sobre a avalanche de reformas estruturais e procedimentais adotadas como consequência dos escândalos corporativos na virada do século. Assumir um ponto de vista parecido ao de Drucker sobre essa questão é, portanto, um exercício especulativo. Particularmente, refiro-me à Lei Sarbanes-Oxley de 2002, que impõe novas revelações significativas e requisitos de governança corporativa para empresas públicas, e também proporciona uma responsabilidade crescente para as empresas públicas, seus executivos e diretores sob as leis de segurança federal; e mudanças subsequentes nas regras feitas pelo New York Stock Exchange (Bolsa de Valores de Nova York), a Nasdaq Stock Market Inc. (Bolsa de Valores Nasdaq), e a Security and Exchange Commission (Comissão de Valores Mobiliários dos EUA) com o objetivo de fortalecer a transparência e a responsabilidade por meio de revelações de informações em tempo mais oportuno e mais precisamente sobre o desempenho corporativo.

É provável que Drucker teria aprovado maior escrutínio do comportamento das diretorias corporativas pelo governo, autoridades regulatórias, bolsas de valores, investidores, cidadãos comuns e a imprensa. Ele talvez também teria simpatizado com o argumento por trás de muitas das reformas recentes. Considere, por exemplo, o argumento para aumentar a *independência do diretor*: que os acionistas, por virtude ou por inabilidade de monitorar diretamente o comportamento administrativo, dependem da diretoria para realizar atividades fundamentais de monitoramento, e que o potencial de monitoramento da diretoria é reduzido, talvez eliminado, quando a administração em si efetivamente controla as ações da diretoria. A exigência de que a diretoria e suas principais subcomissões tenham uma maioria de diretores independentes aumenta sua qualidade para supervisionar e diminui a possibilidade de conflitos de interesses prejudiciais. Ao mesmo tempo, é também provável que ele teria dúvidas sobre a eficácia de muitas das novas reformas e teria demonstrado preocupação com as possíveis consequências não intencionais.

O Papel da Diretoria

Além disso, juntamente com sua descrença e receio, Drucker teria reiterado sua forte crença de que instituições grandes e complexas, sejam elas públicas ou privadas, precisam de uma "diretoria externa verdadeiramente eficaz e verdadeiramente independente":

> *A princípio, a necessidade não está enraizada no "interesse público" ou no desejo de fazer com que as diretorias sejam "democráticas". A necessidade é, acima de tudo, uma necessidade da instituição em si. Ela não pode funcionar bem em toda sua complexidade se não tiver uma diretoria eficaz.*

Mais especificamente, ele definiu o papel da diretoria em termos de seis deveres essenciais, sendo que o primeiro e mais importante era assegurar uma administração forte e competente. Ele considerava a remoção de gerentes menos competentes e a garantia de uma sucessão administrativa ordenada essencial à eficácia organizacional.

Segundo, ele argumentava que as organizações complexas precisam de um órgão independente para fazer as perguntas "difíceis" e certificar-se de que a administração havia pensado nelas. Qual é a nossa missão? Quais são os "resultados" válidos em nosso empreendimento? Quem são os *stakeholders* e o que eles podem, legitimamente, esperar de nós? Quais são nossos planos para o futuro? O que deveríamos enfatizar? O que deveríamos abandonar? Estamos inovando suficientemente?

Agir como a "consciência" da empresa – o mantenedor de seus valores humanos e morais – era a terceira função essencial na lista de Drucker de responsabilidades da diretoria. Para fazer isso, ele argumentava que os diretores deveriam reunir-se regularmente com outras pessoas além da alta gerência, dentro e fora da organização – uma ideia que muitos executivos seniores não gostaram.

A quarta função indentificada define o papel de conselheiro da diretoria. Ele argumentava que, quanto mais complexa é a empresa, mais ela precisa de aconselhamento. Uma diretoria eficiente – aquela que entende a instituição, suas oportunidades e seus problemas – preencheria essa lacuna.

Quinto, como consequência da complexidade crescente do ambiente de empresa, Drucker via uma diretoria eficiente como sendo "a janela para o mundo externo" ou, como ele disse uma vez, seu "canal de percepção externa."

Por último, e um tanto controverso, ele via as diretorias como tendo a responsabilidade de comunicar o que acontece "nos andares de cima" para os vários constituintes da organização e à comunidade como um todo, através de um diálogo regular e aberto.[2]

É interessante que as concepções de hoje sobre as responsabilidades de uma diretoria não são tão diferentes. A definição bastante citada pela Mesa Redonda de Negócios, emitida em 2005, por exemplo, que apesar de enfatizar bastante os acionistas, tem muitos elementos similares, assim como a perspectiva um pouco mais ampla assumida por eruditos em governança, como Milstein, Gregory e Grapsas.[3]

O fato de tais descrições terem mudado muito pouco também aponta para pontos fracos em comum. As descrições são úteis para desenvolver um entendimento básico das responsabilidades da diretoria: (1) tomar decisões, (2) monitorar a atividade corporativa e (3) aconselhar a administração. Entretanto, elas não fornecem muitas diretrizes ou *insights* para resolver o principal dilema da diretoria: decidir qual postura é apropriada e quando. De fato, embora as leis, os estatutos corporativos e as listas de responsabilidades moldem muitas das principais decisões que uma diretoria precisa tomar, como nomear um CEO ou aprovar os orçamentos financeiros, eles não proporcionam muitas diretrizes no que diz respeito à decisão mais importante da diretoria: quando a supervisão da diretoria *deve* tornar-se uma intervenção ativa? Quando, por exemplo, a diretoria deve assumir e remover o CEO atual? Quando ela deve vetar uma grande apropriação de capital ou manobra estratégica?

Além do mais, o papel preciso de uma diretoria variará dependendo da sua natureza, sua indústria e situação competitiva, e da presença, ou ausência, de circunstâncias especiais, tal como uma aquisição hostil ou crise corporativa, entre outros fatores. Os desafios que empresas privadas pequenas ou empresas fechadas enfrentam não são os mesmos que as grandes corporações públicas enfrentam. Além de seu papel fiduciário tradicional, os diretores em empresas pequenas são geralmente os principais conselheiros em planejamento estratégico, na obtenção e alocação de capital, no planejamento dos recursos humanos e, algumas vezes, na avaliação do desempenho. Em grandes corporações públicas, a supervisão estratégica, em vez de planejamento, alocação de capital e controle de capital, mais do que a obtenção de capital, e o desenvolvimento e sucessão da administração, mais do que o papel dos recursos humanos amplamente definidos, descreve melhor os principais domínios de atividade da diretoria. Do mesmo modo, as corporações globais enfrentam desafios diferentes das corporações domésticas, as questões em indústrias regulamentadas são diferentes das questões nas indústrias de tecnologia e serviços, e cenários com alto crescimento fazem exigências diferentes às diretorias do que situações mais maduras.

Por último, em tempos de turbulência ou mudança rápida em uma indústria, pede-se que as diretorias tenham um papel mais ativo e estratégico do que em tempos de calmaria. Eventos especiais ou oportunidades, como os controles, fusões e aquisições, se encaixam nessa categoria. As

O LEGADO VIVO DE PETER DRUCKER

crises em empresas assumem muitas formas diferentes: produtos defeituosos, aquisições hostis, má conduta dos executivos, desastres naturais que ameaçam as operações e muito mais. Mas como as diretorias sabem muito bem, todas elas têm algo em comum: as crises ameaçam o preço das ações e algumas vezes a própria existência da empresa. E como muitos diretores aprenderam, existem poucas situações nas quais o dever fiduciário da diretoria está mais claramente à vista do que em tempos de crise.

Administração *versus* Governança

Como consequência dos recentes fracassos de governança, a questão "o que diferencia administração de governança" recebeu muita atenção. Muitos eruditos e praticantes, por exemplo, aconselharam as diretorias a se envolverem mais. Eles diziam que as decisões carimbadas, as nomeações de amigos do CEO para a diretoria e as reuniões em campos de golfe já eram; a moda agora é engajamento, transparência, independência, conhecimento da empresa dentro e fora, e agregação de valor. Tudo isso soa muito bem. No entanto, há um verdadeiro perigo de que a ascendência no ativismo de acionistas, as novas regulamentações ambientais e os fatores sociais relacionados estejam empurrando as diretorias para a microadministração e interferência.

Essa questão é problemática, e há evidências claras de que as diferenças importantes que separam *governança* de *administração* – as quais são críticas para a governança eficaz – ainda não são suficientemente entendidas. E, lamentavelmente, em face da necessidade de mais envolvimento, a oportunidade mais óbvia (e perigosa) é que as diretorias expandirão seu envolvimento para o território da administração ou, mais precisamente, se intrometerão.

A questão-chave é como e para quem as diretorias agregam valor. Mais especificamente, e neste assunto eu penso diferentemente do venerável Peter Drucker, o potencial dos diretores em agregar valor é, muitas vezes, moldado em suas habilidades de agregar valor à administração, oferecendo aconselhamento sobre questões como estratégia, escolha de mercados e outros fatores que afetam o sucesso corporativo. Embora isso seja valioso, *ele obscurece o papel primário da diretoria – governar, cujo propósito é agregar valor aos acionistas e aos outros* stakeholders.

Os relacionamentos isentos de interesse entre a administração e a diretoria são, portanto, inevitáveis e desejáveis. As reformas recentes na governança focaram na criação de mais independência e redução de excessos administrativos, enquanto o aumento na responsabilidade executiva já criou enorme tensão no relacionamento entre administração e diretoria. A Lei Sarbanes-Oxley, por exemplo, efetivamente solicita que as diretorias substituam verificação por confiança. A seção 404 da lei requer que a administração, em todos os níveis, dê seu "aval" nas principais declarações financeiras.

Isso não é tão ruim assim, pois confiança e verificação não são necessariamente incompatíveis. Na realidade, precisamos de ambas. Mas também deveríamos perceber que a governança eficaz é sobre alcançar uma acomodação razoável entre verificação e confiança, e não elevar uma sobre a outra. A história da natureza humana mostra que os relacionamentos adversários criam suas próprias patologias de má comunicação e expectativas mal administradas no que diz respeito aos riscos e recompensas. É isso que faz com que a definição de *trade-offs*, o que molda a governança eficaz, seja tão difícil. A governança melhor é primariamente definida pela prevenção ativa de abusos? Ou ela é definida pela promoção ativa da tomada de riscos e lucratividade? A resposta fácil e rápida é que ela deve significar todas essas coisas. No entanto, como mostraram as recorrentes crises em governança corporativa ao redor do mundo, é difícil fazer até mesmo uma dessas coisas consistentemente bem. E mais, uma diretoria que esteja tentando fazer todas essas coisas bem não é simplesmente uma diretoria ativa; é uma diretoria que está ativamente dirigindo a empresa. Isto não significa estar supervisionando a administração ou responsabilizando a administração – isto é administração. Portanto, a agenda de reformas da governança corporativa está arriscada a se tornar uma iniciativa que efetivamente dissolve a maior parte das distinções críticas e tradicionais entre o CEO e a diretoria.

Independência do Diretor *versus* Independência da Diretoria

O foco quase exclusivo do recente movimento de reformas na independência do diretor também precisa ser examinado novamente. A proposta de que as diretorias devem "agir independentemente da administração, por meio de um processo de tomada de decisão bem pensado e diligente" tem sido o principal foco de reforma na governança corporativa nos últimos anos.[4] Nos Estados Unidos, a Lei Sarbanes-Oxley de 2002, assim como as regras revisadas das listagens da NYSE e da Nasdaq, como confirmadas pelo SEC, tem suas premissas na crença de que a independência do diretor é essencial à governança corporativa efetiva. No Reino Unido, o relatório de 1990 da Cadbury Commission (o Código das Melhores Práticas) incluía uma recomendação de que deveria haver pelo menos três diretores não executivos na diretoria. Refletindo sobre este amplo consenso, hoje em média 10 a cada 12 diretores de grandes empresas públicas dos Estados Unidos não são executivos; no Reino Unido, o número correspondente é um pouco menos da metade.

A ideia de uma diretoria independente é intuitivamente atrativa. Mais especificamente, a independência de diretores, definida como a ausência de quaisquer conflitos de interesses por meio de ligações pessoais ou profissionais com a corporação ou sua administração, sugere objetividade e a capacidade de ser imparcial e decisivo, e, portanto, uma atividade fiduciária mais forte. Algumas vezes, uma diretoria precisa discutir questões que envolvem alguns ou todos os executivos seniores da empresa; é difícil fazer isso quando os executivos seniores estão na diretoria. Os requisitos de independência também barram as práticas destrutivas, como "recompensar" ex-CEOs pelas suas realizações dando-lhes um papel na diretoria. Quando o ex-CEO está na diretoria, quase sempre a habilidade do novo CEO para desenvolver seus próprios relacionamentos com a diretoria e colocar a sua marca na organização é limitada. Há também evidências de que as diretorias dominadas por pessoas de fora são mais proativas em demitir os CEOs que não estão cumprindo seus papéis, elas normalmente não estão dispostas a compactuar com propostas de compensação exageradas e não estão dispostas a votar em *poison pills* (medida que objetiva tornar desinteressante a aquisição de ações e assim evitar a tomada indesejada do poder de controle da empresa).

Contudo, a independência de diretores não deve ser vista como um substituto para a boa governança. Algumas vezes, o fato de não haver mais pessoas de dentro na diretoria pode realmente reduzir sua eficiência como um órgão supervisor ou como conselheiro para o CEO. Independentemente, diretores não executivos nunca têm o conhecimento sobre os negócios de uma empresa tanto quanto os diretores executivos ou gerentes seniores. Os CEOs dizem que alguns de seus diretores mais valiosos são aqueles que têm experiência na mesma indústria, contrário aos testes atuais de independência. Assim sendo, quanto maior o número de diretores de fora, mais difícil é promover deliberações profundas e de alta qualidade pela diretoria. Além disso, é menos provável que um CEO consiga induzir uma diretoria ao erro, intencionalmente ou não, quando alguns dos diretores são parte da empresa e têm conhecimento íntimo sobre ela.[5] As diretorias compostas principalmente de diretores independentes devem, no mínimo, criar oportunidades regulares para que os seus membros interajam com os executivos seniores, além do CEO. Quanto mais complexos forem os negócios de uma empresa, mais importantes são essas comunicações. O resultado final é que a governança corporativa eficaz não depende da independência de alguns subgrupos específicos de diretores, mas do *comportamento independente da diretoria como um todo*. O foco deve estar na promoção de *independência da diretoria* como uma regra *comportamental*, uma qualidade psicológica, em vez das definições semilegais de independência dos diretores. Drucker provavelmente teria concordado com a conclusão de que a independência dos diretores contribui para uma governança melhor, porém não é uma garantia.

O Novo Foco: Liderança da Diretoria

A liderança da diretoria não era manchete nos jornais até Drucker escrever seu ensaio. Hoje, poucas questões na governança corporativa são tão contenciosas quanto se os papéis do *chairman* e do CEO devem ser separados ou combinados. No Reino Unido, aproximadamente 95% das empresas do FTSE 350 aderiram ao princípio de que pessoas diferentes devem ter cada um desses papéis. Por outro lado, nos Estados Unidos, a maioria das empresas ainda os combina, embora a ideia de separá-los esteja ganhando espaço. Nos últimos anos, Boeing, Dell, Walt Disney Company, MCI, Oracle e Tenet Healthcare fizeram isso, e um novo estudo descobriu que aproximadamente 1/3 das empresas nos Estados Unidos adotou essa estrutura de liderança separada, um aumento do nível histórico de aproximadamente 1/5. Essa questão surgiu novamente quando Kenneth D. Lewis, o diretor assediado do Bank of America, foi destituído de seu título de *chairman*. A medida foi tomada em uma reunião anual geral contenciosa, na qual investidores frustrados o res-

96 O LEGADO VIVO DE PETER DRUCKER

ponsabilizaram por uma série de condutas impróprias, as quais fizeram com que o banco tivesse de aceitar duas ajudas financeiras sucessivas do governo. Embora a diretoria tenha expressado seu apoio unânime à permanência de Lewis como CEO, sua decisão de removê-lo do papel de *chairman* refletiu o reconhecimento dos diretores do banco de que um grande número de acionistas havia perdido a confiança nele.

Os argumentos para separar os dois papéis, os quais emanam principalmente do Reino Unido e de outros países que esmagadoramente abraçam a ideia de papéis separados (especialmente na Alemanha, nos Países Baixos, na África do Sul, na Austrália e, um pouco menos, no Canadá), se encaixam em quatro categorias.

O primeiro é de que a separação dos cargos de chairman e CEO é um componente-chave na independência da diretoria, em razão das diferenças fundamentais e os conflitos potenciais entre esses dois papéis. O CEO dirige a empresa (este é o argumento), e o *chairman* dirige a diretoria, cuja responsabilidade é monitorar o CEO. Se o *chairman* e o CEO são uma única pessoa, é difícil para a diretoria criticar o CEO ou expressar opiniões independentes. Um *chairman* separado, que seja responsável por estabelecer a agenda da diretoria, mais provavelmente investigará e encorajará o debate nas reuniões da diretoria. Assim sendo, a separação dos dois papéis basicamente coloca em xeque o poder do CEO.

O segundo argumento é que um *chairman* não executivo serve como uma diretoria sólida, mentor e defensor do CEO. Os proponentes deste ponto de vista observam que os CEOs de hoje enfrentam desafios suficientes sem ter de dirigir a diretoria, assim como o desafio de um relacionamento com o *chairman* com base na confiança mútua e o contato regular é bom para o CEO, os acionistas e a empresa. Contudo, para que isso aconteça, é essencial que os dois papéis sejam claramente definidos desde o começo, a fim de evitar disputas territoriais e mal-entendidos.

Um terceiro motivo para apoiar o modelo de dois papéis é que um *chairman* não executivo está idealmente posicionado para avaliar o desempenho do CEO, considerando as opiniões dos companheiros da diretoria. Os defensores mantêm que a presença de um *chairman* separado e independente ajuda a manter uma perspectiva por um tempo mais longo e reduz o risco de o CEO focar muito em metas de curto prazo, especialmente quando existem incentivos e recompensas por se fazer isso. Eles acrescentam que ele também está em uma boa posição para ter um papel útil no planejamento

Drucker sobre a Governança Corporativa **97**

da sucessão. E quando um CEO se afasta, voluntariamente ou não, a presença continuada do *chairman* responsável pela diretoria reduz o nível de trauma na empresa e na comunidade de investidores.

O quarto e último argumento se preocupa com o tempo necessário para fazer ambos os trabalhos, e fazê-los bem. Argumenta-se que, à medida que as empresas ficam mais complexas, uma diretoria forte é mais vital do que nunca para a saúde da empresa, e ela precisa de um *chairman* talentoso, que não seja distraído pelas atividades diárias da empresa, e que possa dedicar a energia e o tempo necessário. Talvez seja preciso um ou mais dias por semana e envolve tarefas como manter contato com os diretores entre as reuniões, organizar avaliações da diretoria, escutar as preocupações dos acionistas, ser como um embaixador para a empresa e agir como ligação com os reguladores, permitindo, assim, que o CEO se concentre em dirigir a empresa.

Embora esses argumentos estejam cada vez mais ressoando entre os diretores e acionistas nos EUA, muitos CEOs estão resistindo à mudança. Por que, eles perguntam, as más ações em um número pequeno de empresas no S&P 500 deveria ser um motivo obrigatório para mudar um sistema que tem funcionado bem por tanto tempo? Fracassos morais e éticos são parte da condição humana, eles observam, e nenhuma quantidade de normas e regulamentos garante a honestidade de um líder. Alguns permitem que uma separação temporária dos papéis seja desejável ou mesmo necessária algumas vezes – quando uma empresa está passando por uma crise, por exemplo, ou quando é nomeado um CEO que não tem experiência em governança e diretorias. Mas eles insistem que essas situações são pouco frequentes e temporárias, e não justificam uma mudança drástica. No geral, eles argumentam, o modelo combinado tem servido muito bem à economia dos EUA, e a separação dos papéis poderá estabelecer dois centros de poder, o que prejudicaria a tomada de decisões.

Os críticos do modelo de papéis separados também salientam que descobrir o *chairman* correto é difícil, e que o que funciona no Reino Unido não necessariamente funciona nos Estados Unidos. Os executivos no Reino Unido têm a tendência de se aposentarem cedo e de considerar o papel do *chairman* não executivo (geralmente um compromisso de seis anos) como o pináculo de uma carreira de negócios. Este não é o caso dos Estados Unidos, onde a idade para aposentadoria é muito mais alta.

98 O LEGADO VIVO DE PETER DRUCKER

Para mitigar as preocupações de que a liderança combinada compromete a independência de uma diretoria, oponentes da separação propuseram a ideia de um "diretor líder": uma pessoa não executiva que age como uma ligação entre o *chairman*-CEO e os diretores de fora, consulta com o *chairman*-CEO sobre a agenda das reuniões da diretoria e realiza outras funções que realçam a independência. Aproximadamente 30% das maiores empresas dos Estados Unidos adotaram essa abordagem. Seus defensores alegam que, em conjunto com outras medidas – como exigir uma maioria de diretores independentes e manter reuniões de diretoria sem a presença da administração –, esta alternativa previne a necessidade de um *chairman* separado.

No geral, os argumentos para separar os papéis do *chairman* e do CEO são persuasivos, isso porque a separação proporciona uma base estrutural para as diretorias agirem independentemente. E a redução do poder do CEO no processo pode não ser ruim: comparada com outras economias líderes no Ocidente, os Estados Unidos concentram a autoridade corporativa em uma única pessoa. Além disso, em vez de criar confusão sobre a responsabilidade, a separação dos papéis deixa claro que a principal função da diretoria é governar – isto é, supervisionar a administração da empresa e consequentemente proteger os interesses dos acionistas –, enquanto a função do CEO é dirigir bem a empresa.

A separação dos dois papéis, é claro, não é garantia de eficiência da diretoria. Uma diretoria estruturalmente independente necessariamente não exercerá essa independência: em algumas empresas com um *chairman* e CEO separados, a diretoria fracassou miseravelmente em realizar suas funções de supervisão. Além disso, um *chairman* sem um forte compromisso com o trabalho poderá atrapalhar a eficiência da diretoria. A separação de papéis deve, portanto, ser complementada pela cultura certa da diretoria, e por um processo sólido de seleção do *chairman*. O desafio é encontrar o *chairman* correto, que não apenas tenha experiência, personalidade e habilidades de liderança para unir a diretoria atual e a administração, mas também deve mostrar que a diretoria não é apenas um carimbo para o CEO, não deve ser subestimada. O candidato ideal deve ter tempo suficiente para dedicar ao trabalho, fortes habilidades interpessoais, conhecimento do trabalho da indústria e a disposição para desempenhar um papel nos bastidores. O melhor candidato geral-

Drucker sobre a Governança Corporativa **99**

mente é um diretor independente que já tenha servido na diretoria por vários anos.

Os Diretores Deveriam Engajar-se com os *Stakeholders*?

Embora seja impopular, e muitos CEOs e outros alto executivos se oporem à ela, a recomendação de Drucker de que os diretores devem se envolver regularmente com as pessoas além dos alto executivos e manter um diálogo contínuo com os principais constituintes e a comunidade em si, é, acima de tudo, mais relevante hoje. O aumento no movimento da "responsabilidade social corporativa (RSC) leva as diretorias para o novo território de governança ocupado pelos *stakeholders*, além dos acionistas. Enquanto a pressão sobre os *executivos* corporativos, para que prestem mais atenção às preocupações dos *stakeholders* e que façam da responsabilidade social corporativa parte integral da estratégia corporativa, se acumula desde o começo de 1990, esta pressão está apenas começando a passar pela diretoria.

Especificamente, a emergência da RSC como um item mais proeminente na agenda da diretoria reflete uma mudança na opinião popular sobre o papel da empresas na sociedade e a convergência de forças ambientais, como:

- **Globalização.** Estima-se que hoje existam mais de 60.000 empresas multinacionais no mundo. As percepções sobre o alcance crescente e a influência das empresas globais chamaram a atenção para o impacto das empresas na sociedade. Isso levou ao aumento nas demandas para que as corporações assumissem a responsabilidade pelos efeitos sociais, ambientais e econômicos de suas ações. Isso também gerou mais demandas agressivas para que elas não apenas se fixassem em limitar os danos, mas em buscar ativamente *melhorar* as circunstâncias sociais, econômicas e ambientais.
- **Perda da confiança.** Os casos de grande repercussão das más ações financeiras corporativas (Enron, WorldCom e outras) e de irresponsabilidade social e ambiental (por exemplo, a suposta cumplicidade da Shell na repressão política na Nigéria, o vazamento de óleo da Exxon na Enseada Prince William no Alasca, as ligações da Nike e outros fabricantes de roupas com a mão de obra "escrava" nos países em desenvolvimento, e questões sobre as práticas da Nestlé em

100 O LEGADO VIVO DE PETER DRUCKER

comercializar fórmulas para bebês no mundo em desenvolvimento) contribuíram para o amplo declínio da confiança nas corporações e nos líderes corporativos. A relutância crescente do público em conceder o benefício da dúvida às corporações levou ao escrutínio intensificado do impacto corporativo na sociedade, na economia e no meio ambiente, e maior prontidão para presumir intenção corporativa imoral – certa ou errada.

- **Ativismo da sociedade civil.** A crescente atividade e sofisticação das organizações de "sociedade civil", muitas das quais voltadas para as causas sociais e ambientais, geraram pressão nas corporações para que levassem a RSC a sério. Organizações não governamentais (ONGs) internacionais bem conhecidas, como a Oxfam, a Anistia Internacional, o Greenpeace, a Rainforest Action Network e a Associação de Trabalho Justo, influenciaram a tomada de decisões corporativas em áreas como o acesso ao medicamento essencial, os padrões trabalhistas, a proteção ambiental e os direitos humanos. O avanço da internet aumentou a capacidade dessas organizações – juntamente com uma pletora de associações cívicas nacionais e locais – em monitorar o comportamento corporativo e mobilizar a opinião pública.
- **Interesse do investidor institucional na RSC.** O crescimento do "investimento socialmente responsável" criou demandas institucionais por igualdade em corporações que demonstram um compromisso com a RSC. O crescimento recente em ativos voltados para o investimento socialmente responsável ultrapassou o crescimento em todos os ativos para investimentos administrados profissionalmente nos Estados Unidos, embora a principal comunidade financeira tenha sido lenta em incorporar os fatores não financeiros em suas análises de valor corporativo.

Essas tendências indicam que há um aumento na percepção de que as corporações precisam ser mais responsáveis para a sociedade por meio suas ações, e o aumento na disposição e capacidade, dentro da sociedade, de impor responsabilidade nas corporações – algo que Drucker escreveu a respeito há muito tempo – está finalmente emergindo. Mais responsabilidade tem implicações profundas para o futuro da governança corporativa. Isso sugere que logo mais as diretorias terão de lidar com

Drucker sobre a Governança Corporativa **101**

o aumento da pressão para conceder aos *stakeholders* um papel na governança corporativa; revelar mais informações, e melhores, sobre sua administração de questões sociais, ambientais e econômicas; lidar com o aumento na compulsão regulatória em relação aos elementos da atividade corporativa, os quais atualmente são vistos como formas voluntárias de responsabilidade social, e responder ao interesse crescente da comunidade financeira dominante na ligação entre o valor do acionista e o desempenho corporativo não financeiro. A discussão sobre a responsabilidade corporativa para com os *stakeholders*, embora muitas vezes expressada no vocabulário de RSC, é, portanto, uma discussão sobre a definição de mudanças da governança corporativa, e é por isso que esta deveria ter mais prioridade na agenda da diretoria.

Em resposta, várias diretorias estão criando comissões para se comunicar com os *stakeholders* externos, e para fazer frente às suas preocupações. Os nomes para estes tipos de comissões incluem *Responsabilidade Social Corporativa, Relacionamento com os* Stakeholders, *Assuntos Externos ou Comissão de Responsabilidades Públicas*. A diretoria da General Electric, por exemplo, criou uma Comissão de Responsabilidades Públicas para rever e supervisionar as posições da empresa com relação à responsabilidade social corporativa e assuntos públicos significantes que afetam os investidores e outros *stakeholders* principais da GE. E também, com a benção de suas diretorias, as empresas estão cada vez mais unindo forças – com os concorrentes, os direitos humanos e os ativistas ambientais (muitas vezes considerados inimigos), os investidores socialmente responsáveis, acadêmicos e organizações governamentais – para discutir as questões sociais. Na reunião do Fórum Econômico Mundial de 2007, por exemplo, duas dessas coalizões foram anunciadas para discutir a questão de liberdade de expressão on-line global, especialmente em regimes repressores. Uma delas, facilitada pela Business for Social Responsibility (Empresas pela Responsabilidade Social – BSR), consiste de empresas que estão enfrentando críticas intensas por sua cumplicidade com a supressão da liberdade de expressão on-line na China. Essa coalizão inclui nomes como Google, Microsoft e Yahoo!. A outra reuniu empresas com investimentos socialmente responsáveis e defensores dos direitos humanos como a Anistia Internacional, Human Rights Watch e Repórteres sem Fronteiras.

Conclusão

Portanto, o que Peter Drucker, um dos mais importantes críticos da América corporativa, diria sobre o estado da governança corporativa hoje? Sem dúvida alguma, ele nos lembraria de que a eficácia de qualquer reforma deve ser medida em termos de resultados. Seguindo este padrão, tem havido alguns sinais encorajadores, porém o verdadeiro progresso tem sido modesto.

Ele também estaria preocupado com os "efeitos colaterais não intencionais". Mais especificamente, estão emergindo evidências preliminares de que algumas diretorias tornaram-se até mais defensivas do que antes, em face do aumento da exposição dos acionistas e de ações legais. E embora não haja uma falta crítica de diretores qualificados neste momento, não seria exorbitante perguntar se o novo ambiente regulatório tornou mais difícil atrair os talentos certos para servirem nas diretorias. Portanto, chegou a hora de fazermos algumas perguntas penetrantes: o pêndulo regulatório balançou muito forte? As diretorias mais altamente reguladas produzem maior valor para os acionistas? Para os outros *stakeholders*? Para a sociedade? E as cargas regulatórias adicionais poderiam reduzir a produtividade e criatividade das empresas, ou mesmo a assertividade da diretoria, especialmente em empresas pequenas?

Sua maior preocupação, no entanto, era sobre a influência penetrante da ganância e seu impacto erosivo no capitalismo e na cultura corporativa. Há muito tempo Drucker estava incomodado e desencorajado pela inabilidade antiga das diretorias em controlar o pagamento de executivos. Em um artigo de 1984, ele convencidamente argumentou que o pagamento de CEOs havia aumentado até sair de controle, e implorou para que as diretorias mantivessem a compensação dos CEOs a não mais do que 20 vezes a compensação média dos trabalhadores. O que mais o enfurecia era a tendência de alguns gerentes corporativos de colher ganhos maciços enquanto despediam milhares de seus funcionários. "Isto é moral e socialmente imperdoável", escreveu Drucker, "e iremos pagar um preço alto por isso". Talvez tenha chegado essa hora.

Nota do Autor: Partes substanciais deste artigo são baseadas no livro mais recente do autor, *A Primer on Corporate Governance* (Nova York: Business Expert Press, 2009).

6

Propósito Corporativo

Richard R. Ellsworth

Há apenas uma definição válida sobre o propósito de uma empresa: criar um cliente.

— Peter F. Drucker, *The Practice of Management*

A "diferença Drucker" surgiu, e está assentada em uma forte filosofia de administração. Essa filosofia forma um conjunto fundamental de crenças sobre o propósito das corporações, sobre as aspirações e comportamentos humanos e sobre as responsabilidades dos líderes em produzirem resultados. O trabalho de Peter Drucker é guiado por uma filosofia clara, coerente e coesiva de administração – uma filosofia que tem resistido aos testes do tempo. O entendimento claro e inequívoco do propósito das empresas é central às suas crenças – um propósito que foca a organização para servir a Deus, ou como diria Drucker: "servir o bem-estar público". Há mais de meio século, em sua obra clássica, *The Practice of Management*, ele declarou:

O propósito de uma empresa deve estar fora da empresa em si. Na realidade, ele deve estar na sociedade, já que a empresa é um órgão da sociedade. Há apenas uma definição válida sobre o propósito de uma empresa: criar um cliente. É o cliente quem determina o que é uma empresa.

Sua filosofia de propósito é até mais relevante no mundo de concorrência baseada em conhecimento e mercados globais de hoje. Ainda assim, se perguntássemos aos executivos dos EUA ou do Reino Unido qual eles pensam ser o propósito de suas empresas, a maioria responderia "obter lucros", ou mais precisamente "maximizar a riqueza dos acionistas". Essa ideologia ultrapassada tem grande influência no desempenho competitivo da maioria das corporações.

Este capítulo estende o trabalho de Peter Drucker ao explorar o papel crítico que um propósito focado no cliente tem em satisfazer as necessidades sociais válidas, em adotar um desempenho organizacional mais eficaz e em dar maior significado ao trabalho.

O Que É o Propósito Corporativo?

O propósito corporativo se encontra na confluência de estratégias e valores, e responde a pergunta mais fundamental da vida corporativa: "Por que a empresa existe?". A resposta a esta pergunta afetará a estratégia da organização, determinará a natureza de suas metas e objetivos, influenciará suas decisões, moldará sua maneira de administrar, determinará o grau de harmonia ou conflito entre suas metas e valores, afetará a motivação intrínseca que os funcionários recebem de seu trabalho e, consequentemente, seu compromisso, iniciativa e criatividade.

Em um nível, a resposta a esta pergunta central é fácil. Corporações ao redor do mundo são criações de suas sociedades, elaboradas para servirem às necessidades das pessoas. A justificativa moral de fins corporativos e a legitimidade da corporação em agir está em seus benefícios para a sociedade. Essencialmente, as corporações existem para satisfazer as necessidades humanas ao proporcionar bens e serviços úteis, e trabalho significativo e satisfatório – ao mesmo tempo gerando riqueza para a sociedade.

No próximo nível, a resposta se torna mais controversa e está sobrecarregada com bagagens ideológicas. Qual propósito específico atende melhor a esses fins sociais? Quando os interesses dos principais constituintes da organização entram em conflito, qual interesse deveria dominar? A administração deve definitivamente decidir se a prioridade mais alta da empresa é satisfazer as necessidades dos clientes, proporcionar o bem-estar dos funcionários, maximizar a riqueza dos acionistas, servir aos interesses nacionais ou comunitários, ou algum outro fim. Peter Drucker foi claro: o cliente é a razão de ser de uma empresa.

Por Que um Propósito Focado no Cliente É Superior?

Os líderes de grandes empresas que são capazes de conquistas excepcionais e sustentadas – empresas que há muito tempo são líderes da indústria, como a Johnson & Johnson, Hewlett-Packard, Walmart e Procter & Gamble – há muito tempo já sabem que proporcionar o valor para os clientes (não a maximização da riqueza dos acionistas) é a razão fundamental da existência de suas organizações, e este propósito é a chave para seu desempenho extraordinário. Nos mercados globais do futuro, competitivos e baseados em conhecimento técnico, isto será até mais verdadeiro.

Um propósito baseado no cliente é superior às fórmulas alternativas porque ele satisfaz cada um dos critérios seguintes mais eficazmente:

- *Proporcionar um foco maior para alcançar a vantagem competitiva.*
- *Criar maior harmonia entre propósito, estratégia, metas e valores compartilhados.*
- *Elevar as aspirações morais dos funcionários ao focar em seu trabalho em fins humanamente significativos.*
- *Motivar os gerentes para criarem um nível ótimo de valor total – não apenas valor para um constituinte em particular.*
- *Realçar as motivações intrínsecas, subordinando autointeresses rigorosos aos fins corporativos.*
- *Realçar a habilidade da empresa em criar conhecimento técnico e, como Drucker nos repreenderia: "fazer com que o conhecimento seja produtivo".*
- *Habilitar os funcionários para que vejam como o trabalho deles está relacionado ao propósito final da empresa.*
- *Confirmar seu significado e relevância pelos limites culturais e nacionais.*
- *Aumentar a legitimidade das ações da corporação na sociedade.*

Um propósito focado no cliente não apenas satisfaz cada um desses critérios, mas também pode ser prontamente alinhado com as necessidades estratégicas do mercado competitivo, com o bem-estar dos funcionários e com a criação em longo prazo de riqueza para os acionistas. A escolha dessa razão de ser e sua personificação na ação afetam significantemente os resultados de decisões corporativas críticas, que definem seu caráter, estimulam a dedicação das pessoas aos seus trabalhos e aumentam a coesão organizacional. Um propósito corporativo final, o de maximizar a riqueza dos acionistas, não faz essas coisas tão bem quanto o foco no cliente.

Equilibrar os Interesses dos Stakeholders é um Propósito Vago

Alguns gerentes pretendem resolver o problema de prioridades ao declarar: "nosso propósito é equilibrar os interesses de todos os *stakeholders*". Mas o problema não pode desaparecer mediante uma proclamação fácil e vaga. Os interesses dos acionistas, clientes e funcionários geralmente são conflitantes. Na realidade, algumas das decisões mais perplexas e críticas que os altos gerentes enfrentam envolvem conflitos entre os interesses dos principais constituintes. Alguém tem de resolver esses conflitos.

Um propósito que demanda o equilíbrio dos interesses de todos os constituintes não proporciona um foco organizacional coesivo. A definição do propósito final de cada ação específica é deixar para aqueles que tomam decisões individuais. Já que não há uma maneira objetiva de medir as reclamações conflitantes, os gerentes devem aplicar seu próprio senso de equilíbrio entre os interesses competitivos. Uma estratégia forte requer coerência e consistência – internamente entre suas partes e externamente com o mercado. A exigência para equilibrar os interesses não proporciona coerência nem consistência.

Se os líderes corporativos não definirem claramente e reforçarem consistentemente um conjunto de prioridades, os gerentes do nível médio o farão. E o modo como eles o farão muitas vezes será motivado pelo autointeresse, o qual floresce na ausência de prioridades claras e sob a pressão de sistemas de recompensas que geralmente são dominados pelas medidas do desempenho financeiro no curto prazo. O resultado geralmente são decisões feitas para cumprir as metas orçamentárias e aumentar os autointeresses de gerentes individuais, em vez de servir as necessidades dos clientes.

Por Que Não um Propósito Focado no Funcionário?

Do mesmo modo, um propósito cuja principal prioridade seja servir os funcionários tem três grandes desvantagens. Primeiro, ele ameaça criar um foco excessivamente interno que desvia atenção e recursos da disciplina competitiva intensa do mercado. Não há força convincente que garanta que um propósito focado no funcionário não acaba se degenerando em complacência com interesses próprios. As medidas de sucesso passam a ser aumentos anuais de compensação, *status* e outros benefícios para os funcionários. A organização passa a se contentar com seu desempenho interno, mesmo quando os concorrentes estão vencendo no mercado. Ficar satisfeito com um crescimento de 5% quando o mercado cresce 8% é uma fórmula para extinção competitiva.

Segundo, o propósito potencialmente encoraja a politização da organização quando os indivíduos e subgrupos competem entre si por uma participação maior da pizza corporativa.

Terceiro – e esta é uma distinção sutil, contraintuitiva, porém muito importante –, é que enfatizar muito os interesses dos funcionários não é a melhor coisa para servir a esses interesses. Ao apelar para o estreito interesse próprio dos funcionários, em vez de apelar para seus serviços às outras pessoas, os privamos da medida completa de satisfação que emerge do trabalho que é claramente dedicado a fins maiores do que os interesses próprios – fins que beneficiam a vida de *outras pessoas* e inspiram um trabalho com maior relevância, significado e valor intrínseco.

Por Que Não um Propósito Focado no Acionista?

As raízes da ideologia econômica anglo-americana dominante de maximização da riqueza dos acionistas são encontradas em duas crenças centrais. A primeira é de que a sociedade como um todo é mais beneficiada quando o propósito principal de uma corporação é maximizar a riqueza dos acionistas. Em busca de maiores retornos, o capital flui para seu maior e melhor uso, como determinado pelo "voto" do mercado livre. Presume-se que essa alocação eficiente do capital financeiro produz uma quantidade maior de riqueza para a sociedade; acredita-se que a riqueza adicional é igual a mais felicidade e, consequentemente, a um maior bem estar social. Este tipo de pensamento levanta muitas questões sérias. Em uma época em que o conhecimento técnico superou o capital como sendo

108 O LEGADO VIVO DE PETER DRUCKER

a fonte dominante de vantagem competitiva (e, portanto, de criação de riqueza), este foco primário na alocação de capital é válido? Deveríamos, em vez disso, focar na produtividade do capital humano? A riqueza é verdadeiramente o determinante da felicidade humana? A maioria dos estudos descobriu que, acima da linha de pobreza, há pouco relacionamento entre felicidade e riqueza. Este parece ser o caso em todos os limites nacionais e culturais.

A segunda crença é de que, já que os acionistas são os donos da corporação, o único propósito corporativo legítimo é criar riquezas para eles. Este ponto de vista emana de crenças profundamente arraigadas sobre os direitos proprietários, ideias que originaram com os pensamentos dos filósofos Thomas Hobbes e John Locke, no século XVII. O modo como o pensamento histórico a respeito dos direitos proprietários é atualmente aplicado para compartilhar a propriedade ignora a responsabilidade individual sob a qual a justificativa moral para os direitos proprietários é declarado. Ideias desenvolvidas em um mundo largamente agrário, onde a administração e os proprietários eram uma única pessoa, são aplicadas hoje sob circunstâncias bastante diferentes. Como observou Drucker, em *Reckoning with the Pension Fund Revolution*, a separação de administração e propriedade e a institucionalização subsequente dessas propriedades por meio de fundos de pensão, fundos mútuos e outros intermediários financeiros, dissolveu os restos da responsabilidade do acionista individual em exercer seus direitos. O desequilíbrio resultante de direitos sem responsabilidades gera uma tensão séria na sociedade. O pensamento da América sobre como esta tensão deveria ser resolvida ainda está se desenvolvendo.

Há um consenso de que os acionistas "são donos" do fluxo de caixa residual da corporação – o caixa que sobra depois que os funcionários, fornecedores, credores, entidades governamentais e outros requerentes estiverem satisfeitos. Eles também têm o direito de comprar, vender ou conceder suas ações comuns. Mas eles têm o direito de fazer com que as corporações sejam administradas primariamente para satisfazer suas necessidades e desejos financeiros? Parece que não. Três fatores primários limitam os direitos dos acionistas: primeiro, a inabilidade do acionista (e, em muitos casos, sua indisposição) em cumprir as responsabilidades comensuradas com seus direitos de propriedade; segundo, os limites práticos de seu controle sobre as ações da corporação; e terceiro, a realidade

Propósito Corporativo **109**

de que tanto a vantagem competitiva quanto a criação de valor são derivadas primariamente da habilidade dos funcionários (não dos acionistas) em desenvolver o conhecimento técnico e torná-lo produtivo. Consequentemente, é responsabilidade dos líderes corporativos e diretorias garantir que o propósito, a missão, a estratégia e as ações da organização sejam direcionadas para os fins desejados, e que as operações que buscam esses fins sejam executadas eticamente e no melhor interesse da sociedade.

A definição do propósito corporativo em termos de maximização da riqueza dos acionistas provou ser bastante sedutora analiticamente. O retorno para os acionistas, na forma de dividendos e apreciação do preço das ações, é prontamente mensurável e altamente visível, e pode ser internalizado pela administração em métricas aparentemente objetivas como o retorno sobre os investimentos, as margens de lucro e a rotatividade do capital. Consequentemente, o retorno total para os acionistas – especialmente pelo preço das ações – é atacado pela imprensa comercial como uma medida conveniente, em tempo real do desempenho corporativo e do CEO.

Os argumentos para um propósito da maximização da riqueza dos acionistas contêm várias outras sérias falhas de lógica. A primeira, e esta deve ser sua maior falha, é que eles ignoram o impacto de um propósito baseado no valor dos acionistas sobre os membros da organização – em seu compromisso, motivação e decisões. Falaremos mais sobre este tópico mais adiante.

A Maximização da Riqueza dos Acionistas Mede, Muito Estreitamente, a Capacidade de Produção de Riquezas de uma Empresa. A capacidade de produção de riquezas das corporações modernas são realmente fantásticas e algo que precisa ser alimentado. Mas uma medida única, que estreitamente circunscreve as contribuições da corporação, é inadequada para captar a variedade de meios nos quais uma corporação gera valor para a sociedade. A riqueza dos acionistas é uma parte relativamente pequena do valor total criado pelas corporações. Se o interesse da sociedade é ser mais bem servida, é necessário ter uma visão bem mais ampla da contribuição das corporações – uma que inclui riqueza e valor. As corporações conseguem melhorar diretamente o bem-estar material de seus clientes, funcionários, investidores, fornecedores, distribuidores e comunidades; e indiretamente, eles beneficiam a sociedade por meio do pagamento de

110 O LEGADO VIVO DE PETER DRUCKER

impostos. E também, os clientes conseguem muitas vezes comprar produtos a preços bem abaixo do valor para eles (por exemplo, o valor dos *laptops* e de medicamentos que salvam vidas). O valor criado não é todo material. Ao oferecer trabalho para os funcionários que servem a fins dignos em um ambiente enriquecedor, as corporações possibilitam para que os indivíduos alcancem maior sentido de dignidade pessoal, autoestima e significado para suas vidas. Podemos perguntar, em termos de benefício humano, a qualidade de vida individual é mais influenciada pelo crescimento de seu valor líquido pelo investimento em ações comuns do que pela soma de outros benefícios produzidos pela atividade corporativa, incluindo produtos úteis, renda e benefícios psicológicos e sociais que os indivíduos ganham com o trabalho?

A Captação de Riqueza Não É Criação de Riqueza. Há o perigo de que o foco na riqueza dos acionistas transformar-se-á em um foco de "captação de riqueza" em vez de "criação de riqueza". Os maiores defensores do propósito focado nos acionistas concordam que, além de certo ponto, a satisfação dos clientes e o bem-estar dos funcionários potencialmente entrarão em conflito com a criação do máximo de valor para os acionistas. Consequentemente, as medidas de riqueza dos acionistas encorajam o desenvolvimento de estratégias para captar riquezas de clientes, funcionários, governos e fornecedores para o benefício dos acionistas. As estratégias que produzem o aumento máximo na riqueza dos acionistas são consideradas boas, mesmo se a riqueza desses constituintes tiver sido diminuída por uma quantia maior do que o aumento na riqueza dos acionistas. Está claro que a sociedade como um todo não se beneficia com essa estratégia.

O Valor Atual dos Acionistas Não Se Iguala à Competitividade Futura. A habilidade de uma empresa em criar valor para a sociedade no longo prazo depende de sua competitividade – sua habilidade, em um mercado justo e aberto, de proporcionar produtos e serviços que tenham um valor percebido (em termos de funcionalidade e qualidade) maior para os clientes do que os dos concorrentes, a um custo mais baixo, ao mesmo tempo fazendo os investimentos necessários para garantir sua habilidade futura para fazer isso. O declínio na competitividade eventualmente leva ao declínio na produção de riqueza e vice-versa. Assim sendo, as medidas

Propósito Corporativo **111**

de capacidade de produção de riqueza precisam captar tanto a trajetória competitiva da empresa quanto sua eficiência econômica em usar os recursos humanos e financeiros disponíveis. Medidas financeiras como ROI, valor presente líquido e valor econômico agregado são insuficientes para captar a essência da criação sustentada de riqueza.

A competitividade e a maximização da riqueza atual dos acionistas não são sinônimas. Embora a competitividade e os retornos dos acionistas tendam a convergir no longo prazo, é uma falácia acreditar que, hoje em dia, a competitividade futura possa ser igualada à obtenção de uma taxa alta de desconto no retorno do capital. Geralmente, o que acontece é o oposto. A busca por retornos altos pode restringir os investimentos e, consequentemente, minar a competitividade. O fato é que talvez seja necessário sacrificar algum valor econômico hoje para garantir a competitividade de amanhã. Mesmo no longo prazo, a competitividade e os retornos podem encontrar-se tanto em níveis altos quanto baixos. Isso nos leva a uma questão fundamental para o desempenho corporativo. Ao elaborar a estratégia da empresa, o foco nos clientes ou nos acionistas – no mercado de produtos ou no mercado de capital – provavelmente causará uma convergência para um nível mais alto de competitividade e riqueza dos acionistas em longo prazo? O ímpeto para maximizar a riqueza dos acionistas potencialmente reprime os gastos com pessoas, instalações, pesquisa e desenvolvimento, criando um ciclo no qual a competitividade desgastada faz com que os retornos tenham um declínio, o que motiva os gerentes a tentarem reforçá-los, reduzindo ainda mais os investimentos, levando a mais declínio na competitividade. Retornos e competitividade convergem, mas em uma espiral para baixo. O resultado é a destruição da capacidade de produção de valor de uma empresa.

Os Gerentes de Instituições Financeiras Estão em Desvantagem para Tomar as Decisões de Alocação de Recursos. A crença de que os funcionários das instituições do mercado de capital geralmente tomam decisões melhores sobre a alocação de recursos do que os gerentes em empresas industriais está implícita na ideologia de maximização de valor dos acionistas. Sem dúvidas, os banqueiros de investimento e os gerentes profissionais de fundos veem uma série ampla de alternativas de investimento e são capazes de se distanciarem das preocupações paroquiais específicas das empresas dos gerentes corporativos. No entanto, eles têm sérias limitações que os impedem de tomar decisões ótimas sobre a alocação de recursos. As primeiras entre estas são o acesso insuficiente a informações, motivações que não estão alinhadas com as decisões para maximização de valor, uma falta de compromisso com a saúde no longo prazo de empresas individuais e pouco controle sobre as decisões dos gerentes corporativos que, no final das contas, investem nos fundos fornecidos pelos mercados de capital.

Acionistas Não São um Órgão Monolítico. Muitas vezes, as discussões sobre a maximização de riqueza dos acionistas são conduzidas em nível teórico, ignorando as realidades das motivações amplamente variáveis dos acionistas. Os investimentos de todos os acionistas são motivados pelo desejo de aumentar seu próprio valor líquido, ou o de seus clientes. Mas os acionistas são um grupo diverso composto de indivíduos (um grupo que varia do proverbial "viúvas e órfãos" para especuladores em curto prazo); negociantes; gerentes financeiros institucionais em fundos de pensão, fundos mútuos e empresas de seguro; e uma variedade de investidores ativos. Esses acionistas têm objetivos diversos, e seus horizontes de tempo variam muito – literalmente, de minutos para uma década ou mais. O período preferido de *holding* para Warren Buffett é "para sempre". Alguns acionistas se preocupam muito sobre "suas" empresas se conduzirem de maneira socialmente responsável. Investidores ativos, como Buffett, agem como verdadeiros donos e assumem a responsabilidade pelo desempenho de "suas" empresas. Para outros, a compra de ações é puramente uma transação financeira, e eles não se sentem responsáveis pelo comportamento da empresa. Essas pessoas são donas de "uma ação", não da empresa, e elas veem suas transações no mercado como "um comércio", não um investimento. A maioria dos investidores não vota nem por procuração. Essa diversidade entre os acionistas levanta uma questão fundamental, confrontando os gerentes que estão buscando maximizar a riqueza dos acionistas em suas empresas, "para quais acionistas?". A resposta determina a ação estratégica desejada.

Para lutar contra as corrosivas pressões do mercado de capital para o desempenho financeiro no curto prazo à custa da vantagem competitiva no longo prazo, alguns líderes corporativos com visão perseguiram ativamente campanhas para aumentar a quantidade de ações de suas empresas que estão nas mãos de investidores comprometidos no longo prazo,

Propósito Corporativo **113**

os quais têm uma verdadeira mentalidade de propriedade. A Coca-Cola e a Nike estão entre os pioneiros nesses esforços. No caso da Coca-Cola, um resultado da campanha foi o investimento significativo da Berkshire Hathaway, de Warren Buffett.

Qual É o Papel dos Lucros?

Nada do que acabou de ser dito deveria ser interpretado para significar que os concorrentes focados nos clientes não buscam agressivamente obter lucros – sim, eles buscam obter lucros. Os lucros são fundamentais para a habilidade de uma empresa em proporcionar benefícios à sociedade, e são uma medida de sua eficácia e competência para fazer isso. Os lucros proporcionam uma disciplina para as decisões administrativas, agem como um guia para a criação de valor e são critérios importantes ao selecionar quais clientes servir. As questões mais importantes são o *nível* de lucratividade que as empresas buscam, se os lucros são vistos como *fins* em si ou como *meios* para alcançar outros fins (e, portanto, deve-se tentar alcançar esses fins, em vez de maximizá-los), e como os gerentes lidam com o *trade-off* entre lucratividade e outras preocupações estratégicas que afetam diretamente a competitividade.

Quando o propósito da empresa é a maximização da riqueza dos acionistas, o nível e o crescimento dos lucros são as medidas internas desse fim. A importância dos lucros é acentuada porque eles são medidos com certa precisão, proporcionam medidas de desempenho aparentemente objetivas e estão, até certo ponto, sob o controle direto da administração. A mensurabilidade, a objetividade e o controle são criticamente importantes para os sistemas formais de administração. Os resultados das decisões podem ser medidos em termos de um denominador comum: os lucros e os retornos sobre o investimento que eles geram.

Quando o propósito da corporação é servir às necessidades dos clientes, os lucros passam a ser o meio. Eles são uma importante fonte de fundos para financiar ações que servem ao propósito básico da organização e para alimentar seu crescimento. Para as corporações não financeiras dos Estados Unidos como um todo, 90% de suas fontes totais de fundos, entre 1995 e 2008, eram seu próprio fluxo de caixa. Os lucros também são medidas do sucesso da empresa em alcançar seu propósito. Eles refletem o valor que os clientes colocam nos bens e serviços da empresa.

114 O LEGADO VIVO DE PETER DRUCKER

Eles também medem a eficácia da empresa em usar seus recursos na busca de seus objetivos. Eles são o resultado da ingenuidade das pessoas em aumentar a produtividade e inovação da empresa – e uma medida eficaz. Quando uma empresa proporciona maior valor percebido para seus clientes de maneira mais eficiente do que seus concorrentes, ela será recompensada com maior lucratividade operacional. No entanto, para aumentar a satisfação dos clientes, ela pode escolher gastar esses "lucros" em reduções de preço; em mais pesquisa e desenvolvimento; na entrada em novos mercados; em maior atendimento aos clientes; ou em realçar a qualidade, o desempenho e as características dos produtos – ações que reduzem os lucros contábeis, mas aumentam a competitividade e a criação de valor. Os lucros também proporcionam um seguro contra erros, e isso permite que os líderes por toda a organização assumam mais riscos, possibilitando maior inovação e visão de longo prazo. Além disso, os níveis altos de lucratividade blindam a empresa contra as pressões do mercado de capital.

Quando os lucros se tornam um meio para alcançar fins valiosos, seu papel nas organizações é transformado. A busca por lucros não é mais vista como uma restrição frustrante sobre a criatividade e a iniciativa individual, restringindo a liberdade do gerente em fazer o que ele acha que está certo. Em vez disso, os lucros passam a ser valiosos em virtude da sua conexão com fins mais dignos. Essa transformação afeta a moral, as decisões e a eficácia dos sistemas de medida e controle.

A Hewlett-Packard há muito tempo tem essa visão sobre lucros. O primeiro objetivo declarado da HP é "alcançar lucro *suficiente* para financiar nosso crescimento e proporcionar os recursos que precisamos para alcançar nossos outros objetivos corporativos. Em nosso sistema econômico, o lucro que geramos de nossas operações é a fonte definitiva de fundos que precisamos para prosperar e crescer" [enfatizando]. Os lucros são meios para fins mais importantes. Eles proporcionam os recursos financeiros necessários que, como disse David Packard, "tornam possíveis todas as metas e objetivos".[1]

Similarmente, o credo da Johnson & Johnson coloca os interesses dos clientes em primeiro lugar e os dos acionistas em último entre quatro prioridades. Ele proclama: "Nossa responsabilidade final é para com nossos acionistas. A empresa deve ter um lucro *sólido*. Devemos experimentar novas ideias, pesquisas precisam ser realizadas, programas inovadores devem ser desenvolvidos e os erros devem ser pagos. Novos equipamentos devem ser comprados, novas instalações precisam ser providenciadas e novos produtos lançados. As reservas devem ser criadas para suprir os tempos adversos. Quando operamos de acordo com esses princípios, os acionistas devem realizar um retorno *justo*" [enfatizando].

Do mesmo modo, Peter Drucker vê os lucros como meios – geralmente um fator limitante – não um fim. Porém, em *Management: Tasks, Responsibilities, Practices*, ele vai além, avisando sobre o perigo de entender erroneamente o papel dos lucros:

> *Uma empresa não pode ser definida ou explicada em termos de lucros. Quando perguntam a um homem de negócios típico o que é uma empresa, ele provavelmente responderia: "Uma organização para obter lucro". O economista típico provavelmente daria a mesma resposta. Esta resposta não é apenas falsa. Ela é irrelevante... O conceito de maximização de lucros é, na realidade, insignificante...*
>
> *Na realidade, o conceito é pior do que irrelevante: ele é prejudicial. É a principal causa do mau entendimento da natureza do lucro em nossa sociedade e para a profundamente enraizada hostilidade ao lucro, os quais estão entre as doenças mais perigosas de uma sociedade industrial. E ele é, em grande parte, responsável pela crença prevalecente de que há uma contradição inerente entre o lucro e a habilidade da empresa em fazer uma contribuição social. Na realidade, uma empresa faz uma contribuição social apenas se ela for altamente lucrativa...*
>
> *Lucratividade não é o propósito da empresa ou da atividade da empresa, mas sim um fator limitante. Lucro não é a explicação, causa ou raciocínio do comportamento da empresa e das decisões da empresa, mas sim o teste de sua validade.*

Propósito e Significado

O trabalho, especialmente quando é dedicado ao serviço de propósitos dignos, há muito foi reconhecido como fundamental para construir uma vida significativa. Um propósito focado nos clientes tem três papéis profundamente importantes, porém muitas vezes não reconhecido, no processo de fazer do trabalho uma fonte de significado. Primeiro, ele inspira os fins do trabalho com valor intrínseco. As pessoas que "amam seus trabalhos" mostraram ser dedicadas ao valor intrínseco dos fins do trabalho, em vez da natureza das tarefas em si. Essa dedicação, por sua vez,

116 O LEGADO VIVO DE PETER DRUCKER

ajuda as pessoas a transcender os limites entre o ego e o outro. Pelo fato de os indivíduos experimentarem o sentimento de estarem unidos a uma causa que eles valorizam, e com os colegas com que trabalham para servir essa causa, os limites do ego são alargados para abranger os relacionamentos com esses fins e pessoas. À medida que o ego se expande, ele também se torna mais permeável – as pessoas se tornam mais abertas a novas realidades, aspirações e ideias.

Segundo, o propósito realça a autoatualização. A conexão com fins valiosos e abertura a novas ideias e experiências resultam no desenvolvimento mais rápido da própria pessoa – tanto em talentos e habilidades quanto na complexidade da consciência de uma pessoa. O indivíduo torna-se, simultaneamente, mais *integrado* com seu mundo exterior e mais *diferenciado* como um ser humano singular, altamente capaz. Abraham Maslow (uma pessoa que influenciou e foi influenciada por Peter Drucker) capta a essência do desejo humano de se autoatualizar ao dizer: "O que um homem *pode* ser, ele *deve* ser". Maslow, Viktor Frankl e outros concluíram que a autoatualização pode ser considerada um subproduto da autotranscendência – de ser dedicado a uma causa ou ideal maior do que a própria pessoa. Em *The Farther Reaches of Human Nature*, Maslow resume as descobertas de seus 30 anos de pesquisa em autoatualização e autotranscendência:

> As pessoas autoatualizadas estão, sem uma única exceção, envolvidas com uma causa fora de seu próprio eu, em algo que se encontra fora delas. Elas são dedicadas, trabalham em alguma coisa, em algo que seja muito precioso para elas – espiritualmente falando, um chamado ou vocação...
> As tarefas às quais elas [pessoas autoatualizadas] são dedicadas parecem ser interpretadas como incorporação ou encarnação de valores intrínsecos (em vez de meios para um fim fora do trabalho em si, em vez de funcionar autonomamente). As tarefas são adoradas (e introprojetadas[2]) PORQUE elas incorporam esses valores... Basicamente, são os valores que são adorados mais do que o trabalho em si.

Terceiro, a identificação pessoal do funcionário com o propósito focado no cliente, maior autotranscendência e a autoatualização resultante têm consequências benéficas significantes para o desempenho de uma empresa. Esse clima gera motivação intrínseca, compromisso, iniciativa individual e abertura a novas ideias que são a fonte da criação de conhecimento técnico competitivamente crítico. O aumento no compromisso traz consigo baixa rotatividade de funcionários, relacionamentos mais estáveis e a subordinação do autointeresse estreito ao interesse comum. O conhecimento técnico da empresa provavelmente não sairá porta afora e as redes de criação de conhecimento técnico permanecerão intactas. As pessoas passam a ser mais cientes daqueles a quem elas podem consultar para receber *insights* úteis e conhecimento técnico aplicável à solução de um problema específico. À medida que os limites ao redor da pessoa tornam-se mais permeáveis, as barreiras entre as pessoas caem e a confiança é elevada. Consequentemente, os indivíduos ficam mais abertos às ideias dos outros, trocam ideias mais livremente e estão mais dispostos a tomar a iniciativa (e os riscos relacionados) em busca de novas ideias. Claramente, uma empresa com uma equipe de trabalho comprometida, criativa, que está sempre melhorando, capaz de gerar rapidamente conhecimento técnico valioso, tem uma vantagem sobre uma empresa com funcionários cínicos, indiferentes – até mesmo alienados. O compromisso aumenta, o trabalho torna-se mais focado, maior colaboração e coesão são adotadas entre os membros da organização, as ações por toda a empresa são mais consistentes com os fins corporativos, as pessoas trabalham mais, com mais dedicação e elas naturalmente assumem mais responsabilidade pelo seu próprio desenvolvimento. Esta autoatualização promovida pelo propósito desencadeia o potencial humano latente e engaja as pessoas por completo.

Propósito e Estratégia

O propósito corporativo é o conceito unificador central da estratégia – as principais diretrizes às quais todos os aspectos da estratégia de uma empresa devem ser relacionados. Ele proporciona o motivo pelo qual a estratégia da empresa é importante, traz significado à missão corporativa e direção para as decisões críticas. O propósito corporativo molda o conteúdo da estratégia, o processo pelo qual ela é formulada, as metas que fluem desta e as decisões pelas quais esta se torna realidade. Como Vijay Sathe explora profundamente no capítulo 7, a estratégia existe para alcançar o propósito da corporação.

O propósito de uma empresa também afeta sua visão. A visão não é algo separado do propósito, da missão, da estratégia e dos valores compartilhados. É a qualidade inerente em cada um destes que define um estado futuro desejável, resultante do preenchimento do propósito e da estratégia para chegar lá. Se o propósito em si não for inspirador, o futuro previsto certamente não o será. A visão não pode elevar-se acima da qualidade dos fins básicos que ela foi projetada para alcançar. O poder da visão está em sua habilidade de definir um futuro que conecta os indivíduos dentro da organização com o serviço de fins nobres além deles mesmos. A visão proporciona às pessoas um sentido claro não apenas de por que a empresa existe, mas por que sua existência é importante. O propósito define a causa. A missão dá a esta profundeza e riqueza. A estratégia lhe dá vida.

Mas não é qualquer propósito que serve. O maior poder em infundir uma visão com valores e uma causa significativa é proporcionado pelo propósito focado no cliente.

Propósito e Orientação Estratégica

O propósito de uma empresa orienta sua estratégia e suas metas operacionais dominantes, tanto internamente, para a organização, quanto externamente, para os mercados de capital ou mercados de produtos.

Independentemente de seu propósito corporativo, a estratégia declarada de uma empresa é, por natureza, voltada para o mercado de produtos. Obviamente, uma estratégia sólida requer um foco externo nas realidades competitivas do mercado – nos clientes, concorrentes e nas próprias competências centrais da empresa. Porque um propósito voltado para o cliente reforça a estratégia ao focar no mercado de produtos, ele produz o alinhamento mais próximo do propósito, estratégia e metas operacionais.

Para as empresas com o propósito de maximização de riqueza dos acionistas, a estratégia do mercado de produtos está potencialmente em conflito com seu propósito voltado para o mercado de capital. Este conflito de alto nível é refletido por toda a organização em políticas funcionais, estratégias das subunidades e o domínio de metas financeiras específicas. Embora a empresa tenha adotado um propósito do mercado de capital, as decisões diárias que executam a estratégia precisam lidar com as realidades específicas do mercado de produtos. Ainda assim, o propósito exige que as metas que guiam as decisões diárias sejam orientadas para as necessidades dos mercados de capital, e mais especificamente as dos acionistas. O propósito e suas metas financeiras relacionadas estabele-

Propósito Corporativo   **119**

cem um conjunto de prioridades, e a estratégia estabelece outro conjunto. Os pontos de referência definitivos, que proporcionam políticas com significado, são ambíguos, causam confusão. O resultado é uma esquizofrenia organizacional, sendo que o propósito e a meta dizem uma coisa e a estratégia diz outra. Consequentemente, as decisões operacionais geralmente não são coerentes com a estratégia ou às vezes são inconsistentes com as necessidades competitivas dos mercados de produtos. Em qualquer um dos casos, a organização começa a perder o contato próximo e harmonioso com o ambiente competitivo do mercado que ela precisa.

Propósito e a Maneira de Administrar

Basicamente, o propósito precisa ser transformado em ação. À medida que o propósito é internalizado nos sistemas administrativos e processos informais da empresa, sua influência nas decisões que afetam a estratégia e os valores compartilhados e consequentemente o desempenho competitivo aumentam. Ao proporcionar um valor central sólido, capaz de guiar pensamento e ação, o propósito focado no cliente adota consistência interna, possibilita maior descentralização da tomada de decisões e facilita maior autocontrole.

Para que o propósito tenha significado, ele deve ser infundido na maneira como os gerentes administram – na maneira como a estratégia da empresa é formulada, e nos sistemas formais de administração (por exemplo, medidas do desempenho, compensação, controle e sistemas de alocação dos recursos) e nas estruturas organizacionais. Ele também deve penetrar nas suposições informais, crenças e valores que formam a cultura da empresa. Quando isso ocorre, o propósito corporativo influencia a distribuição de pessoas e capital, os retornos sobre o investimento considerados aceitáveis para esses compromissos e as medidas usadas para julgar o desempenho. Em cada uma dessas decisões, um propósito focado nos clientes pode ser um contrapeso poderoso para as pressões financeiras de curto prazo.

Propósito e o Processo de Formulação da Estratégia

O processo de formulação da estratégia pode diferir significativamente dependendo do conteúdo do propósito corporativo. Quando o propósito é focado nos acionistas, a estratégia geralmente é moldada para se con-

120 O LEGADO VIVO DE PETER DRUCKER

formar às metas financeiras de cima para baixo, como o retorno sobre os investimentos e o crescimento dos ganhos. As medidas de competitividade (como a participação no mercado, eficiência, velocidade no desenvolvimento de novos produtos e funcionalidade e qualidade dos produtos) são significantes apenas como um meio para produzir os retornos requeridos. Como resultado, os alvos financeiros direcionam as decisões que formam a *verdadeira* estratégia.

Por contraste, um propósito focado nos clientes direciona a atenção da organização às necessidades mutáveis dos clientes, às ações dos concorrentes e à competitividade da empresa no longo prazo. Consequentemente, não há um conflito inerente entre as metas corporativas derivadas do propósito e as estratégias das unidades de negócios. Ambas são direcionadas para o mercado de produtos. Quando os gerentes precisam tomar decisões difíceis, a questão central que guia suas deliberações é se a ação permitirá, com o passar do tempo, que a empresa sirva os clientes melhor e mais eficazmente do que seus concorrentes. As considerações finais são uma parte importante da discussão, mas, diferentemente da situação de empresas focadas nos acionistas, elas não direcionam a discussão.

Refletindo o Propósito nas Metas Operacionais

As metas específicas que direcionam as decisões por toda uma organização têm sua origem no propósito corporativo. Na essência, as metas internalizam as preferências dos mercados que a empresa escolheu servir. A principal tarefa da administração é embutir o propósito corporativo em um conjunto de metas mais precisas e específicas, e medidas de desempenho que agem como alvos de aspiração assim como medidas de realização. Eventualmente, essas estratégias e metas relacionadas devem, como diz Peter Drucker: "degenerar-se no trabalho".

O propósito de aumentar a riqueza dos acionistas e servir às necessidades dos clientes é manifestado em prioridades fundamentalmente diferentes entre as metas. Um conjunto de metas reflete o mercado de capital; o outro, a participação no mercado, a satisfação do cliente e a inovação. Para a saúde prolongada da empresa, as metas financeiras devem ser os resultados – não os motivadores – das estratégias do mercado de produtos. Elas devem agir como indicadores para medir o progresso em alcançar os resultados competitivos desejados e em gerar os fundos internos necessários para financiar as estratégias escolhidas.

Entretanto, infelizmente, quando as decisões sobre orçamentos, medidas de desempenho e alocação de recursos continuamente reforçam a mensagem de que os interesses dos acionistas são primários, a inclinação dos funcionários em serem responsivos às necessidades dos clientes é minada. Os objetivos financeiros são instrumentos obtusos, que proporcionam pouca direção estratégica. Os orçamentos não discriminam entre a grande quantidade de linhas de itens classificados por importância. Cada item é candidato ao corte para poder "cumprir o orçamento". Este se torna uma incorporação da discórdia de propósitos entre o indivíduo e a empresa.

Mas este não precisa ser o caso. Quando as pressões de lucro, representadas pelo orçamento, são internalizadas como *meios* vitais para servir aos clientes e como medidas do sucesso da empresa em fazê-lo, ocorre uma mudança notável na atitude mental. Quando isso acontece, o orçamento torna-se uma ferramenta para alcançar fins valiosos. Ele não é mais visto como uma restrição financeira indesejada, imposta de cima, sobre as atividades de um gerente. É claro que a tensão entre lucro e interesses dos clientes permanece, porém ocorrem duas transformações importantes.

Primeiro, os lucros não são considerados como um fim em si, mas como uma fonte necessária de fundos para investir no futuro e como uma medida válida do desempenho atual em servir os clientes.

Segundo, os gerentes em todos os níveis organizacionais assumem maior propriedade da responsabilidade para resolver a tensão entre os lucros atuais e os interesses dos clientes entre o curto e longo prazo. Durante o ano, o desempenho real, relativo ao orçamento, pode apresentar escolhas difíceis – por exemplo, "cumprir o orçamento" ao cortar custos ou excedê-lo para poder manter certo nível de serviço ou despesas com o desenvolvimento de produtos. O *trade-off* é feito com base em o que servirá melhor aos clientes presentes *e futuros*.

Influência Administrativa por meio de Valores Compartilhados Fundamentado no Propósito

O propósito corporativo é o principal valor final da organização. Os valores, crenças e suposições embutidos nos propósitos corporativos são a base do sistema de valores corporativos. Os valores que se agrupam ao

122 O LEGADO VIVO DE PETER DRUCKER

redor de concepções alternativas de propósito têm uma qualidade decisivamente diferente e, consequentemente, geram culturas com força e caráter desiguais. A empresa pode ser vista tanto como uma máquina de fazer dinheiro como um veículo para satisfazer as necessidades humanas. Por definição, se os valores finais centrais não são compartilhados – se os funcionários não acreditam no valor intrínseco –, então esta fundação e a cultura corporativa resultante são enfraquecidas, e os valores corporativos perdem muito do seu poder para influenciar e direcionar as ações.

Administrando a Mudança com Propósito

Quando uma empresa foca na sua habilidade sustentada de proporcionar valor maior para os clientes, mais do que seus concorrentes, ela se torna mais sensível ao antecipar as necessidades dos clientes, à movimentação dos concorrentes e às evoluções das competências centrais de valores da empresa. A maior responsabilidade dos líderes é conscientizar as pessoas das contradições *entre* seus próprios valores (por exemplo, a prioridade entre constituintes refletida no propósito da organização), a realidade (o desempenho atual da organização e as dinâmicas do mercado) e os valores da empresa (como embutido na visão motivada pelo propósito), e então reconhecer e aceitar a necessidade de mudança para superar as contradições indesejadas. A mudança pode não ser confortável, mas é vista como necessária. Na realidade, ela pode até ser valiosa quando vista como um meio para melhor servir aos clientes – o maior e mais valioso propósito da empresa.

As Responsabilidades da Liderança

No coração da liderança corporativa eficaz está a responsabilidade em definir, promover e defender um propósito significativo e abrangente para a atividade corporativa – um propósito que enobrece aqueles que o servem, estimula o compromisso individual e traz unidade à ação corporativa. Essa responsabilidade é, ao mesmo tempo, estratégica e moral. Ela tem sua origem em dois deveres fundamentais da administração. O primeiro é fundado em deveres para com os clientes, funcionários, acionistas e comunidades – a responsabilidade dos líderes pelo desempenho corporativo. A contribuição da empresa para cada um desses constituintes pode ser medida por sua habilidade em criar valor real (reveja a dis-

Propósito Corporativo **123**

tinção feita anteriormente entre a criação de valor e a maximização da riqueza dos acionistas). A criação de valor é determinada exclusivamente pela contribuição das pessoas da empresa e sua ingenuidade em usar os recursos disponíveis, As pessoas que encontram significado e oportunidades para crescimento pessoal e realizações por meio de seus trabalhos desempenham níveis mais altos, com mais compromisso, intensidade, coesão e criatividade, e, consequentemente, elas realçam o desempenho corporativo, para o benefício de todos os principais constituintes.

A segunda responsabilidade da administração é garantir que os funcionários sejam tratados com respeito e dignidade, não como ferramentas para fins corporativos. Na realidade pragmática da vida diária competitiva, isso é possível apenas se houver harmonia entre os propósitos individuais e corporativos relacionados ao trabalho. Quando o propósito corporativo é tal que os indivíduos acreditam possuir um valor digno, pessoal e de serviço, então as ações para alcançá-lo tornam-se, em essência, ações para encorajar a realização de metas pessoais. Do ponto de vista dos funcionários, a empresa torna-se um instrumento para a realização de algumas de suas maiores aspirações por meio de seus trabalhos. Apenas quando a empresa se torna verdadeiramente um caminho para o significado, preenchimento e realização de um propósito *comum* para as **pessoas que trabalham lá, é possível tratá-las como fins em si.**

Guiado por um propósito construtivo, amplamente compartilhado, a corporação consegue ser uma força moral positiva. Se ela for bem liderada, ela pode tornar-se uma fonte de produtos de valor que enriquecem vidas, de oportunidades, por meio do trabalho, que resultam em autorrealização individual e trazem maior significado à vida e ao desempenho econômico, que aumenta a riqueza da sociedade. Se ela for mal liderada, ela será uma fonte de crescente alienação pessoal e frustração – opressiva para o espírito humano e para suas maiores aspirações, e corrosiva para a criação de valor. A escolha do propósito corporativo define a diferença.

Nota do Autor: Este capítulo é baseado no livro de Richard Ellsworth, *Leading with Purpose* (Stanford, Ca.: Stanford University Press, 2002).

7

Estratégia para Qual Propósito?

Vijay Sathe

O conceito de lucro e seu derivado, maximização dos lucros, são apenas irrelevantes para a função de uma empresa, ao seu propósito e ao serviço de administrá-la. Na realidade, o conceito é pior do que irrelevante. Ele é prejudicial. É a principal causa do mau entendimento da natureza do lucro em nossa sociedade e da profundamente enraizada hostilidade a este, fatores que estão entre as doenças mais perigosas de uma sociedade industrial.
— Peter F. Drucker, *The Practice of Management*

Em muitas empresas, a resposta para a pergunta "o que é" a visão é "Ser a número 1." Mas, número 1 em quê?... E mesmo se o "o que é" estiver claro, por que os funcionários e outros stakeholders *deveriam se importar?*
— Vijay Sathe, *Manage Your Career*

A estratégia integra as várias perspectivas funcionais de uma empresa e assume uma visão holística de o que a empresa está tentando alcançar e como ela pode ter um desempenho melhor. Ela está no coração daquilo que os gerentes fazem, e todos na organização devem entendê-la e se alinhar a ela, caso a empresa queira servir seus clientes melhor do que seus concorrentes, ganhando, assim, vantagem competitiva.

126 O LEGADO VIVO DE PETER DRUCKER

Mas grande parte do pensamento sobre estratégia não faz uma pergunta fundamental: estratégia para qual propósito? Estratégia, como ensinada e praticada na maioria dos lugares, foca na análise das indústrias e na vantagem competitiva, mas ignora esta pergunta fundamental porque a resposta é dada como certa – o propósito de uma empresa é aumentar o valor dos acionistas.

Mas esta linha de pensamento acarreta dois problemas. Primeiro, como o pensamento estratégico pode ser aplicado às organizações sem fins lucrativos, às organizações voluntárias e às agências governamentais que não têm acionistas? Segundo, como o pensamento estratégico pode ser aplicado em empresas e países que não idolatram o valor dos acionistas ou que estejam começando a questionar sua primazia? Até mesmo nos Estados Unidos, há muito tempo um baluarte da maximização de valor dos acionistas, este dogma está começando a se soltar. Como relatou o *Financial Times*, em 16 de março de 2009:

> *Uma grande revolução no domínio de empresas está derrubando a ditadura da maximização de valor dos acionistas como o único princípio orientador para as ações corporativas. Assim como com o regicídio, as facas estão nas mãos dos próprios colaboradores do regime antigo. Jack Welch, ex-executivo-chefe da General Electric, que se introduziu no reino da maximização do valor dos acionistas há 1/4 de século, disse ao* Financial Times *na semana passada que "valor dos acionistas é a ideia mais idiota do mundo."*[1]

Welch havia dito ao *Financial Times*, em 13 de março de 2009: "O valor dos acionistas é um resultado, não uma estratégia... Seus principais constituintes são seus funcionários, seus clientes e seus produtos".[2]

Mas a questão fundamental permaneceu sem resposta. O valor dos acionistas é um resultado, sim, mas a caminho para qual propósito? Drucker foi o primeiro a fornecer uma resposta clara há mais de 50 anos em *The Practice of Management*: "Há apenas uma definição válida do propósito da empresa: *desenvolver um cliente*".

No capítulo 6 deste livro, Richard Ellsworth expande a obra original de Drucker e proporciona raciocínios adicionais de por que o propósito principal de toda empresa deve ser desenvolver e servir um cliente. Como ele mostra, a abordagem equilibrada – que presume que os interesses dos vários *stakeholders* precisam ser negociados, sendo que os interesses dos acionistas recebem prioridade uma vez, e os interesses dos outros *stakeholders* são prioridade na próxima vez, dependendo de quem precisar mais – não proporciona diretrizes para a empresa. É o equivalente a dirigir um carro com as rodas engraxadas, mas sem nenhum mecanismo de manobra!

Começando com a primazia de propósito, este capítulo elaborará os *insights* originais de Drucker e também incorporará o pensamento estratégico contemporâneo para apresentar uma estrutura simples para o entendimento, análise e execução da estratégia em qualquer empresa. A estrutura POEE resultante pode ser usada para perguntar e responder quatro perguntas importantes:

1. **Propósito.** Qual propósito espera-se que a estratégia alcance, por que e como?
2. **Objetivos.** Existem objetivos claros para avaliar o progresso na realização desse propósito?
3. **Estratégia.** Qual é a estratégia, e ela é apropriada para alcançar os objetivos?
4. **Execução.** Quão bem a estratégia está sendo implementada?

Se quiser que o propósito da empresa seja alcançado com sucesso, todas as quatro partes da estrutura POEE precisam ser internamente consistentes e uma deve reforçar a outra. Descreverei cada parte na estrutura (resumida na figura 7-1 para referência rápida) e mostrarei como ela pode ser usada para *avaliar* e *diagnosticar* o sucesso ou fracasso da estratégia.

Propósito

Toda empresa precisa fazer três perguntas simples sobre seu propósito:
1. *Qual* é o propósito dessa empresa? Referimo-nos a este como sua *missão*.
2. *Por que* a empresa existe? Por que ela é importante para os funcionários e outros *stakeholders*? Referimo-nos a estes como sua *visão e valores*.
3. *Como* o propósito será alcançado? Para qualquer empresa, a particularidade de seus *objetivos, estratégia e execução*, e se todos eles estão alinhados com sua missão, visão e valores, determinará com quanto sucesso a empresa está alcançando seu propósito.

128 O LEGADO VIVO DE PETER DRUCKER

PROPÓSITO
Qual propósito espera-se que a estratégia alcance, por que e como?

Missão	*Qual* é propósito desta empresa?
Visão e Valores	*Por que* vale a pena alcançar o propósito?
O, E e E	*Como* o propósito será alcançado (por meio de objetivos, estratégia e execução)?
Stakeholders	A empresa existe para benefício de quem?
	Até que ponto as expectativas de todos os *stakeholders* estão sendo cumpridas?
	Qual é a prioridade entre os *stakeholders*? Qual *stakeholder* é o número 1?

OBJETIVOS
Existem objetivos claros para avaliar o progresso na realização desse propósito?

Financeiro	Retorno sobre o investimento? Valor dos acionistas? Valor para outros *stakeholders*?
Não Financeiro	Quantitativo e qualitativo? (Por exemplo, rotatividade de funcionários? Retenção de clientes?)

ESTRATÉGIA
Qual é a estratégia, e ela é apropriada para alcançar os objetivos?

Drucker	Em que negócio estamos? Quem é o cliente? (*Definição de empresa*)
	O que o cliente considera como valor? (*Proposta de valor*)
Porter	*Atrativo da indústria:* BTE, compradores, fornecedores, substitutos, complementos, rivais
	Força competitiva (*versus* rivais) [*Posição estratégica genérica*]
	Posição baixa de custo econômico? (*Não é* para ser confundido com preço baixo de venda!)
	Diferenciação percebida pelo cliente? (Preço mais alto WTP do cliente)
	Oceano azul? (Baixo custo + Diferenciação)
Recursos	Pessoas? Marcas? Dinheiro? Conexões? Locais? Monopólios?
Habilidades	Qualidade? Inovação? Competência funcional? Competência central? Sistema de atividade?
	[Esses recursos e habilidades oferecem *vantagens competitivas* que suportam a proposta de valor da empresa de acordo com Drucker e sua posição estratégica de acordo com Porter?]

EXECUÇÃO
Quão bem a estratégia está sendo implementada?

Talentos e Adequação	As pessoas estão sendo adequadamente selecionadas, educadas e treinadas? (Talentos *versus* desafio)
Políticas	As políticas motivam os comportamentos apropriados? (Alinhamento, motivação?)
Responsabilidade	As pessoas são responsáveis para realizar atividades ou alcançar resultados?
Responsabilização	As pessoas são responsabilizadas? Quais são as consequências para o não desempenho?

Todas as quatro partes dessa estrutura (propósito, objetivos, estratégias e execução) precisam ser internamente consistentes e reforçarem uma a outra para alcançar o sucesso.

Um ou mais desses elementos podem estar embutidos na cultura da organização, isto é, podem estar entre suas suposições importantes compartilhadas (raízes culturais).

FIGURA 7-1 – Estrutura "POEE" para avaliar e diagnosticar o sucesso ou fracasso da estratégia.

Estratégia para Qual Propósito? **129**

A pergunta *como* é obviamente vital, mas um foco no *como* sem o *porquê* coloca a carroça na frente dos bois. Os bois não irão muito longe ou muito rápido.

Pergunte a muitas pessoas *por que* a empresa delas existe, e receberá um olhar vazio. Após refletirem por alguns segundos, a maioria, se for honestas, dirá: "Existimos para fazer dinheiro para os acionistas". Mas como vimos, Peter Drucker nos preveniu, 50 anos atrás, de que lucro não é um objetivo. Lucro é necessário, mas o propósito de uma empresa é conquistar e servir um cliente.

A sabedoria, e presciência, de Drucker infelizmente entrou por um ouvido e saiu pelo outro entre os defensores do valor dos acionistas, aqueles que lideram suas empresas pensando apenas nos acionistas, e esta mentalidade promoveu as Enrons da vida, além de contribuir para o desastre de 2008. Temos hoje um rancor público, assim como Drucker havia previsto em sua citação famosa no início deste capítulo, por causa de crença bastante difundida de que os líderes de empresas estão interessados apenas em proteger seus acionistas e rechear seus próprios bolsos com enormes pagamentos e bônus, mesmo quando têm de mendigar pelos dólares dos contribuintes.

Um recente documentário consagrado, *The Corporation*, capta muito bem esta percepção pública ao retratar as instituições mais importantes do capitalismo como psicopatas: "Assim como todos os psicopatas, a empresa tem em vista apenas seu interesse próprio: seu propósito é criar riqueza para os acionistas. E assim como todos os psicopatas, a empresa é irresponsável porque coloca outras pessoas em risco para satisfazer sua meta de maximização de lucro, prejudicando os funcionários e clientes, e danificando o meio ambiente".[3]

Um exemplo de empresa que *não* se encaixa neste estereótipo é a Edward Jones, que teve bastante sorte ao se beneficiar do conselho de Peter Drucker por muitos anos. A *missão* da empresa é oferecer conselhos financeiros sólidos para os investidores de longo prazo individuais e sérios. Sua *visão* é de que este é um empreendimento valioso porque os investidores individuais, especialmente aqueles com carteiras gordas, não são bem servidos em outros lugares. O que esses investidores precisam são conselhos sólidos para assegurar seus futuros financeiros, e os funcionários da empresa que proporcionam este serviço acham-no significativo e intrinsecamente recompensador. Os *valores* da empresa são co-

130 O LEGADO VIVO DE PETER DRUCKER

locar o cliente em primeiro lugar e tratar a todos – clientes, funcionários e fornecedores – com integridade e respeito.

A Edward Jones é uma empresa com altíssimo desempenho em uma indústria dominada por gigantes, como a Merrill Lynch antes da recente implosão financeira, porque ela servia seus clientes melhor do que ninguém; a maximização do valor dos acionistas não é o propósito da empresa. E durante o percurso, em busca do propósito da empresa, os conselheiros financeiros (CFs) e outros funcionários sentem-se muito satisfeitos por mudarem a vida financeira de seus clientes para melhor. Esta é uma das razões para a empresa rotineiramente estar entre as principais nas classificações das 100 Melhores Empresas Para Trabalhar da Fortune e outras pesquisas similares de satisfação de clientes e funcionários. Como relatou o *The Wall Street Journal*: "Em meio ao pior mercado de ações desde 1930, a Edward Jones tem crescido de maneira tradicional... Enquanto outras empresas de títulos e valores encolhem, sua equipe com 12.000 corretores adicionou mais 998 este ano. Ela planeja adicionar mais 5.000 até 2012".[4] Assim sendo, a Edward Jones, focada nos clientes, continua prosperando e crescendo enquanto suas rivais, focadas nos acionistas, tropeçam e caem.

Voltarei ao exemplo da Edward Jones por todo este capítulo para ilustrar como a estrutura POEE pode ser usada para *avaliar* e *diagnosticar* a estratégia de uma empresa.

Armadilhas

Líderes podem cair em uma ou mais armadilhas que evitam o desenvolvimento de uma resposta clara e convincente às perguntas de "o que" e "por que" a respeito do propósito de suas empresas. Alguns exemplos dessas armadilhas são:

1. **Acreditar que as decisões estratégicas apenas podem vir de cima.** As decisões estratégicas também podem vir de níveis mais baixos – nem toda a sabedoria está no cérebro do CEO. A percepção da Intel de que ela era uma empresa de microprocessadores, não uma empresa de chips de memória, veio das ações de seus gerentes de nível médio. A mudança estratégica da Honda para motocicletas leves para todos resultou de ações de seus gerentes nos Estados Unidos, não do Sr. Honda.

Estratégia para Qual Propósito? **131**

2. **Participar de um retiro de executivos e surgir com a resposta.** Assim como aconteceu com muitas outras empresas, os altos gerentes da ESL, uma subsidiária da TRW, foram a um "retiro de executivos" e voltaram com a resposta, assim como quando Moisés desceu a montanha com os Dez Mandamentos. Infelizmente, diferentemente das palavras que Moisés trouxe da montanha, as palavras desses altos gerentes não eram claras nem convincentes para a plateia pretendida.

3. **Tornar-se obcecado por números.** Muitos líderes presumem que o objetivo máximo é a missão deles. Por exemplo, a estratégia dos altos gerentes da ESL era chegar a $ 1 bilhão em vendas dentro de 5 anos. A missão era suficientemente clara, mas a pergunta "por que" permanecia sem resposta. Como observou um gerente do nível mais baixo: "É como ler um livro onde você entende cada sentença em cada página, mas quando alguém lhe pergunta qual o conteúdo do livro, você precisa dizer, 'Realmente não sei', porque você não consegue ver o todo".

4. **Deixar que sua necessidade de crescimento direcione seu pensamento.** Como observou Clayton Christensen em *The Innovator's Dilemma*, os altos executivos na Apple Computer no início dos anos 1990 acreditavam que o Newton, o assistente digital pessoal pioneiro da empresa, havia fracassado porque "apenas" 140.000 unidades foram vendidas nos primeiros dois anos depois de sua introdução, já que esperavam vendas muito mais altas. Por contraste, o Apple II, o computador pessoal pioneiro da empresa, vendeu 43.000 unidades nos dois primeiros anos após a introdução, mas isto foi proclamado como um grande sucesso! Por quê? Porque alguns milhões de dólares em vendas eram vistos como um grande resultado quando a Apple era uma empresa *"start-up"* e não tinha vendas, por assim dizer, enquanto o Newton tinha de se tornar um negócio de bilhões para interessar aos altos executivos de uma empresa de US$ 7 bilhões de dólares como a Apple Computer.

A lição para os executivos que querem evitar essas armadilhas é: *o mercado não se importa com suas necessidades de crescimento!* Portanto, não faz muito sentido julgar o sucesso de um produto pioneiro baseado nas necessidades de crescimento de uma empresa. O "fracasso" do

Newton para alcançar sua visão levou ao "sucesso" do Palm Pilot, e o Palm Pilot eventualmente se *tornou* uma história de sucesso bilionária.

Stakeholders

Se as perguntas "o que" (missão) e "por que" (visão e valores) não podem ser prontamente respondidas, elas podem ser decifradas ao fazermos as seguintes perguntas:

1. **A empresa existe para benefício de quem?** Esses são os principais *stakeholders*. É importante distinguir *stakeholders* de parasitas – aqueles que procuram extrair alguns benefícios da empresa sem fazer qualquer contribuição a esta. Um exemplo seria um processo judicial leviano, projetado para atormentar uma empresa e resolver financeiramente um caso sem mérito fora dos tribunais.
2. **Até que ponto as expectativas de cada *stakeholder* estão sendo cumpridas?** Esta nos proporciona uma avaliação de quanto a empresa é bem-sucedida. Uma empresa que ultrapassa as expectativas de *todos* seus principais *stakeholders* é bem-sucedida, e a quantia pela qual cada uma de suas expectativas é ultrapassada é uma indicação do seu nível de sucesso. Do mesmo modo, uma empresa que não cumpre as expectativas de *todos* os principais *stakeholders* não tem sucesso, e o número de *stakeholders*, cujas expectativas não são cumpridas, e por quanto, é uma indicação do insucesso da empresa.
3. **Qual é a prioridade entre os *stakeholders*?** Qual *stakeholder* é o "principal", o número um? Quando os interesses dos *stakeholders* entram em conflito, os interesses que prevalecem são os do *stakeholder* principal, primário. A suposição não questionada de que os acionistas são os principais *stakeholders* em empresas que visam fins lucrativos está agora sendo desafiada não apenas pelos eruditos (veja o capítulo de Richard Ellsworth neste livro), mas também por um número cada vez maior de praticantes, mesmo na América, que é o baluarte do capitalismo de acionistas. Pesquisas informais que conduzi com gerentes ao redor do mundo, por exemplo, indicam que aqueles das culturas asiáticas apontam os clientes como seus

Estratégia para Qual Propósito? **133**

principais *stakeholders*, os da França apontam os funcionários e os da Escandinávia veem a sociedade como o principal *stakeholder*.

Além de proporcionar uma avaliação do sucesso ou fracasso da estratégia de uma empresa, o pensamento e a discussão necessários para responder a essas perguntas normalmente proporcionam dicas importantes, se não respostas diretas, à pergunta de "o que" (missão) e de "por que" (visão e valores) a respeito do propósito. No caso da Edward Jones, por exemplo, as respostas para essas três perguntas que acabamos de fazer são as seguintes:

1. Os principais *stakeholders* da Edward Jones são (a) seus clientes, os investidores individuais, (b) seus conselheiros financeiros (CFs) e outros membros da equipe, (c) os fornecedores dos produtos financeiros que ela oferece para seus clientes e (d) os parceiros da empresa, que são os donos.

2. A Edward Jones ultrapassa as expectativas de todos seus *stakeholders*. Ela é número um em relação aos seus concorrentes nas pesquisas de satisfação de clientes e de CFs conduzidas por J. D. Powers e *Registered Rep*. Seus fornecedores cobiçam os pacientes investidores da empresa e seu amplo alcance de distribuição e os parceiros – cuja empresa ganha o retorno mais alto em patrimônio na indústria – reinvestem o capital na empresa e não têm intenção de vendê-la ou torná-la uma empresa de capital aberto. Assim sendo, podemos *avaliar* a estratégia da Edward Jones como sendo altamente bem-sucedida.

3. Quando os interesses dos *stakeholders* da Edward Jones entram em conflito, os interesses de seus clientes sempre prevalecem. Mais surpreendentemente, a empresa aconselha seus clientes a comprarem e segurarem ações e fundos mútuos de alta qualidade por longo prazo; a baixa rotatividade resultante nos portfólios de seus clientes gera comissões mais baixas de negócios para seus CFs e lucros mais baixos para seus parceiros. Mas sem se render à tentação de manufaturar e vender seus próprios produtos financeiros para fazer mais dinheiro para si, a Edward Jones se esquiva de qualquer conflito de interesses e aconselha os clientes a escolherem os fornecedores que melhor satisfazem suas necessidades. Claramente, os clientes, os investidores individuais, são os principais *stakeholders* da empresa.

134 O LEGADO VIVO DE PETER DRUCKER

Até agora conseguimos avaliar a estratégia da Edward Jones como sendo altamente bem-sucedida e determinar que seu propósito fundamental é servir seus clientes, os investidores individuais, os principais *stakeholders* da empresa. Precisamos agora diagnosticar *por que* a estratégia da Edward Jones tem tido tanto sucesso para alcançar seu propósito. A resposta curta é que a empresa desenvolveu o que Drucker costumava chamar de "teoria dos negócios", a qual funciona muito bem, como ele demonstra em um artigo no *Harvard Business Review*:

> *A teoria dos negócios tem três partes. Primeira, existem suposições sobre o ambiente da organização... Segunda, existem suposições sobre a missão específica da organização... Terceira, existem suposições sobre as competências centrais necessárias para alcançar a missão da organização... Geralmente, leva anos de trabalho duro, pensamento e experimentos para alcançar uma teoria dos negócios clara, consistente e válida. No entanto, para ter sucesso, toda organização deve exercitar uma teoria... Na realidade, o que sustenta o mal-estar atual de muitas organizações grandes e bem-sucedidas ao redor do mundo é que a teoria dos negócios delas já não funciona mais.*

A estrutura POEE elabora a teoria de negócios de Drucker e também incorpora o pensamento estratégico contemporâneo na análise da indústria e vantagem competitiva (veja a **Figura 7-1**). **Agora que falamos do "P", vamos ao "O".**

Objetivos

Como Drucker enfatiza em *Management: Tasks, Responsibilities, Practices*: "A definição básica da empresa e seu propósito e missão precisa ser traduzida em objetivos. Caso contrário, elas continuarão sendo *insights*, boas intenções e epigramas brilhantes que nunca se tornam uma realização... Objetivos não são abstrações. Eles são os... padrões contra os quais o desempenho é medido".

Os objetivos podem ser qualitativos ou quantitativos, financeiros ou não financeiros, mas eles precisam ser *marcos significantes* no caminho para a realização de um propósito.[5] Embora muitas empresas tenham vários alvos financeiros, e mesmo não financeiros, estes geralmente não passam no teste para serem considerados *marcos significativos*. Por quê? Porque a maioria das empresas não consegue responder à pergunta: "es-

Estratégia para Qual Propósito? **135**

tratégia para qual propósito?". Sem um propósito claramente entendido, não há como falar sobre marcos significativos para este propósito.

Um objetivo-chave para a Edward Jones é o *crescimento saudável* no número de seus conselheiros financeiros – *saudável* no sentido de que os novos CFs, que são cuidadosamente selecionados e intensamente treinados, precisam tornar-se produtivos rapidamente, e *crescimento* porque a empresa vê que a oportunidade de servir a seu *stakeholder* número 1, o investidor de longo prazo e sério, é muito maior do que é sua atual participação no mercado. Especificamente, a Edward Jones planeja ter 20.000 CFs até 2017.

Estratégia

Tendo em vista o propósito da empresa, as três famosas perguntas de Drucker proporcionam clareza a respeito da empresa e seus clientes: Em que negócio estamos? Quem é o cliente? O que o cliente considera como valor? Porque todas as empresas, sejam elas para fins lucrativos, sem fins lucrativos, voluntárias ou governamentais, têm "clientes" a quem elas servem, a abordagem de Drucker pode ser aplicada a qualquer organização, diferentemente da meta única de maximizar o valor dos acionistas.

Uma vez que as três perguntas centrais de Drucker tenham sido respondidas, os concorrentes diretos podem ser identificados – estes são outros jogadores que estão tentando servir aos mesmos clientes com a mesma proposta de valor. O pensamento estratégico contemporâneo pode então ser aplicado para determinar a atratividade relativa da indústria e a vantagem competitiva da empresa frente a seus rivais, portanto, não há necessidade de dizer mais aqui, exceto observar que os *trade-offs* específicos que a empresa faz determinarão se a estratégia está alinhada ou não com o propósito.

Os *trade-offs* específicos que a Edward Jones fez garantiram que sua estratégia estivesse sempre voltada para o seu principal *stakeholder*, o investidor individual. Como John Bachmann, ex-sócio administrador da Edward Jones de 1980 a 2004, escreveu:

> *Como aponta o Professor Porter em Competitive Strategy, a pessoa define os* trade-offs *não em termos de o que ela escolhe fazer, mas de o que ela escolhe não fazer... Identificarei e examinarei brevemente alguns dos* trade-offs *que a Edward Jones fez. Nenhum deles nos fez singular. Nenhum deles sugeriu*

136 O LEGADO VIVO DE PETER DRUCKER

superioridade moral. Entretanto, cada um deles nos fez um pouco mais diferentes e, juntos, eles nos fizeram bastante diferentes. Na realidade, tão diferente que poucos concorrentes, ou nenhum, iriam querer nos imitar... Isso nos levou à decisão de não servir grandes instituições. Todos os nossos concorrentes faziam isso e nós não tínhamos nada especial para oferecer. Também escolhemos não servir àqueles que negociam frequentemente... Escolhemos não fabricar nossos próprios produtos.[6]

Desse modo, *trade-offs* apropriados é o que dá à empresa um foco distinto, alinhamento com seu principal *stakeholder* e vantagem competitiva.

Execução

Há um antigo debate, por sinal muito engraçado, sobre o que é mais importante, estratégia ou execução? A resposta simples é: ambas. Sem uma estratégia sólida, a empresa sucumbirá. Mas quão boa é uma estratégia sólida sem uma execução eficaz? Existem quatro elementos-chave para a execução eficaz: ter pessoas com os talentos certos, que se adequam ao emprego e à organização, motivá-las e alinhá-las com o propósito da empresa usando as políticas corretas, concedê-las a responsabilidade pelos resultados e responsabilizá-las por estes.

Talentos e Adequação

Uma empresa precisa selecionar cuidadosamente pessoas com os talentos necessários que se adéquam ao emprego e à organização, e depois investir em educação contínua e treinamento para facilitar seu crescimento. Com os talentos e a adequação apropriados, é possível que as pessoas passem a ver seus trabalhos não apenas como um emprego ou uma carreira, mas sim como um chamado.

A Edward Jones cuidadosamente seleciona seus conselheiros financeiros entre milhares de prospectos todos os anos e investe pesadamente em sua educação, treinamento e orientação. A maioria dos CFs se junta à empresa vendo-a como um emprego. Os CFs que aprendem a fazer o serviço bem e progridem na organização passarão a vê-la como uma carreira recompensadora que poderá sustentá-los e às suas famílias. Mais tarde, aproximadamente de 5 a 10 anos depois de começarem a trabalhar, alguns dos CFs começam a ouvir de seus clientes como os conselhos financeiros que eles deram mudaram a vida deles para melhor, permitindo que eles mandassem seus filhos ou netos para a faculdade ou que se aposentassem com dignidade. Para esses CFs, o que antes era apenas um emprego ou carreira, passa a ser um chamado para mudar a vida financeira das pessoas para melhor. Esses CFs não trabalham mais para ganhar dinheiro; eles trabalham para servir a outras pessoas, e o dinheiro passa a ser um subproduto de uma vida de trabalho significativa. Por exemplo, mais de 1.000 CFs na Edward Jones voluntariamente participaram do "Plano Goodknight" da empresa, no qual um CF competente abre mão de parte de sua compensação ao conceder contas menores a um novo CF para servir melhor a contas maiores, resultando em um serviço melhor para ambos, os clientes menores e maiores.

Políticas

As políticas da empresa motivam o comportamento apropriado ao promover o que Peter Drucker chama de "autocontrole" – uma situação na qual as pessoas entendem o que precisa ser feito e por que, e sentem-se emocionalmente donas do trabalho e responsáveis por fazê-lo? Para alcançar o autocontrole, as pessoas precisam ter responsabilidade por apresentar resultados, não por realizar atividades escritas na descrição de um emprego. E elas devem ser responsabilizadas pelos resultados.

A Edward Jones encoraja seus associados a exercitarem o autocontrole por meio de seu sistema de "administração baseada na responsabilidade" (ABR). Em consultas com a pessoa pela qual ela é responsável (a palavra *chefe* é um tabu na empresa porque ela sugere autoridade em vez de responsabilidade), cada associado desenvolve uma lista de quatro ou cinco responsabilidades-chave, com o entendimento de que ele tem a liberdade de determinar a melhor maneira de alcançar esses resultados.

Responsabilidade e Responsabilização pelos Resultados, Não pelas Atividades

É fácil cair na armadilha de atividades. Para um vendedor, por exemplo, o resultado não é o número de chamadas de vendas feitas por semana, mas o número de dólares gerados em vendas. Quando é difícil quantificar os resultados, o perigo de cair na armadilha de atividades é maior, e este é um problema até maior quando tentamos medir e melhorar a produtividade do trabalho de conhecimento técnico. Para desenvolver outras pessoas, por exemplo, é fácil contar o número de dias de treinamento oferecido a elas, mas, como resultado, elas desenvolveram novos conhecimentos técnicos ou talentos? Até mesmo uma avaliação qualitativa aproximada deste último é mais significativa do que uma medida quantitativa precisa do anterior.

O que acontece quando as pessoas são responsáveis por desenvolver atividades em vez de apresentar resultados? Naturalmente, seu foco passa a ser a realização dessas atividades em vez de assumir a responsabilidade por descobrir maneiras novas e melhores de apresentar resultados mais positivos. O sistema ABR da Edward Jones procura assegurar que as pessoas sejam responsáveis e responsabilizadas pelos resultados, não pelas atividades. Por exemplo, a empresa *não* usa a descrição do emprego, já que estas têm a tendência de focar nas atividades, e não nos resultados. O "Plano Goodknight", criado pelo CF Jim Goodknight, não fazia parte da descrição de seu emprego. Ele surgiu com essa ideia em busca de resultados melhores.

Conclusão

A estrutura POEE é baseada na obra original de Drucker e também incorpora o pensamento contemporâneo sobre estratégia. Ela explicitamente pergunta: "Estratégia para qual propósito?", e proporciona um método para responder a essa pergunta que se encontra no coração da estratégia.

Como ilustrado por todo este capítulo com o exemplo da Edward Jones, a POEE é tanto uma ferramenta para avaliação quanto uma ferramenta para diagnóstico. Ela pode ser usada para avaliar quão bom é o desempenho de uma empresa em relação ao seu propósito e seus objetivos. Ela também pode ser usada para diagnosticar como uma empresa pode melhorar. Um mal-estar comum é a variação do propósito, isto é, a estratégia permanece imutável, mas o propósito varia. A outra é a variação da estratégia, isto é, o propósito permanece o mesmo, mas a estratégia varia. A POEE ajuda a diagnosticar tais problemas e a garantir que P, O, E e E sejam internamente consistentes e estejam alinhados para alcançar o sucesso.

8

O Século XXI: o Século do Setor Social

Sarah Smith Orr

É no setor social que encontramos as maiores inovações, os maiores resultados em satisfazer as necessidades humanas, e o que faremos enquanto setor determinará a saúde, a qualidade e o desempenho da sociedade do século XXI.[1]

– Peter F. Drucker

Peter F. Drucker, que era pragmático e presciente sobre o tumulto e os desafios que a sociedade enfrentou nos Estados Unidos e no mundo no final do século XX e início do século XXI, ofereceu essa observação em várias formas em suas interações com os líderes do setor social no início do século XXI. Ele observou ainda que nem o setor governamental nem o setor comercial teriam "salvo"[2] a sociedade. Drucker era resoluto sobre sua crença. Ele previu a desordem no setor comercial, e era bastante claro sobre o que o governo poderia ou não fazer. Ele acreditava que os componentes críticos de uma sociedade civil saudável estão embutidos no trabalho e no desempenho do setor social. De fato, ele sentia que "uma coisa que se posiciona entre nós e a catástrofe social"[3] é o setor sem fins lucrativos/social.

Drucker e o Setor Social

Durante os últimos 30 anos de seu trabalho e de sua vida, Drucker tornou-se cada vez mais focado no trabalho do setor social. Começando no início dos anos 1970, Drucker – juntamente com John Gardner,[4] um líder ativo e distinto na vida educacional, filantrópica e política – serviu como a voz respeitável sobre o setor social como sendo um setor indispensável da sociedade.

Em busca de outras perspectivas sobre o papel de Drucker no setor social, assim como sua influência, conversei com Frances Hesselbein, presidente-fundadora da Fundação Peter F. Drucker para Administração Sem Fins Lucrativos (a Fundação Drucker), e alguém por quem Drucker tinha muito respeito.[5] Drucker e Gardner, de acordo com Hesselbein, "deram aos líderes do setor sem fins lucrativos a coragem para serem parceiros iguais de empresas e governos", e devido à sua influência, as pessoas começaram a ouvir.[6] A extensa obra de Drucker neste setor começou a motivar outros líderes pensantes para que focassem nos gerentes e líderes do setor sem fins lucrativos.

Em agosto de 1989, a *Harvard Business Review (HBR)* publicou um artigo escrito por Drucker, "What Business Can Learn from Nonprofits" (O Que as Empresas Podem Aprender com as Organizações Sem Fins Lucrativos). Hesselbein exibia um sorriso enquanto descrevia a reação geral ao artigo – as pessoas pensavam: "Tem de haver algum erro tipográfico; ele não queria realmente dizer 'sem fins lucrativos'".[7] No artigo, Drucker descrevia as duas áreas de prática que ele achava que as empresas apoiavam sem realmente apoiar: missão e estratégia, e a eficácia da diretoria. Embora admitisse que nem todas as organizações sem fins lucrativos estivessem indo bem, ele acreditava que, nas áreas críticas de motivação e produtividade dos profissionais do conhecimento voluntário, os líderes dessas organizações são "realmente pioneiros, trabalham as políticas e práticas que as empresas terão que aprender amanhã".

Durante o final dos anos 1980 e início dos anos 1990, Drucker começou a se aprofundar no estudo e suporte do setor sem fins lucrativos, primeiramente por meio de relacionamentos de consultoria e por meio da Fundação Drucker. Sua busca por meio da fundação que leva seu nome era aprimorar o desempenho de organizações sem fins lucrativos. Drucker afirmava que "boas intenções já não eram mais suficientes", decla-

O Século XXI: o Século do Setor Social **141**

rando que "os resultados serão tão essenciais à medida que as expectativas para o desempenho do setor aumentam".[8] Esta admoestação era apoiada pela publicação de uma ferramenta de autoavaliação para as organizações sem fins lucrativos e líderes intitulada *As Cinco Perguntas Mais Importantes Que Você Fará Sobre Sua Organização Sem Fins Lucrativos.*[9] Esta ferramenta fornece um guia para que os membros voluntários da diretoria e os executivos de organizações sem fins lucrativos avaliassem por que estão no negócio, como eles estão desempenhando e o que eles precisam fazer para melhorar o desempenho de suas organizações. As cinco perguntas essenciais são: *Qual é a nossa missão? Quem é nosso cliente? O que o cliente valoriza? Quais são nossos resultados? Qual é o nosso plano?*

A segunda pergunta é a mais desafiadora para os líderes de organizações sem fins lucrativos, uma vez que *cliente* soa como um termo comercial, não como um termo, atividade ou foco de uma organização do setor social. Mas Drucker desafiou esses líderes que resistiam enxergar suas organizações como entidades que serviam clientes:

> *Você não consegue chegar a uma definição correta de resultados sem o* input *significativo de seus clientes... Em uma organização sem fins lucrativos... o foco deve estar em o que os indivíduos e grupos valorizam – em satisfazer suas necessidades, desejos e aspirações.*[10]

A ferramenta de autoavaliação de Drucker enfatiza o planejamento como um processo contínuo. O foco no planejamento e resultados requer que uma organização avalie o que ela deveria fazer e também o que não deveria fazer, inclusive o que deveria abandonar – programas ou atividades que não contribuem mais para resultados significativos.

Em meu trabalho de consultoria com organizações sem fins lucrativos durante as últimas duas décadas, tenho visto, e continuo vendo, a aplicação dos conceitos promovidos pela ferramenta de autoavaliação da Fundação Drucker (hoje Instituto de Líder para Líder) dentro do número crescente de iniciativas sociais de mudança nos Estados Unidos. Esses conceitos tornaram-se indispensáveis para os líderes de organizações sem fins lucrativos que buscam um nível alto de eficácia em liderar a mudança social.

Já que Drucker via o setor social como o agente de mudança coletiva da sociedade, ele desafiou os líderes de organizações sem fins lucrativos para que se vissem "em tamanho real", e que vissem a missão de suas organizações e o trabalho que fazem como um meio para "fundir novos vínculos de comunidade, um novo compromisso com a cidadania ativa, com a responsabilidade social, com os valores"[11] – as qualidades da sociedade civil que muitos, incluindo Drucker, viam como decadente e dissoluta durante as últimas duas décadas do século XX. Assim sendo, a conclusão de Drucker era que será o setor social que salvará nossa sociedade pluralista.

O Setor Social Definido

Drucker firmemente mantinha que o uso do termo *sem fins lucrativos* para descrever o setor é um termo impróprio porque "sem fins lucrativos" é um descritivo financeiro e tributário. Ele descreve o que uma organização no setor não faz, em vez de o que ela faz. Em seu lugar, a terminologia promovida por Drucker, a qual descreve precisamente o trabalho dessas instituições como um todo, é "o setor social".

Nos Estados Unidos, o setor sem fins lucrativos/social inclui um grupo altamente diverso de organizações, e é, na realidade, essa diversidade que caracteriza este setor.[12] O setor apoia e avança uma variedade de esforços religiosos, sociais e econômicos. Essas organizações são isentas de impostos e espera-se que, em troca, elas se envolvam em atividades beneficentes, as quais, por sua vez, beneficiarão indivíduos, lares e comunidades. Uma maneira de medir o impacto potencial deste setor é considerar seu tamanho, incluindo o número de organizações que se encaixam neste.

Em 1996, a Receita Federal identificou um total de 654.186 grupos nos Estados Unidos que pertenciam ao setor social. Entre 1996 e 2008, o número de organizações no setor social aumentou 81%, para um total de 1.186.915. De 2007 a 2008, este setor registrou um dos mais altos aumentos percentuais nos últimos anos, aumentando em 5,2%, ou 58.548 organizações. E esta não é a história toda; nem todas as organizações sem fins lucrativos estão incluídas, porque algumas delas, como igrejas, não precisam inscrever-se para isenção de impostos.[13] Maiores evidências do tamanho e impacto do setor encontram-se na publicação da Receita Federal, *Statistics of Income Bulletin*, inverno de 2008: "O valor contábil agregado de ativos, como declarado pelas organizações beneficentes nos impostos de renda para o ano fiscal de 2004, foi de US$ 2,5 trilhões, um aumento real de 222% sobre o total declarado para o ano fiscal de 1985".

O mesmo boletim relatou que as despesas das mesmas organizações, no mesmo período, aumentaram em 182%, "uma taxa anual real de crescimento de aproximadamente 6%" em comparação ao PIB, que cresceu a uma taxa anual real de 3% pelo mesmo período.[14]

Drucker foi surpreendido pelo número de organizações no setor social e seus impactos quando considerava o crescimento na produtividade do setor, o escopo de seu trabalho e sua contribuição para a sociedade americana[15] – sua visão presciente do impacto do setor tornou-se uma realidade.

A aceitação geral do rótulo "setor social" tem sido incremental e, desde meados dos anos 1990, seu uso foi expandido para descrever não apenas o setor, mas também as ações dentro do setor – especificamente, as iniciativas sociais inovadoras e empresariais empreendidas pelas organizações sem fins lucrativos tradicionais, assim como iniciativas mais independentes que vão além das definições tradicionais de organizações e setores.

Liderando a Mudança Social: Inovação e Empresariado por meio do Setor Social

Em sua obra clássica, *Innovation and Entrepreneurship,* Drucker descreve inovação como uma estratégia empresarial. "O produto ou serviço que esta oferece pode existir a muito tempo... mas a estratégia muda... [um] produto ou serviço antigo e estabelecido em algo novo." Aqueles que usam a inovação como uma estratégia empresarial no setor social são frequentemente chamados de *empresários sociais*, um conceito relativamente novo.

Empresários sociais agem como agentes da mudança para a sociedade, buscando oportunidades que outros deixaram passar e aprimorando os sistemas, inventando novas abordagens e criando soluções para mudar a sociedade para melhor. Embora um empresário comercial possa desenvolver indústrias inteiramente novas, ele surge com novas soluções para os problemas sociais e em seguida os implementa em larga escala.[16]

144 O LEGADO VIVO DE PETER DRUCKER

No entanto, pessoas criativas e empreendedoras, as quais lideram iniciativas empresariais inovadoras que beneficiam indivíduos e sociedade, existem há muito tempo.

Considere o presente de milhões de dólares que Andrew Carnegie deu para as bibliotecas. Ele acreditava que aqueles que acumulam riqueza têm a obrigação moral de devolvê-la para a sociedade. Entretanto, do seu ponto de vista, "caridade" tratava apenas os sintomas e não os problemas. Em vez disso, ele escolheu estabelecer instituições que criassem oportunidades para "qualquer pessoa que tenha o caráter correto para ter sucesso e enriquecer" – consequentemente, estabeleceu de mais de duas mil Bibliotecas Carnegie na Europa, nos Estados Unidos e em países que falam o idioma inglês no final do século XIX e início do século XX.[17]

Considere também Jane Addams, assistente social e reformista, que fundou a Hull House em Chicago em 1889. A Hull House oferecia um novo modelo, um centro de bem-estar para a vizinhança pobre que se multiplicava pelo país. Durante o século passado, havia inúmeros indivíduos focados na missão, como Addams e Carnegie, liderando as mudanças sociais.

No entanto, como foi declarado anteriormente, nos últimos anos esses líderes de mudanças passaram a ser descritos como empresários sociais, um termo frequentemente creditado a Bill Drayton, CEO e fundador da Ashoka.[18] Como os empresários sociais mudaram o antigo setor de organizações sem fins lucrativos para o setor social de hoje? A descrição de Ashoka sobre o empresário social é

> *Aquele que desenvolve uma visão estratégica de serviço, uma estratégia para desenvolver networks e parcerias, lidera, retém e recompensa as pessoas, administra empresarialmente, trata os doadores como investidores, trabalha com as comunidades, desenvolve estratégias viáveis de renda ganha, considera a escala do projeto e as estratégias para o sucesso e consegue administrar a mudança organizacional.[19]*

Se o trabalho conceitual de empresários sociais, seja por meio da estrutura organizacional ou independentemente, não é novo, surge a pergunta: o que é diferente? Por que Drucker se voltaria para o setor social como a fonte para maiores inovações, maiores resultados em satisfazer as necessidades humanas? Ao examinar o trabalho de dois empresários sociais, a missão de seus empreendimentos, seus modelos organizacionais e o impacto de seus trabalhos, foi revelado um contexto para o ponto de vista de Drucker como aquele encontrado na citação de abertura deste capítulo.

Os dois empresários sociais são apaixonados, inovadores, líderes energéticos de mudança que projetaram novas maneiras de responder não apenas aos problemas sociais, mas também oportunidades para transformar esses problemas. Eles criaram novos mercados, novas maneiras de fazer negócios, novas maneiras de criar relacionamentos entre os limites tradicionalmente restritivos, novos modelos de recursos financeiros e novos tipos de parcerias, todos resultando na criação de uma mudança social sustentável. Estes são empresários não tradicionais, tipo que está florescendo ao redor do mundo.

TransFair USA

A transformação de vidas e mercados são impactos (os resultados) mensuráveis, evidentes no trabalho da TransFair USA. Após se formar na faculdade, Paul Rice, o fundador, presidente e CEO da TransFair, comprou uma passagem de ida para a Nicarágua e passou 11 anos trabalhando em projetos de desenvolvimento econômico em comunidades agrícolas remotas. Essa experiência o levou a concluir que a ajuda internacional, como um modelo para lidar com a pobreza e injustiça social, não era um modelo de mudança sustentável e não apoiava as pessoas, física ou moralmente. Em vez disso, as abordagens baseadas no mercado eram mais eficazes. Após gerenciar uma cooperativa de comércio justo de café na Nicarágua, Paul retornou aos Estados Unidos, fez um curso de MBA e lançou a TransFair em 1998, uma organização sem fins lucrativos, voltada para a missão, que certifica e promove o comércio justo para produtos nos Estados Unidos. Ela faz auditoria e concede licenças a empresas americanas para que coloquem o selo da Fair Trade Certificate[20] (Certificado de Comércio Justo) em seus produtos se elas cumprirem os rígidos padrões sociais e ambientais internacionais.

Em 27 de fevereiro de 2009, em uma conferência patrocinada pelo Kravis Leadership Institute[21], e copatrocinada pela Peter F. Drucker/Masatoshi Ito Graduate School of Management e pelo Drucker Institute, Rice descreveu o modelo da TransFair como sendo um modelo que usa o mercado e parcerias entre fazendeiros e empresas para lidar com a pobreza e tirar as comunidades agrícolas da pobreza. Ele definiu o comércio justo como um meio de conectar os fazendeiros diretamente com o mercado global, evitando intermediários, para que os fazendeiros recebam um preço muito melhor por suas colheitas. Isso, por sua vez, permite que eles coloquem comida nas suas próprias mesas, mantenham seus filhos na escola e invistam na terra. O comércio justo os ajuda a construir suas comunidades sem depender do governo ou de ajuda internacional. Em vez disso, o vínculo com o mercado e o envolvimento qualificado são estratégias centrais para o desenvolvimento de comunidades – usar o mercado como uma fonte de oportunidades e não como um problema.

Por que Rice decidiu lançar esta iniciativa empresarial por meio de um modelo sem fins lucrativos? Foi por causa de sua paixão por justiça social – uma paixão que vem desde sua infância – e seu senso de que este era um modelo organizacional que o movimento para justiça social aceitaria. Essa decisão ajudou ou prejudicou sua iniciativa? No lado positivo, Rice explicou que, à medida que seu plano em lançar a TransFair USA evoluía, ele descobriu que conseguiria estabelecer mais credibilidade com a indústria (inicialmente a indústria de café) porque seu *status* de empresa sem fins lucrativos reforçava para os fazendeiros e para a indústria a mensagem de que o que motivava o serviço de certificação da TransFair era a missão, não o ganho financeiro. No lado negativo, pelo menos no início, a missão da TransFair e seu modelo de negócios não tradicional, sem fins lucrativos, criou mais desafios para ele ao angariar capital para aumentar a escala do empreendimento, uma vez que ela era vista mais como uma empresa – ela não se parecia com uma entidade "beneficente". Na realidade, ele levou dois anos para angariar os primeiros US$ 200.000.

Se Peter Drucker estivesse na plateia da conferência em que Rice falou, ele teria visto clareza na missão da TransFair, a qual se relaciona à primeira pergunta das cinco que Drucker teria feito sobre a TransFair. Em seguida, Drucker teria gostado do foco no cliente da TransFair – não apenas no cliente primário, o fazendeiro, mas também em outros grupos de clientes. Rice descreveu a necessidade inicial de entender o mercado primário para o café, o consumidor americano e a proposta de valor desse grupo de clientes; ele aprendeu que o comércio justo, do ponto de vista do consumidor, não era apenas fazer caridade para os fazendeiros que não têm renda alta, mas, igualmente importante, o acesso a produtos de alta qualidade. A TransFair foi, então, lançada com base no alinhamento entre os interesses dos fazendeiros e o que o mercado valoriza. Também era importante para a TransFair promover a conexão entre a indústria de café (outro cliente) e os valores centrais dos clientes da indústria de café. Como exemplo, Rice descreveu uma primeira iniciativa de comercialização do comércio justo de café em campi de faculdades como um "sinal de alerta" para que a indústria do café entendesse o que um grupo atual e futuro de consumidores consideravam como valor e como um ótimo exemplo do poder da mudança social impulsionada pelas forças de mercado (estudantes consumidores).

O exemplo que Rice deu foi a iniciativa da TransFair em encorajar os alunos de faculdades para que exigissem que os departamentos de serviços alimentícios usassem o café com Certificado do Comércio Justo. O departamento de serviços alimentícios de uma grande universidade recusou-se a fazê-lo até que os alunos protestaram. Ela então voltou atrás e entrou em contato a Starbucks, seu fornecedor. Eles descobriram que a Starbucks ainda não oferecia café do comércio justo para os departamentos de serviços alimentícios nos campi de faculdades. Como resultado, ela cancelou o contrato com a Starbucks e contratou outra empresa, a qual imediatamente converteu a conta para o comércio justo.

A Starbucks entendeu o recado e pouco depois decidiu disponibilizar o café do comércio justo para todos os departamentos de serviços alimentícios em universidades e faculdades no país. Atualmente, a TransFair trabalha com Starbucks, Sara Lee, Green Mountain e Dunkin' Donuts. Os principais varejistas, como Whole Foods Market, Walmart, Target e Costco, também são seus parceiros.

Quais foram os resultados da TransFair USA, a quarta das cinco perguntas de Drucker?

Nos últimos dez anos, a TransFair alavancou os recursos limitados para certificar mais de 334 milhões de libras de café para o mercado dos Estados Unidos. Isso se traduz a US$ 140 milhões adicionais fluindo de volta para as comunidades agrícolas rurais, muito acima do que eles teriam ganho se tivessem vendido suas colheitas para os intermediários locais. Esta renda extra permitiu que as famílias de fazendeiros alcançassem um padrão de vida melhor, e também investissem em projetos para o desenvolvimento da comunidade, como escolas, clínicas de saúde e projetos de água potável.[22]

148 O LEGADO VIVO DE PETER DRUCKER

Além disso, a TransFair não é mais simplesmente café. Existem outros produtos com Certificado de Comércio Justo: chá, cacau, frutas frescas, arroz, açúcar, vinho, temperos, baunilha e flores. As vendas no varejo de produtos com Certificado de Comércio Justo nos Estados Unidos excederam US$ 1,2 bilhões em 2008, enquanto a venda global desses produtos foi de quase US$ 4 bilhões. Os pagamentos de prêmios do comércio justo ajudaram as comunidades a construírem infraestrutura, apoiar a educação, proporcionar serviços acessíveis de saúde, proteger o meio ambiente e satisfazer outras necessidades da comunidade.

Como resposta à quinta pergunta de Drucker, "Qual é nosso plano?", Rice vê o comércio justo como um mercado global e um movimento, uma das tendências de sustentabilidade mais importantes e vitais no mundo de hoje. Eventualmente, a TransFair procura expandir o modelo de comércio justo para produtos industriais assim como agrícolas, e também para produtos produzidos nos Estados Unidos. No fim das contas, sua meta é canalizar mais das oportunidades e benefícios da globalização para todas as famílias agrícolas ou trabalhadoras desprivilegiadas, as quais hoje estão sendo deixadas para trás.[23]

YWCA da Grande Los Angeles

O YWCA da Grande Los Angeles (YWCA/GLA) foi estabelecido no final dos anos de 1880 como uma organização para mulheres que precisavam de um lugar seguro em um ambiente urbano quando iniciavam suas carreiras. Sua missão hoje é construída sobre essas primeiras raízes – a habilitação de mulheres e a eliminação de racismo. Sim, ele tem seu centro comunitário, piscinas, programas de exercícios e residências, mas a diferença agora está na visão do YWCA/GLA sobre o que este deve ser para servir às necessidades da comunidade – uma organização altamente focada, voltada para resultados e estimulada pela missão.

Faye Washington, CEO e diretora empresarial social, descreveu sua jornada de transformação do YWCA da Grande Los Angeles em uma conferência, em fevereiro de 2009. Ela definiu o YWCA/GLA como uma organização com uma história rica, mas com obstáculos embutidos que evitaram que esta pensasse fora do contexto.[24] Ela afirmou que foi uma questão de sobrevivência o que impulsionou a transformação do YWCA/GLA.[25] Quando ela assumiu como CEO, descobriu que faltava abrigo seguro para um segmento-chave da população que a organização servia – mulheres em risco, de 16 a 22 anos de idade, que participam dos programas de corpo de trabalho do YWCA financiados pela federação. Após ter recentemente se aposentado de uma carreira longa e bem-sucedida no setor público, ela tinha conhecimento do processo de subvenção federal, e então se dirigiu ao governo federal em busca de ajuda para criar um programa de abrigo seguro. Embora houvesse interesse, não lhe forneceram uma data para tal assistência; assim sendo, ela surgiu com uma proposta diferente: "Por que o YWCA/GLA não constrói uma nova sede, e você, o governo federal, o aluga de volta?". Ela sabia que se o YWCA/GLA construísse uma nova sede, o problema de abrigo seguro para jovens em risco estaria garantido, mas, igualmente importante, ele criaria um fluxo de financiamento sustentável fluindo para a organização, o que ajudaria a assegurar outros programas importantes. Depois que os líderes do governo aceitaram a proposta, o antigo prédio do abrigo foi vendido e o YWCA comprou um terreno, com mais de 1 acre de tamanho, no centro de Los Angeles.

No início de 2009, o projeto do prédio tinha um custo de US$ 60 milhões, uma quantia que foi *totalmente custeada*. Como eles conseguiram? O modelo de recursos que Faye e seus parceiros na diretoria elaboraram envolvia fundos de doações privadas tradicionais, fundações e "acordos" negociados com desenvolvedores na área: compra e venda de créditos acessíveis de moradia, venda do espaço aéreo e a aquisição de um crédito tributário do mercado novo. A Faye descreve o trabalho da organização como: "Todos os instrumentos financeiros foram trazidos para sustentar o projeto". Com um projeto totalmente custeado, ela conseguiu negociar com o governo federal um aluguel de US$ 4 milhões por ano pelo prédio – fundos que hoje são usados como recursos para o desenvolvimento de outros programas.

O sucesso desse projeto liberou a habilidade do YWCA em pensar diferentemente sobre o que ele pode fazer como uma organização sem fins lucrativos/do setor social. Durante todo seu processo de planejamento, havia a decisão de posicionar o YWCA/GLA em certas comunidades, de estabelecer "centros de autocapacitação". Por meio de uma parceria firmada com a supervisora Gloria Molina e a Comissão de Supervisores de Los Angeles, o YWCA/GLA adquiriu uma quadra no lado leste de Los Angeles por US$ 1, onde agora estão construindo uma instalação de US$ 9 milhões. O conceito do centro inclui um "Conselho de Auto-capacitação", composto de membros pioneiros da comunidade. A comunidade do leste de Los Angeles abraçou totalmente o conceito, assumiu a responsabilidade por angariar fundos e assumiu a propriedade pelos resultados. Por meio de sua parceria com o YWCA/GLA, a comunidade terá um centro comunitário, uma creche, aulas on-line de cursos superiores e programas de desenvolvimento da força de trabalho – todos grátis para o público. Faye Washington vê este modelo como sendo altamente eficaz e algo que será usado para a autocapacitação de outras comunidades dentro da área da Grande Los Angeles – um modelo que exemplifica a visão de Drucker para o setor social, "fundir novos vínculos de comunidade, um novo compromisso para a cidadania ativa".[26]

Assim como Paul Rice da TransFair USA, Faye Washington é apaixonada pela missão de sua organização e obstinadamente se apega a ela por meio de planejamento organizacional e negociações com vários parceiros comerciais. Ao retornar às raízes fundadoras do movimento do YWCA, ela ajudou sua diretoria a manter-se focada nesta missão, ao mesmo tempo em que se engajavam em novos modelos de liderança, colaboração, desenvolvimento de recursos, desenvolvimento da comunidade e implementação de programas. A liderança no YWCA/GLA entende seus clientes e o que eles valorizam; eles desenvolveram a habilidade de buscar e garantir uma variedade ampla de recursos, de saber quem se encaixa com o que, de envolver e alavancar vários grupos de constituintes e, tão importante quanto, de identificar os programas que os clientes consideram ter valor e abandonar aqueles que já não são mais relevantes. De acordo com Faye Washington: "É tudo um ato de equilíbrio; você precisa ter determinação e compromisso com sua missão".[27]

Desenvolvendo o Amanhã do Setor Social

Na edição de abril de 1996 da *Drucker Foundation News*, Drucker escreveu: "Inovação é arriscada, é difícil, é trabalhosa". Ele continuou com a admoestação de que, para sobreviver em uma sociedade em rápida mudança, as organizações do setor social terão de inovar, especialmente para obter receitas. Adicionalmente, ele declarou não gostar da palavra *problema*, preferindo falar sobre oportunidades: "para cada problema, há uma oportunidade para nós".[28] Ele afirmou sua opinião de que a ma-

O Século XXI: o Século do Setor Social **151**

neira antiga de fazer negócios no setor já não é mais suficiente. "Estamos indo de beneficente para o setor social... Uma enorme oportunidade e um enorme desafio."[29]

Drucker considerava o empresariado social tão importante quanto o empresariado econômico: "talvez, mais importante... O empresário social muda a capacidade de desempenho da sociedade".[30] Sua opinião era de que nós, como país, estamos à margem de uma grande inovação por meio do setor social.

Aproximadamente uma década e meia depois, estamos passando pelo o que Drucker havia previsto: enormes oportunidades, enormes desafios e a capacidade de desempenho da sociedade alterada pelo trabalho de empresários sociais, como ilustram os dois exemplos anteriores. Estamos vendo emergir novas e complexas estruturas econômicas e oportunidades de financiamento no setor social.

A Lei "Sirva à America", do Senador Edward M. Kennedy, foi aprovada por ambas as casas do Congresso e assinada como lei pelo Presidente Obama em abril de 2009. Esse projeto de lei ampliará bastante os programas de serviço nacional e comunitário, incluindo a expansão do American Corps; a promoção de atividades de serviço comunitário e público; e o auxílio financeiro direto aos grupos sem fins lucrativos. Incluída no **auxílio financeiro direto aos grupos sem fins lucrativos está a criação de um programa-piloto de "Fundos para Inovação Social" para fornecer dinheiro aos empresários sociais e aos grupos sem fins lucrativos** que estejam desenvolvendo soluções inovadoras e eficazes para desafios nacionais e locais.[31] O governo, como Drucker havia declarado, não é a resposta, mas ele pode ser um parceiro viável; ele achava que esta poderia ser uma área importante de empresariado e inovação.[32]

Toda a ideia de usar abordagens de mercado – abordagens híbridas que combinam organizações com e sem fins lucrativos, tanto do modelo tradicional sem fins lucrativos quanto do modelo de responsabilidade social corporativa, parcerias e alianças entre os setores, novas estruturas legais, como a estrutura legal L_3C,[33] e abordagens não tradicionais, juntamente com as tradicionais, para gerar capital – é hoje vista como uma maneira aceitável de responder às necessidades sociais.

A defesa de Drucker ao setor social trouxe novos líderes pensantes para o setor. Jim Collins (*Good to Great and The Social Sectors: a Monograph to Accompany Good to Great*, 2005) tornou-se, como ele se

152 O LEGADO VIVO DE PETER DRUCKER

descreveu, um "aluno apaixonado" do setor social. Collins fez a seguinte declaração ao concluir sua nota do autor:

> *Passei a perceber que simplesmente não é mais suficiente focar apenas em ter um excelente setor comercial. Se tivermos apenas grandes empresas, teremos uma sociedade apenas próspera, não uma sociedade excelente.*[34]

Collins obteve este novo entendimento das complexidades de organizações no setor social quando explorava a aplicação dos princípios de *Good to Great* para organizações do setor social. Ele descobriu, por exemplo, que existem amplas variações nas estruturas econômicas (fontes de financiamento) do setor social, uma área identificada por Drucker como o foco primário de inovação para organizações do setor social se elas quiserem prosperar no século XXI. O estudo de Collins e sua apreciação aumentada pelas organizações do setor social são mais bem definidos na declaração seguinte:

> *A complexidade inerente requer* insights *mais profundos, mais penetrantes, e mais clareza do que na média de nossas entidades comerciais. Você começa com uma paixão, em seguida, refina essa paixão com uma avaliação rigorosa de o que você pode contribuir para melhorar as comunidades que toca.*[35]

Rice e Washington, os empresários sociais descritos neste capítulo, demonstraram *insights* penetrantes e claros combinados com paixão, e também demonstraram como eles empregaram as variações na estrutura econômica e nas estruturas sociais diversas para alcançar maior impacto social. Os esforços inovadores e empresariais, como os deles, proporcionarão os meios para que nós, como sociedade, tratemos nossos problemas sociais e ambientais mais desafiadores, reformulando-os como oportunidades. A evolução do empresariado social é um fenômeno que tem um contexto e é uma fonte de credibilidade. Ele está desenvolvendo uma pletora de opções para discutir grandes oportunidades (problemas) sociais por meio da mudança social sustentável. Os líderes que se definem ou não como empresários sociais, que incorporam e agem com determinação apaixonada, que têm a habilidade de construir redes de recursos e que empregam inovações com o talento de um empresário irão, sem dúvida, fazer do século XXI o século do setor social previsto por Drucker.

9

Ambiente Econômico, Inovação e Dinâmica das Indústrias

Hideki Yamawaki

O problema geralmente visualizado é como o capitalismo administra as estruturas existentes, ao passo que o problema relevante é como ele as cria e as destrói.

– Joseph A.Schumpeter,
Capitalism, Socialism, and Democracy

O trabalho mais importante para os executivos é identificar as mudanças que já aconteceram. O desafio importante na sociedade, na economia e na política é explorar as mudanças que já ocorreram e usá-las como oportunidades.

– Peter F. Drucker, *The Age of Discontinuity*

Nas antigas civilizações, seja no Egito, na Grécia, em Roma ou na China, a lista de desejos de qualquer governante provavelmente incluía o poder sobrenatural de prever o futuro. Nas corporações modernas, os gerentes também desejam ter a habilidade de prever o futuro. Quase dá para ouvir o que eles desejam: "Quisera eu poder prever o futuro. Assim eu poderia ver as necessidades futuras dos mercados e da sociedade, começar a investir agora em tecnologia futura e deixar a con-

154 O LEGADO VIVO DE PETER DRUCKER

corrência 'no chinelo' quando o futuro chegar". Infelizmente, a maioria de nós não está equipada com essa habilidade sobrenatural de prever o futuro. Em *Managing for Results*, Peter Drucker até mesmo nos avisou que teríamos problemas se tentássemos prever o futuro. Ele sugeriu, em vez disso, a meta mais modesta de tentar identificar o futuro que já aconteceu. Deixando de lado a previsão do futuro, ainda enfrentamos o desafio de identificar o futuro que já aconteceu. Podemos então perguntar como fazemos para tentar encontrar as mudanças que já aconteceram? Existe alguma estrutura disponível para nos guiar em nossos esforços para encontrar o futuro?

Uma maneira de discutir essa questão é olhar o ambiente ao nosso redor. Embora entendamos a importância do ambiente comercial no qual uma empresa opera, frequentemente nos referimos aos indicadores macroeconômicos como a principal fonte de informação para avaliar o estado do ambiente que uma empresa enfrenta. Esta abordagem é bastante apropriada se a pergunta for "como as flutuações atuais na economia afetam a empresa em curto prazo". Por outro lado, se quisermos perguntar sobre as mudanças que ocorreram na indústria, na estrutura econômica e na sociedade, talvez tenhamos de recorrer a uma abordagem alternativa, mais estrutural.

Este capítulo propõe três aspectos do ambiente de uma organização que precisam ser analisados para nos ajudar a responder essas perguntas.

Ambiente Industrial

Não importa em qual indústria você esteja, o ambiente que afeta mais diretamente suas decisões administrativas é o ambiente da indústria específica. Existem dois conjuntos de elementos amplamente definidos que compõem o ambiente industrial: as condições básicas e a estrutura do mercado. As condições básicas de uma indústria são aquelas que definem as condições básicas de oferta e procura. A lista de condições básicas no lado da procura inclui a preferência dos consumidores, os padrões e métodos de compra, a existência de substitutos, o caráter cíclico da procura e os atributos de marketing do produto sendo vendido. A lista de condições básicas significantes no lado da oferta (ou produção) inclui a natureza da tecnologia que fundamenta o processo de produção; características tecnológicas do produto vendido; o escopo para customização e padronização; a extensão na qual as várias atividades, como desenvolvimento do produto, aquisição e produção são coordenadas; e as condições associadas com o suprimento de matéria-prima e bens intermediários.

É essencial que um gerente identifique as condições básicas economicamente significantes predominantes em uma indústria em um período específico de tempo. Essas condições básicas fundamentalmente determinam as características econômicas de um mercado (Figura 9-1). Por exemplo, a preferência dos consumidores, os padrões e métodos de compra, e o escopo dos atributos de marketing do produto sendo vendido determinam a elasticidade de preço da demanda, a extensão na qual a diferenciação de um produto é um elemento importante na indústria, e o escopo de propaganda e marketing que estão presentes na concorrência. As características da tecnologia relevante determinam as condições de custo, como a importância das economias de escala.

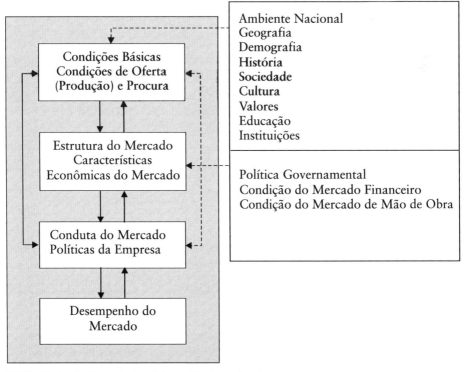

FIGURA 9-1 – Ambiente industrial e ambiente nacional.

O escopo para diferenciação do produto e a presença de economias de escala também são fontes importantes para criar barreiras à entrada e para determinar o número potencial de concorrentes na indústria. Uma variedade de condições associadas à localização, oferta, fornecimento de matérias-primas e bens intermediários e as características dos fornecedores certamente determinam as condições do custo dentro da indústria, a altura das barreiras à entrada de novas empresas e a concentração dos fornecedores. A extensão na qual o projeto do produto, a aquisição e a produção são estruturados deve determinar as oportunidades para integração vertical e fontes de eficiência e flexibilidade operacional.

Resumindo, as características importantes da estrutura do mercado, incluindo o número de compradores e vendedores, a altura das barreiras à entrada de novas empresas, a extensão da diferenciação do produto, as estruturas de custo e a importância de custos irrecuperáveis, e as barreiras à saída, mais provavelmente dependerão das condições básicas.

A ideia de que o ambiente industrial ou a estrutura da indústria influencia a conduta de compradores e vendedores na indústria, a qual, por sua vez, determina o desempenho da indústria, foi desenvolvida por Edward S. Mason na Harvard no final dos anos 1930 e tem sido elaborada por muitos outros, como Joe S. Bain, Richard E. Gaves e F. M. Scherer. As decisões de uma empresa em alterar os preços e saídas, o desenho e a qualidade do produto, as despesas com P&D, as despesas relacionadas a vendas e marketing, e os investimentos em capacidade física são todos influenciados pela estrutura do mercado.

Esta abordagem é uma maneira geral de organizar os principais fatores econômicos que afetam sua empresa e indústria. Em *Competitve Strategy*, Michael E. Porter reinterpreta e redesenha esta abordagem para os executivos de negócios. Esta abordagem, captada em sua estrutura de análise da indústria com cinco forças, provou ser bastante útil.

Mas como esta abordagem para organizar os principais fatores ambientais nos ajuda a encontrar o futuro que já aconteceu? A análise da indústria tradicional, conduzida para um período de tempo específico, é estática por natureza e não necessariamente nos dará qualquer dica sobre o que está acontecendo na indústria. Por outro lado, se pegarmos uma série de imagens instantâneas do ambiente da indústria durante certo período de tempo, conseguiremos reconhecer um padrão que sugere que algumas mudanças ocorreram na indústria. Considere a indústria de PCs

Ambiente Econômico, Inovação e Dinâmica das Indústrias **157**

nos Estados Unidos no início de 2000 e compare-a com a mesma indústria no final dos anos 1980. Como bem sabemos, a diferença nas condições básicas e na estrutura de mercado entre os dois períodos foi dramática. A mudança na estrutura do mercado foi induzida porque os principais elementos das condições básicas, como a preferência dos consumidores e o conhecimento técnico de computadores pessoais, mudaram significantemente, e todos os principais elementos das condições básicas no lado da oferta – mais especificamente, as condições tecnológicas – também mudaram durante esse período. Se examinarmos as condições básicas da indústria no final dos anos 1990 até o início de 2000, podemos facilmente observar o papel maior que tiveram as indústrias que usam produtos e serviços da indústria de computadores para impulsionar a procura por itens desta. Produtos complementares como imagem e impressão digitais, música, multimídia, internet, e-mails e telefones inteligentes, todos contribuíram para a expansão do escopo da indústria de computadores. As novas tecnologias emergentes nas indústrias relacionadas alteraram as condições básicas da indústria de computadores, enquanto as novas gerações emergentes de consumidores, que apreciam tais inovações e dispositivos, também mudaram as premissas básicas nas quais a indústria de computadores havia operado por muitos anos. A identificação de elementos economicamente significantes das condições básicas e da estrutura do mercado e o reconhecimento dos padrões emergentes de mudanças nesses elementos e em suas tendências são os pontos de partida para a busca em determinar o futuro que já aconteceu.

A ideia de que devemos reconhecer as mudanças que já aconteceram nas condições básicas da indústria, no entanto, vai contra a intuição econômica da pessoa. Os gerentes de negócios em uma indústria estão acostumados a considerar as estruturas do mercado como determinadas por algum tipo de força natural e acreditam que elas duram para sempre. Não é à toa que a premissa original do modelo de desempenho conduzido pela estrutura era de que a estrutura do mercado é, até certo ponto, exógena e sólida. Entretanto, à medida que mais e mais indústrias são expostas às rivalidades em ritmo acelerado nas inovações tecnológicas, esta antiga premissa, da estrutura do mercado ser exógena, já não é mais verdade. Pelo contrário, as decisões estratégicas sobre P&D e inovações, e os investimentos em ativos tangíveis e intangíveis, estão moldando as estruturas industriais e do mercado. Neste mundo clássico Schumpeteriano, a conduta de mercado da empresa e as rivalidades entre as empresas são as principais forças para mudar as condições básicas da indústria e a estrutura do mercado com o passar do tempo. Como mencionou Schumpeter em *Capitalism, Socialism, and Democracy*, as duas forças motrizes da mudança são os inventores, que foram os pioneiros da mudança, e os empreendedores, que a desenvolveram. Na Figura 9-1, as setas que vão de "Conduta do Mercado" para "Condições Básicas" e "Estrutura do Mercado" indicam as forças de mercados que alteram as condições básicas e as estruturas do mercado. O que isto indica aos gerentes é que eles precisam reconhecer não apenas as mudanças descontínuas que ocorreram na natureza da tecnologia e nas preferências e comportamentos dos consumidores, mas também quais são as forças que estão motivando essas mudanças.

Uma força significante para a mudança é a inovação, a qual ocorre em várias áreas: projeto, produto, processo ou modelo de negócios. A inovação, por sua vez, é induzida por três motivadores amplamente definidos: condições da procura, condições das entradas (fator) e concorrência (Figura 9-2). Assim sendo, as condições básicas da indústria e a estrutura do mercado são alteradas pela inovação, a qual, por sua vez, é motivada pelos elementos das condições básicas e da estrutura do mercado. Portanto, é importante identificar esses motivadores da inovação e os fatores que os afetam.

Ambiente Nacional

Peter Drucker fez sua primeira visita ao Japão em 1959 para fazer uma palestra para os gerentes japoneses em Hakone, um "resort" nas montanhas. Mais tarde, ele escreveu que o principal motivo de ele ter aceitado o convite é que parecia uma ótima oportunidade para ver as pinturas japonesas, não que ele estivesse interessado em se encontrar com gerentes japoneses.[1] Qualquer que tenha sido o motivo da sua visita inicial, ele se tornou um observador perspicaz da administração japonesa, da economia, dos aspectos socioeconômicos do Japão, das artes japonesas e do país no geral. Os gerentes japoneses, por sua vez, adoravam seus livros e escritos e, em uma base per capita, liam-nos mais do que os gerentes em outros países. Por que os japoneses liam tanto os livros de Peter Drucker? Acredito que uma resposta para esta pergunta está na maneira como Drucker descrevia as implicações administrativas do ambiente comercial em mudança. Seu profundo entendimento da história japonesa,

Ambiente Econômico, Inovação e Dinâmica das Indústrias **159**

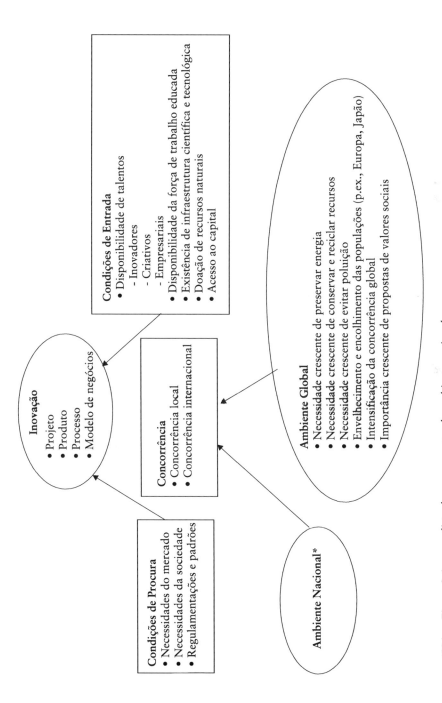

*Veja a Figura 9-1 para a lista de componentes do ambiente nacional.

FIGURA 9-2 – Ambiente nacional, ambiente global e motivadores da inovação.

160 O LEGADO VIVO DE PETER DRUCKER

economia, aspectos sociais e sistema político, e, é claro, das artes japonesas, foi a estrutura à qual ele se referia quando descrevia as lições administrativas para o ambiente em mudança (veja o Capítulo 1 para uma discussão detalhada da administração como uma arte liberal).

Dadas as instituições e ambientes existentes, o que aconteceria se um fator social, político ou econômico mudasse? O que você faria se isso acontecesse? Drucker retirou muitas de suas lições em termos do contexto do país e de seu ambiente nacional. Muitos consultores administrativos foram ao Japão, mas nenhum deles teve tanto sucesso quanto Drucker – com exceção do notável W. Edwards Deming. Presumidamente, isto foi porque os consultores ofereceram recomendações sem levarem em consideração o contexto, e suas sugestões eram muitas vezes irrelevantes no cenário japonês.

O que isso nos diz? Primeiro, precisamos reconhecer a diferença no ambiente nacional entre países. Isso é importante porque o ambiente nacional afeta as condições básicas e as estruturas industriais e do mercado, e é um elemento importante para moldar as organizações corporativas e práticas comerciais para as empresas localizadas no país (veja a Figura 9-1). Para provar esse ponto de vista, é suficiente ressaltar que os modelos representativos de corporações japonesas, alemãs e americanas são distintos quando comparados entre si. Esses modelos corporativos são diferentes porque os elementos básicos econômicos, sociais, culturais, institucionais e históricos do ambiente nacional diferem entre os países. Segundo, e mais relevante ao tópico deste capítulo, os principais elementos do ambiente nacional – demografia, sociedade, cultura e valores – também mudam e criam descontinuidades na economia e na sociedade. Precisamos também reconhecer essas mudanças nos ambientes nacionais. Terceiro, os elementos do ambiente nacional afetarão as condições de oferta e demanda à medida que elas se tornam motivadores da inovação (veja a Figura 9-2). As necessidades de inovação do mercado e da sociedade são determinadas pelo estágio de desenvolvimento econômico, o grau de sofisticação do consumidor, a demografia e as metas do governo e suas instituições, entre outros fatores. A disponibilidade de talentos criativos, inovadores e empreendedores; a existência de uma força de trabalho bem educada; a existência de infraestrutura científica e tecnológica; e acesso ao capital para financiar os projetos de P&D e novos empreendimentos comerciais promissores, todos dependem, até certo ponto, do ambiente nacional.

Considere o Japão no final dos anos 1950 e início dos anos 1960. Se você trabalhasse para uma das empresas automotivas japonesas, quais opções você teria para competir com os fabricantes de carros dos Estados Unidos e da Europa? A primeira coisa que os gerentes tiveram de reconhecer era que o Japão, naquela época, enfrentava várias restrições, doméstica e internacionalmente. Dado o espaço geográfico limitado e o fornecimento limitado de trabalhadores talentosos depois da Segunda Guerra Mundial, os gerentes tiveram de lidar com a questão de como aumentar a produtividade, custos mais baixos de produção e melhorar a qualidade sem prejudicar as relações trabalhistas. Havia uma demanda crescente, potencialmente enorme, para uma ampla variedade de veículos, tanto no mercado doméstico quanto internacional. Os fabricantes de carros da Alemanha (Oeste) também tiveram de lidar com a mesma questão durante este período. No entanto, eles viviam e trabalhavam em um contexto e ambiente nacional diferente dos do Japão. Para as empresas japonesas, pensar em usar trabalhadores imigrantes com salário baixo era impraticável, dado o sentimento público tradicional e a política do Japão em relação a trabalhadores imigrantes. E de fato, as empresas japonesas, especialmente a Toyota, surgiram com o conceito de produção enxuta.

As empresas alemãs, por outro lado, passaram a depender de trabalhadores imigrantes de países vizinhos com salários mais baixos.[2] Se usarmos a terminologia da Figura 9-2, os fabricantes de automóveis japoneses e alemães enfrentavam situações similares em termos das condições de procura. Nessa situação competitiva, as empresas japonesas sentiam que era mais urgente alcançar os fabricantes de carros nos Estados Unidos e na Europa. As condições de entrada que os fabricantes de carros japoneses e alemães enfrentaram diferiam notavelmente. Como observou Drucker em *Innovation and Entrepreneurship*, para as empresas japonesas, as restrições que eles enfrentavam em seu ambiente nacional motivaram seus processos de inovação. Aqui, a fonte de inovação era a necessidade.

Podemos então especular que o tipo de inovação que um país tende a buscar é diferente do caminho de inovação de outro país, isso porque seus ambientes nacionais, condições básicas e estruturas de mercado são diferentes. Uma comparação casual entre as restrições nacionais e econômicas enfrentadas pelas corporações na China e no Japão nos levam a concluir, sem muitas dúvidas, que seus modelos corporativos e práticas de negócios foram desenvolvidos e evoluem diferentemente, e que os incentivos para inovação e soluções inovadoras não serão os mesmos. Mais uma vez, o que é importante para nós é reconhecer que o ambiente nacional de um país difere do ambiente nacional de outro país e que seus padrões de evolução e de mudança são bastante distintos. Do mesmo modo, as diferenças nos tipos de inovação, seus padrões e a velocidade da inovação e difusão que emerge entre os países diferentes reflete esses fatores nacionais básicos.

Como sugeri anteriormente, é importante determinar as mudanças que ocorreram nas condições básicas e na estrutura do mercado, e também reconhecer as mudanças que ocorreram nos principais elementos do ambiente nacional. As mudanças na economia e na sociedade moldarão a estrutura da indústria de um país e a organização corporativa no futuro. Essas mudanças criarão oportunidades e incentivos para a inovação.

Ambiente Global

Não é um exagero dizer que o ambiente global é atualmente o mais discutido dos três ambientes introduzidos neste capítulo. Reconhecemos que as quatro tendências seguintes no ambiente global devem ser integradas nas ofertas de produtos de uma empresa, no sistema de valor e na estratégia em geral.

- *Concorrência global intensificada.*
- *Importância crescente das restrições ambientais.*
- *Importância crescente de propostas de valores sociais.*
- *Mudanças demográficas.*

Em vez de descrever cada uma dessas tendências, eu gostaria de usar o restante deste capítulo para ilustrar como essas tendências afetam os outros dois ambientes. A Figura 9-2 apresenta três condições como motivadoras da inovação: as condições de procura, as condições de entrada (fator) e a concorrência. Esses motivadores são compostos por um número de fatores, os quais são, por sua vez, determinados pelos elementos de estrutura do mercado e ambiente nacional descrito na seção anterior. Por exemplo, a disponibilidade de talentos inovadores e empreendedores, o

Ambiente Econômico, Inovação e Dinâmica das Indústrias 163

que Schumpeter considera ser a força motriz da fronteira econômica, é o elemento-chave das condições de entrada, e este, por sua vez, é determinado por um número de fatores socioeconômicos específicos para cada nação. As necessidades do mercado e da sociedade são elementos importantes nas condições de procura. É cada vez mais importante reconhecer as necessidades da sociedade, pois elas não são adequadamente servidas pelo mercado, uma vez que são, muitas vezes, causadas pelos fracassos do mercado. Por último, a concorrência entre os inovadores corporativos e os indivíduos inovadores promove a inovação.

Como esses ambientes nacionais clássicos são influenciados pelas tendências recém-emergentes no ambiente global? A Figura 9-2 sobrepõe às novas tendências listadas anteriormente no ambiente nacional. A necessidade crescente de conservar energia e reciclar os recursos, de evitar e reduzir a poluição, tornou-se uma restrição significativa e está começando a afetar as condições da oferta. Isso aumentará a necessidade de inovações mais "verdes" e consequentemente mudará as condições da demanda. A concorrência intensificada nos mercados globais eleva o nível de rivalidade em termos do escopo e intensidade para os concorrentes locais assim como os internacionais. As mudanças demográficas nas próximas décadas, especialmente o envelhecimento e o encolhimento de populações em vários países industrializados, incluindo a Alemanha, a Itália, o Japão, a Coreia do Sul e a China, terá um impacto significativo nas condições de oferta e demanda. Elas mudarão as necessidades dos consumidores, individual e coletivamente. O envelhecimento e o encolhimento de populações influenciarão as políticas corporativas em recursos humanos e mudarão significantemente as condições do mercado de mão de obra. Essas são, de fato, as mudanças que já ocorreram.

Na seção anterior, eu me referi ao desenvolvimento da produção enxuta pelos fabricantes de automóveis japoneses como um exemplo do efeito do ambiente nacional na inovação. A experiência recente das corporações japonesas é um exemplo útil do efeito do ambiente global na inovação, isso porque ela nitidamente contrasta com o exemplo anterior. Muitas mudanças ocorreram nos ambientes nacionais e globais que rodeiam as corporações japonesas desde meados dos anos 1990. Entre elas estão a emergência da forte concorrência global, especialmente da China, e a importância crescente de uma população envelhecendo e encolhendo. As corporações japonesas enfrentam o desafio de lidar com as questões associadas com seu modelo de negócios antigamente bem-sucedido e a escassez relativa de empreendedores (corporativos e individuais) e inovadores no país. Muitas das empresas de manufatura no Japão, que foram iniciadas por empreendedores notáveis e emergiram com força total após a Segunda Guerra Mundial, estão agora chegando ao estágio de crescimento lento à medida que envelhecem e suas indústrias primárias amadurecem. Onde está a nova geração de inovadores e empreendedores no Japão? A noção de concorrência Schumpeteriana é agora mais relevante. A importância de inovação e empreendedorismo é maior do que nunca, dada a necessidade de enfrentar esses desafios. O modelo de negócios, sob o qual muitas empresas japonesas operaram com sucesso no passado, agora precisa ser revitalizado e reforçado. A pergunta para todos os gerentes no Japão, e em todos os outros lugares, é: pelo fato de os ambientes nacionais e globais terem mudado, o que você deveria fazer? Aqui, a necessidade de habilidade administrativa para entender e reconhecer os ambientes em mudança e lidar com as questões relevantes sobre como administrar o futuro que já aconteceu e é muito mais forte do que nunca.

Conclusões

Neste capítulo, introduzi três camadas de ambientes – industrial, nacional e global – que um gerente precisa reconhecer e entender. Os ambientes industriais não são criados por forças naturais, mas são endógenos no sentido de que eles são transformados por forças inovadoras e pela entrada de novas empresas. As inovações em produtos, processos ou modelo de negócios são essencialmente criadas pelo inventor e desenvolvidas pelo empreendedor, nutridas por uma variedade de condições socioeconômicas específicas de cada nação. Esses empreendedores aproveitam as oportunidades tecnológicas e respondem às novas tendências emergentes no ambiente global. Mais uma vez, é importante reconhecer essas condições nacionais e globais e suas novas tendências quando elas nos apresentam o futuro que já aconteceu.

> *Prever o futuro apenas poderá lhe causar problemas. A tarefa é administrar o que está aqui e trabalhar para criar o que poderia ser ou deveria ser.*
> – Peter F. Drucker, *Managing for Results*

10

Uma Praga no Carisma: Por Que Liderança Conectiva e Caráter Importam

Jean Lipman-Blumen

De fato, o carisma passa a ser a anulação de líderes. Ele faz com que eles sejam inflexíveis, convencidos de seu próprio perfeccionismo, incapazes de mudar.

– Peter F. Drucker, *The Essential Drucker*

Max Weber, sem dúvida alguma, nunca havia previsto a explosão que sua definição de *carisma* – um "presente da graça" – desencadearia.[1] Da academia para a mídia, a descrição de Weber sobre carisma atiçou uma explosão de fascinação com a

qualidade da personalidade de um indivíduo que por virtude de tal qualidade é separado do homem comum e tratado como se tivesse o dom de poderes ou qualidades sobrenaturais, sobre-humanos ou, no mínimo, excepcionais.[2]

De acordo com Weber, observadores foram "compelidos" a considerar com "reverência" os líderes que emanaram este "orgulho" inato. Mas não Peter Drucker.

166 O LEGADO VIVO DE PETER DRUCKER

Uma busca rápida no Google por "carisma" produz 11.100.000 resultados, enquanto "carismático" produz 7.850.000 citações. A Amazon.com relata que existem 7.956 livros sobre "líderes carismáticos" e outros 58.698 com "carisma" no título. Alguns livros sobre "como fazer" abertamente dizem ensinar o leitor, "em sua busca desesperada", os segredos para desenvolver carisma (apesar da insistência de Weber em seu caráter raro, inerente). O número de vezes que a mídia usou o termo *carismático* (na maioria das vezes imprecisa e incorretamente) para se referir a líderes, celebridades e heróis está além de enumeração.

Peter Drucker, um opositor à sua essência, teria considerado a maioria dessa baboseira de carisma, se não todas, como "completamente errada" (usando uma de suas frases favoritas). A mídia e os acadêmicos confusos e vagos podem ter sido cativados pelo carisma. Mas não Peter Drucker.

O desconforto de Drucker com o carisma teve origem, em grande parte, em suas observações sobre líderes fascistas europeus no início do século XX. Eventualmente, Drucker amenizou um pouco sua rejeição, permitindo que o "bom carisma" tivesse seu lugar, especialmente quando ele o via sendo usado em megaigrejas.[3] Mesmo assim Drucker permaneceu bastante ciente do abuso descontrolado de carisma. Ele se preocupava sobre como isso seria prejudicial para os líderes carismáticos em si, assim como para suas organizações e constituintes. Esta apreensão levou Drucker a sugerir controles sérios para proteger esses mesmos líderes, e as organizações que eles lideravam, de "adversidades" carismáticas.

Peter Drucker não era apenas cético em relação a carisma, mas por muitos anos ele negou o próprio conceito de liderança. Na realidade, durante as várias décadas que meus colegas na Drucker/Ito Graduate School of Management e eu o conhecemos, Peter repetidamente insistia que ele "não acreditava em liderança". Muitos de nós interpretávamos esta citação como uma indulgência Druckeresca na hipérbole. Afinal de contas, entendíamos que a paixão da vida do Peter era liberar o campo de "administração" da extensa sombra da "liderança", e dotá-la com o que ele considerava sua seriedade legítima e respeito. E ele fez justamente isso, com imenso *insight* e eloquência.

Contudo, na última década de sua vida, Peter Drucker começou – talvez com um pouco de arrependimento – a reconhecer os livros sobre liderança. Entretanto, mesmo assim ele permaneceu indiferente ao carisma e, em vez disso, focou nas questões fundamentais de caráter, desempenho, resultados e responsabilidade.

Quando Drucker escrevia sobre liderança, ele era conciso. Ele focava em vários temas relacionados. Primeiro, ele conceitualizava liderança como trabalho, responsabilidade e confiança adquirida pela demonstração de integridade. Segundo, em uma lista relativamente pequena, ele esboçou um conjunto de comportamentos que ele achava ser a *sine qua non* da liderança. Ele enfatizava nos líderes:

- *seu desempenho, isto é, alcançar as metas e missão do grupo;*
- *comportamento exemplar que pudesse ser seguido pelos seguidores;*
- *seleção, suporte e orgulho em pessoas qualificadas;*
- *capacidade de fazer a diferença e fazê-la parcialmente ao transformar as personalidades dos seguidores;*
- *tolerância da diversidade;*

E, para fechar o círculo, Drucker exigia:
- *desempenho, padrões e valores dos seguidores.*

Em nenhum lugar desta lista vemos Drucker fazendo reverências ao altar do carisma. Ainda assim, neste catálogo de fundamentados da liderança, eu detecto alguns ingredientes característicos importantes do que descrevo como "liderança conectiva".

Carisma *versus* Caráter e Desempenho

Como sugere a epígrafe no início deste capítulo, Drucker era bastante cético sobre carisma. Em minha mente posso até imaginar Peter resmungando, "Uma praga no carisma!", embora nunca o tenha visto fazer isso. Contudo, Drucker considerava carisma uma força que provavelmente minaria os líderes dotados com esse presente maravilhoso. Carisma, ele acreditava, poderia inchar os líderes com tamanho amor-próprio que eles acabariam perdendo o chão e tropeçariam em sua própria rigidez e presunção.

Caráter, como escreveu Drucker, requer força, integridade e autenticidade. Para Drucker, o caráter, a pedra fundamental da administração, estava coberto de decência, moral, ética e respeito pela lei.[4] Na realidade, ele muitas vezes condenava a falta de ética nos negócios.[5]

Drucker media o desempenho de líderes pelos resultados. Ainda assim, resultados não crescem no vácuo. Eles são restritos pelas circunstâncias. O desempenho depende das exigências singulares criadas pelo momento histórico.

E é aqui onde a "liderança conectiva", uma forma emergente de liderança, imbuída com ética, integridade, autenticidade e responsabilidade (todos componentes de caráter), entra em cena.[6] Entretanto, antes de voltarmos para uma discussão mais detalhada de liderança conectiva e suas características especiais, deixe-me primeiramente esboçar os bastidores da Era Conectiva, a qual apenas recentemente emergiu.

O Fim da Era Geopolítica: a Emergência da Era Conectiva

Durante longos períodos de tempo, certos modos de liderança se desenvolveram em resposta às circunstâncias históricas existentes. Atualmente, estamos testemunhando o declínio de uma era histórica, à medida que outra surge com força total. Na realidade, estamos nos equilibrando no limiar de uma nova era histórica, a Era Conectiva, na qual todos e tudo estão conectados. Na Era Conectiva, "seis graus de separação" representam a interdependência mundial. Uma coisa é clara: se os líderes continuarem a usar estratégias ultrapassadas de liderança, eles estão destinados a fracassar. Apenas um novo paradigma de liderança, um que discuta os desafios do novo momento histórico, prometerá aos líderes o sucesso que eles desesperadamente precisam nesses novos e perigosos tempos que chamo de "Era Conectiva".

A Era Conectiva começou a emergir por volta do final do século XX, à medida que a Era Geopolítica, amplamente definida pelas fronteiras geográficas e ideologias políticas, gradualmente minguava. Na Era Geopolítica, líderes autoritários criaram e comandaram alianças duradouras, como o New Deal (Novo Acordo), o Pacto de Varsóvia e a Organização do Tratado do Atlântico Norte (OTAN) original, elaboradas para agir em uníssono e implementar políticas mutualmente benéficas. [Na prática, é claro, essas políticas geralmente favorecem o(s) membro(s) mais forte(s).] No final da Guerra Fria, o obsoleto paradigma de liderança de

Uma Praga no Carisma: Por Que Liderança Conectiva e Caráter Importam **169**

"comando e controle", assim como as instituições da Era Geopolítica, havia essencialmente perdido seu vigor e sua relevância.

Simultaneamente, começou a emergir uma percepção nebulosa da nossa complexa interconexão global. À medida que a Era Conectiva assumia seu lugar, o autoritarismo perdia forças para modos de liderança mais colaborativos, consultivos e conectivos. Assim sendo, por volta de 2008, os candidatos à presidência dos Estados Unidos, que pediam uma mudança, estavam se aproveitando da importante realidade que florescia. Essa transformação histórica do cenário político trouxe uma nova sensibilidade política, não apenas para os Estados Unidos, mas também para os países ao redor do mundo. O presidente americano, com seu novo estilo, imediatamente demonstrou sua determinação de reconectar os Estados Unidos aos seus vizinhos globais. Além disso, a eleição do Presidente Obama simbolizou a percepção crescente do país sobre o significado de diversidade e interdependência (dois aspectos-chave da Era Conectiva, como veremos). Na realidade, Barack Obama, o primeiro presidente negro dos Estados Unidos, representava essas forças na sua própria pessoa e em sua história.

Ao moldar novos estilos de liderança e instituições, a Era Conectiva gradualmente varreu tudo para fora, exceto as palhas vazias das longínquas e rígidas coalizões geopolíticas. Em seu lugar, a Era Conectiva começou a moldar as coalizões de curta duração, focadas em tópicos mais estreitos e mais específicos, em reuniões periódicas limitadas, como as "cúpulas" econômicas e ambientais. Essas coalizões de curta duração, com associações expansíveis, almejavam questões definidas dentro dos Estados Unidos e no exterior. Outros grupos com política internacional expansível apareceram. Por exemplo, o G-6, um grupo de ministros financeiros de nações industrializadas, facilmente transformou-se no G-7 quando o Canadá se juntou à coalizão. O G-8 reuniu representantes de oito nações industrializadas.

Uma coincidência curiosa aconteceu na primeira semana de abril de 2009, ressaltando a mudança da Era Geopolítica para a Era Conectiva: o G-20, representando "as principais economias do mundo", reuniu-se em Londres, enquanto, simultaneamente, a reunião da OTAN, em Strasbourg-Kehl, celebrava o 60º aniversário da organização. Eruditos nostalgicamente saudavam a OTAN, com seus novos membros, ex-membros do bloco soviético, como um fórum antiquado desprovido de poder e propósito. Simultaneamente, eles aclamavam o G-20 como "a reunião financeira mais importante em mais de 60 anos".[7] Como a mudança poderia ser ressaltada de maneira mais clara?

Desafios da Era Conectiva: Diversidade e Interdependência

Como sugerido pelo economista John Kenneth Galbraith, em todas as eras, os líderes efetivos devem confrontar as principais tensões de seus tempos. Isso é o que acontece ainda hoje. Entretanto, na Era Conectiva, os líderes enfrentam um desafio especial, mais difícil – a necessidade de conectar e integrar duas tensões igualmente importantes, porém intrinsecamente *contraditórias*: diversidade e interdependência. Essas tensões sociais são fundamentais para a condição humana; elas ecoam as tensões persistentes entre si mesmos e os outros. Para os líderes, elas representam o desafio imenso de duas forças principais puxando em direções opostas.

Diversidade reflete a singularidade de cada grupo – gênero, étnico, religioso, racial, social, ocupacional, organizacional e nacional – e sua reivindicação por interdependência. Isso exige que reconheçamos nossas identidades singulares com o entendimento sofisticado e respeito pelas nossas *diferenças* em relação aos outros. Começando com as diferenças homem/mulher, presenciamos diversidade e distinção onde quer que olhemos. No nível global, observamos uma fragmentação contínua e proliferação de nações distintas em busca de independência. A diversidade étnica, cultural, religiosa e demográfica continua abundante. No nível organizacional, também vemos cada vez mais diversidade, de grandes corporações e multinacionais a empreendimentos mais limitados, parcerias, redes e alianças temporárias, assim como organizações sem fins lucrativos e burocracias governamentais.

A diversidade também caracteriza a força de trabalho, tanto em casa quanto fora, sendo que mais mulheres e outros grupos, os quais antes não tinham representações significantes, cada vez mais entram na briga. E é claro, todo ser humano (com exceção argumentável de gêmeos idênticos) representa a unidade básica de diversidade, com dons singulares e especiais, assim como necessidades e aspirações diversas. Dentro de cada um desses grupos, milhares de subgrupos distintos reivindicam independência, agendas divergentes e o direito de viver de acordo com suas próprias crenças (não a dos outros).

Alguns líderes (especialmente aqueles que continuam envolvidos na Era Geopolítica), quando confrontados com a diversidade crescente, continuam a se engajar na Política de Diferenças.[8] Os líderes que estão travados na Política de Diferenças exploram as disparidades entre os vários grupos, recrutando seus próprios intrépidos partidários para conflitos aparentemente "inevitáveis" com "estranhos", na tensão contínua entre si mesmos e os outros.

Interdependência, por outro lado, exige reconhecimento de interconexões múltiplas e complexas que unem todos esses indivíduos, grupos, organizações e nações, indiscriminadamente, neste mundo política, econômica e ambientalmente globalizado. Precisamos apenas entrar na internet para ver, de camarote, como ela serve de metáfora apropriada da Era Conectiva. A NetCraft relatou, em novembro de 2008, que havia mais de 182 milhões de sites na internet, e mais ainda por vir.[9] Mais impressionante ainda é o número de usuários da internet no mundo todo: até 31 de março de 2009, 1.596.270.108, do total de 6.710.029.070 habitantes do mundo, usam a internet.[10] Isso sim é que é conexão!

Nesse ambiente social globalizado, se quisermos alcançar um pouquinho de paz, prosperidade e sucesso, não temos outro recurso a não ser respeitar essas conexões, trabalharmos juntos, compartilharmos e renovarmos os recursos limitados do planeta. Assim sendo, interdependência requer colaboração, respeito mútuo, agendas no mínimo sobrepostas e empatia pelas pessoas que são bastante diferentes de nós. Em um contexto emoldurado pela interdependência, os líderes precisam engajar-se na política de semelhanças,[11] buscando nossas mutualidades e governando do ponto em comum que eles consigam detectar e gradualmente aumentar.

Integrando Diversidade e Interdependência

Claramente, diversidade e interdependência são forças centrífugas, que giram em direções opostas. Este é o caráter indisputável da Era Conectiva, e nada poderá diminuí-la. Assim sendo, precisamos de líderes que consigam superar, ou talvez domesticar, essas forças complexas e conflitantes. A Era Conectiva exige líderes que consigam integrar diversidade e interdependência. Ela exige líderes que consigam equilibrar as necessida-

172 O LEGADO VIVO DE PETER DRUCKER

des do ego e de outros para alcançar resultados construtivos e produtivos para todos os grupos diversos que devem, inevitavelmente, coexistir em um planeta limitado.

Dentro dessas abrangentes tensões da Era Conectiva, os líderes enfrentam muitas questões desafiadoras. Dois exemplos virão à tona:

- *Como os líderes conseguirão manter-se verdadeiros aos seus próprios constituintes ao mesmo tempo em que conectam suas visões às visões de grupos aparentemente contraditórios e competitivos com os quais eles e seus partidários devem, necessariamente, conviver e trabalhar como sardinhas em lata?*
- *Como os líderes conseguirão efetivamente discutir as questões complexas – desde desastres econômicos internacionais ao comércio justo, às pandemias, ao aquecimento global, à proliferação nuclear – sem comprometer seus valores mais fundamentais se esses valores estiverem em conflito com os valores desses grupos?*

Para manter seu compromisso com seus seguidores, suas missões e seus valores, os líderes que enfrentam o clamor de grupos diversos que promovem agendas opostas sentir-se-ão tentados a depender exclusivamente do carisma "provado e verdadeiro". Peter Drucker entendia tudo isso!

Uma estratégia mais confiável, contudo, seria extrair dos poços da liderança conectiva. Esse modelo de liderança reconhece a utilidade ocasional, estratégica de carisma com princípios, não narcisista. A liderança conectiva, no entanto, vai muito além dessa estratégia de liderança tradicional e limitada para um repertório mais amplo de comportamentos de liderança que descreveremos mais adiante como "estilos de realização". A liderança cognitiva está profundamente enraizada no caráter – isto é, integridade, força, confiança, autenticidade e responsabilidade: todos os fundamentos com os quais Peter Drucker tão apaixonadamente se importava.

Autenticidade e Responsabilidade: Marcos da Liderança Conectiva

Autenticidade e responsabilidade são os dois principais imperativos da liderança conectiva. Sem eles, o comportamento complexo de líderes co-

Uma Praga no Carisma: Por Que Liderança Conectiva e Caráter Importam **173**

nectivos – e logo veremos quão complexo esse comportamento pode ser – poderá facilmente levantar suspeitas e confusão.

Autenticidade carrega um significado especial no contexto de liderança conectiva. Ela se refere à dedicação consistente do líder não às suas metas pessoais, mas sim às metas do grupo, organização ou sociedade. Ao explorar sua integridade fundamental e fundação ética, os líderes conectivos entendem que a demonstração de seu compromisso, determinado com a missão do grupo, manterá a confiança de seus seguidores na *pessoa* do líder, mesmo quando o *comportamento* deste parece contraditório ou confuso.

Autenticidade é especialmente crucial para os líderes conectivos, que exploram um mosaico mais intrigante de comportamentos do que costumavam fazer seus predecessores da Era Geopolítica. É um leque de estratégias comportamentais que o psicólogo organizacional Harold J. Leavitt[12] e eu chamamos de "estilos de realização".[13] Sem a reconfirmação de sua autenticidade inquestionável, o amplo repertório comportamental de líderes conectivos poderá fazer com que esses novos líderes pareçam mais camaleões do que campeões aos olhos do observador casual. Quando a autenticidade do líder é palpável, os seguidores estão mais dispostos a dar àquele indivíduo o benefício da dúvida, especialmente em face das confusas mudanças comportamentais que os líderes conectivos conseguem e costumam ter.

Responsabilidade, o segundo imperativo da liderança conectiva, "significa aceitar a obrigação de explicar, a disposição em ser responsabilizado perante um júri crescente de *stakeholders*".[14] Responsabilidade vai além de transparência. A responsabilidade não apenas abre as decisões do líder para escrutínio, e as lógicas que as sugerem, mas também sujeita as ações do líder a críticas de muitas partes. Como se isso não bastasse, a responsabilidade indica o firme compromisso do líder em aprender com seus erros.

Maquiavelismo Desnaturado: Instrumentalismo Ético

Embora a autenticidade e a responsabilidade sejam críticas, há também outro aspecto da liderança conectiva: *Maquiavelismo desnaturado.* Quando ouvimos o adjetivo "Maquiavélico", a maioria das pessoas éticas sente um pequeno mal-estar. Imediatamente nos lembramos da definição no dicionário que descreve o conselho de Maquiavel ao governante em seu famoso discurso, *The Prince,* em que

174 O LEGADO VIVO DE PETER DRUCKER

O interesse político é colocado acima da moralidade e... artimanhas e menti-ras [são usadas] para manter a autoridade e levar adiante as políticas de um governante.[15]

Maquiavel descreve a manipulação e o uso secreto de indivíduos para alcançar os objetivos do governante, assim como manter e realçar seu po-der a qualquer custo. Não é nenhuma surpresa que a maioria dos líderes éticos sinta-se repelida por essa manipulação secreta, motivada pelo ego.

Se, por outro lado, conseguíssemos destilar a sabedoria de Maquiavel, expurgá-la de manipulação enganosa e secreta, e transformar esse tipo de comportamento em instrumentalismo ético, visível, para ser exercitado apenas por parte de toda a comunidade, ainda por cima teríamos algo útil e honrável. Eu chamo essas estratégias instrumentais – isto é, o uso aberto e ético de si mesmo e de outros em busca de propósitos morais para benefício de todo o grupo – de "Maquiavelismo desnaturado".

Esta disposição moral, sofisticada e altruísta de usar – até mesmo sa-crificar – a si mesmo para alcançar uma meta grupal importante era algo que Ghandi entendia e usava muito eficaz e honradamente. Quando os líderes recrutam outras pessoas para juntar-se a eles como instrumentos para alcançar metas grupais valiosas, eles conseguem revitalizar a moti-vação enfraquecida de seus partidários.

Os líderes conectivos são bastante talentosos no Maquiavelismo des-naturado. Eles são adeptos do uso dessas estratégias políticas para o bem comum. Eles entendem e usam abertamente as "interconexões en-tre as pessoas, instituições e processos em todos os lugares".[16]

Com o maquiavelismo de *O Príncipe*, líderes conectivos dividem a companhia de maneira importante, aumentando a eficácia desta.[17] Essas ações conectivas incluem:

- *juntar suas visões aos sonhos de outros; conectar e combinar em vez de dividir e conquistar;*
- *lutar para superar os problemas mútuos para atrair constituintes di-versos (em vez de usar inimigos comuns para encurralar os seguido-res amedrontados atrás de seus líderes);*
- *criar um senso de comunidade, em que muitos grupos diversos pos-sam ser membros valorizados;*

Uma Praga no Carisma: Por Que Liderança Conectiva e Caráter Importam

- *reunir os líderes e os constituintes comprometidos para fins comuns;*
- *encorajar os constituintes ativos a assumirem responsabilidade em todos os níveis, em vez de manipularem os seguidores passivos;*
- *colaborar com outros líderes, mesmo que sejam antigos adversários, como colegas, em vez de concorrentes;*
- *promover os líderes potenciais, inclusive os possíveis sucessores;*
- *renovar e construir instituições democráticas de amplas bases, em vez de criar dinastias e oligarquias;*
- *demonstrar autenticidade por meio de dedicação consistente a metas supraegoístas; e*
- *exigir sérios sacrifícios primeiro de si mesmo e depois dos outros.*[18]

De certa maneira, líderes conectivos assemelham-se aos líderes servidores de Robert K. Greenleaf, especialmente em seus serviços ao grupo ou à sociedade.[19] No entanto, eles se comportam com menos superioridade e mais pragmatismo em suas ações instrumentais éticas com relação ao grupo.

Como tais, os líderes conectivos agem com poder e criatividade para unir as várias conexões entre as pessoas, instituições, visões e aspirações para alcançar benefícios importantes para a sociedade. São essas as pessoas que Peter Drucker poderia admirar e encorajar.

Alcançando a Missão por Conexões: um Repertório de Estilos de Realização

O uso da liderança conectiva requer um entendimento detalhado das estratégias comportamentais que se encontram disponíveis para líderes ou qualquer um que esteja interessado em ser eficaz em um mundo que está sendo estraçalhado pela diversidade e interdependência. Embora o modelo de liderança conectiva proporcione uma estrutura de liderança abrangente, o *Modelo L-BL de Estilos de Realização* descreve os comportamentos básicos que os líderes – e todos nós também – realmente usamos para realizar nossas metas.

Drucker insistia que os executivos devem "administrar para a missão". Líderes conectivos fazem exatamente isso, reconhecendo que sua missão maior é integrar as forças opostas de diversidade e interdependência. Ainda assim, eles unem princípios pragmáticos à ética e ao altruísmo, colocando maior ênfase na missão do grupo. Eles fazem isso ao evocar uma série de estratégias comportamentais ou "estilos de realização" para realizar suas metas (veja a Figura 10-1). Quando agrupadas, essas estratégias comportamentais abrangentes e flexíveis fornecem aos líderes conectivos as ferramentas que eles precisam para reconciliar diversidade e interdependência, isto é, reunir os constituintes diversos que precisam trabalhar em harmonia.

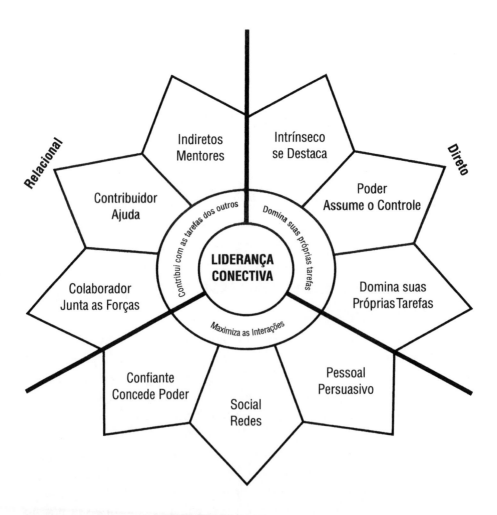

FIGURA 10-1 – Modelo L-BL de Estilos de Realização.

O Modelo L-BL de Estilos de Realização

Nesta seção, descreverei o Modelo L-BL de Estilos de Realização, com nove partes, que permite que os líderes, e todos nós, alcancemos as metas e realizemos as tarefas eficazmente.

O perfil de líderes conectivos é estruturado ao redor de um *continuum* de três principais orientações comportamentais ou conjuntos: estilo de realização *direto, instrumental* e *relacional*. Cada conjunto de estilos de realização é composto de três estilos distintos, porém relacionados, resultando em um complemento de nove estilos de realização. Os líderes com perfis plenamente desenvolvidos de liderança conectiva usam vários estilos fácil e simultaneamente, se movimentando com agilidade de uma combinação à outra, conforme leem e se ajustam às deixas situacionais. Entretanto, para simplificar, descreveremos esses noves estilos de realização como puros ou, como Weber diria, "tipos ideais".[20]

O Conjunto de Estilos de Realização Direto: Intrínseco, Competitivo e Poder

O conjunto de estilos de realização *direto* inclui três categorias de estilos de realização: *intrínseco, competitivo* e *poder*.

Intrínseco: o estilo de realização *intrínseco* envolve focar no "domínio pessoal ou execução de uma tarefa" de uma pessoa.[21] As pessoas que preferem o estilo intrínseco veem a tarefa como um desafio entusiástico e atrativo, algo que eles conseguirão cumprir ou, melhor ainda, irão além. A realização de metas é intrinsecamente satisfatória, daí o nome. O estilo intrínseco envolve um padrão *internalizado* de perfeição, um padrão que se refere aos desempenhos anteriores do próprio indivíduo (não qualquer medida de realizações de rivais) como o padrão que precisa ser cumprido ou excedido. Ser o melhor é menos importante do que alcançar a perfeição. A maioria das pessoas com predileção para o comportamento intrínseco deriva um senso estético de beleza e satisfação por ter realizado a tarefa – seja esta a descoberta de um novo planeta ou a elaboração de uma campanha política. Eles apreciam ter autonomia sobre seus trabalhos, a liberdade que acompanha a autossuficiência, opções ilimitadas para criar e inovar e a possibilidade de perfeição.

178 O LEGADO VIVO DE PETER DRUCKER

Competitivo: este é o segundo estilo de realização dentro do conjunto Direto. O estilo de realização competitivo, como já diz o nome, envolve um padrão *externo* de comparação, isto é, a medida do próprio desempenho de uma pessoa contra o de outras pessoas relevantes. Vencer a concorrência e ser o melhor, independentemente da tarefa ou nível de desempenho, é o que realmente faz com que o sangue dos competitivos ferva. Entretanto, para eles, fazer o melhor nunca é suficiente; a verdadeira satisfação vem apenas quando eles fazem melhor do que qualquer outra pessoa no jogo.[22]

Poder: o terceiro membro dos estilos de realização direto é o *poder*, que envolve assumir o controle e colocar ordem na bagunça. As pessoas que preferem este estilo gostam de controlar e coordenar pessoas, recursos, situações e tarefas. Eles dirigem e delegam partes da tarefa para outras pessoas, oferecendo sugestões e instruções sobre como ela deve ser realizada pelos outros, os quais eles simplesmente esperam que implementem suas ordens.

Os líderes conectivos têm pouca necessidade de ser o "líder dos líderes". Como veremos, eles se contentam em colaborar com a missão de um grupo, contribuir nos bastidores para o sucesso dos outros ou simplesmente sentirem-se orgulhosos quando "seu pessoal" tem sucesso. Eles procuram assumir a liderança apenas quando seus próprios talentos são necessários para manter o trabalho nos trilhos.

Todos os três estilos de realização direto envolvem manter o controle sobre os meios e os fins desejados. O local de controle sobre os meios e os fins, como veremos, muda à medida que progredimos ao redor do modelo de estilos de realização. Como o leitor já deve ter percebido, os três estilos de realização direto são remanescentes familiares do foco de comando e controle da Era Geopolítica. Ainda assim, os líderes conectivos não são obcecados em realizar esses estilos, tão característicos da Era Geopolítica, e muito menos são limitados por esses. Todavia, eles sabem como usá-los quando as circunstâncias exigem. Na realidade, os líderes conectivos têm a tendência de focar mais nos seis estilos adicionais abrangidos nos outros dois conjuntos de estilos: Instrumental e Relacional.

O Estilo de Realização Instrumental: Pessoal, Social e Confiante

O conjunto *Instrumental* também é composto de três estilos de realização: *Pessoal, Social* e *Confiante.*

Pessoal: os líderes que preferem o estilo *Pessoal* usam a si mesmo, e tudo sobre eles, como instrumentos para realizar suas metas. Eles apelam para seu intelecto e humor (inclusive humor autodepreciativo); sua atração física e eloquência; seu charme e persuasão; suas conquistas passadas (por exemplo, educacionais, atléticas etc.); assim como sua genealogia (fazendo com que as pessoas simpatizem com ele pelo seu início de vida modesto ou que o admirem pela sua descendência de classe alta) para atrair outras pessoas para a sua causa.

Se você está começando a sentir que o "carismático" se aproxima deste estilo, acertou em cheio. Os líderes conectivos usam seu carisma para atrair outras pessoas para sua causa. Seja esta causa a construção de instituições para a paz mundial ou empresas que fabricam computadores, as pessoas que preferem o comportamento Instrumental Pessoal aberta e eticamente usam a si mesmas e aos outros como instrumentos para alcançar meios conhecidos e valorizados. Aqui vemos que os líderes conectivos não se escondem do carisma de princípios, mas usam-no meramente como um elemento em seu repertório de estratégias de liderança conectivas. Acredito que Peter Drucker teria sancionado este uso ético de carisma, usado sem enganos e sem narcisismo.

Os líderes que têm a tendência de selecionar a estratégia Instrumental Pessoal usam simbolismos, rituais, fantasias, momentos oportunos e teatro (todos partes de ações carismáticas) para comunicar suas visões. Com grande efeito, os líderes que se sobressaem no estilo de realização Pessoal, estrategicamente se engajam em "gestos contraintuitivos".[23] Como você já deve suspeitar, gestos contraintuitivos são as ações inesperadas, que surpreendem as outras pessoas, como, por exemplo, procurar um antigo inimigo. A natureza não antecipada da ação mais provavelmente fará com que o alvo responda espontaneamente e, na maioria dos casos, positivamente. Por exemplo, quando este livro estava sendo escrito, nos primeiros meses da administração Obama, o novo presidente inesperadamente procurou uma variedade de grupos e nações, incluindo republicanos, muçulmanos, Irã e Turquia, assim como outros que seus predecessores tratavam como "inimigos".

Social: líderes talentosos no segundo estilo do conjunto Instrumental, o estilo de realização *Social*, usam suas próprias conexões e experiências, assim como as dos outros, para criar correntes de indivíduos unidas numa ação de sucesso. Eles reconhecem e usam as questões conectivas que unem os indivíduos e grupos, dentro e além de organizações e comunidades. Eles constróem, mantêm e compartilham grandes redes sociais, algumas vezes criando coalizões de associados que estão sempre mudando, para os quais eles apelam quando a situação exige. Quando confrontadas com uma tarefa, as pessoas com tendências de comportamento Instrumental Social identificam um indivíduo específico com a experiência ou conexão mais apropriada para aquela tarefa específica.

Líderes que preferem o estilo de realização Social, virtuosamente navegam no sistema informal. Como Weber e outros sugeriram,[24] o sistema informal é aquela vasta rede de relacionamentos interpessoais nas quais vários recursos, desde amizades e tempo livre a consolo, conselhos políticos e fofocas, são trocados. O sistema informal é o local de nascimento real de grande parte das decisões organizacionais. Consequentemente, os líderes conectivos talentosos usam sua perícia Social para testar e redefinir suas agendas nos caminhos secundários do sistema informal. Eles constróem capital interpessoal por vários meios de comunicação, dos inúmeros blogs e redes sociais na internet, mala direta, telefone, fax e mesmo por bilhetes escritos à mão, assim como comunicações face a face.

Confiante: o terceiro estilo Instrumental é *Confiante*, em que o líder confia em outro indivíduo para levar adiante uma tarefa importante sem se preocupar com a experiência ou contatos anteriores deste indivíduo. Aqui, começamos a ver como o realizador Confiante (em contraste com os realizadores descritos anteriormente) deixa escapar as rédeas nos meios selecionados, ao mesmo tempo em que compartilha os fins e as metas com a pessoa a qual a tarefa é confiada.

Por exemplo, onde o realizador de poder estabeleceria e controlaria os meios para um fim, o Confiante deixa que a pessoa por ele escolhida realize a meta compartilhada. Presumidamente, o uso do estilo Confiante geralmente é encontrado em um processo avaliativo maior e mais geral. Isto é, o realizador Confiante confia no fato de que o grupo do qual ele seleciona o implementador (por exemplo, os membros de uma organização específica, os alunos admitidos em certa universidade ou algum grupo similar) foi checado anteriormente por algum processo de seleção. Além disso, a pessoa a quem esta tarefa potencialmente desconhecida é confiada tem a reputação de se manter dentro do esperado. Desse modo, o realizador Confiante opera dentro de certos parâmetros geralmente conhecidos de excelência e relacionamentos recíprocos, mas presta pouca atenção à experiência relevante específica, aos talentos ou contatos que o escolhido deve ter.

Podemos pensar no estilo de realização Confiante como "liderança por expectativa". Aqui, o líder e o indivíduo confiado compartilham a meta, mas a escolha dos meios específicos para se alcançar essa meta é do implementador. Este é o caso, contanto que o implementador cumpra com os padrões legais e éticos do líder. Como sugere Robert Cialdini, o mecanismo básico que faz com que este estilo de trabalho de liderança seja aparentemente casual, e mesmo arriscado, é o "princípio da reciprocidade".[25] Mais especificamente, para manter o equilíbrio em um relacionamento contínuo, o presente de confiança do líder na pessoa confiada com a tarefa importante deve ser retornado na forma de cumprimento dessas expectativas pelo implementador. Mais vezes do que se pensa, este presente de confiança é totalmente retribuído pelos resultados extraordinários e criativos do implementador – frequentemente excedendo até mesmo as expectativas do próprio implementador.

O Conjunto de Estilos de Realização Relacional: Colaborador, Contribuidor e Indireto

O terceiro e último conjunto de estilos de realização, o conjunto *Relacional*, também é composto de três estilos individuais: *Colaborador, Contribuidor e Indireto*. Esse trio completa o Modelo de Estilos de Realização de nove fatores.

Deixe-me adicionar uma nota breve: *Relacional*, neste contexto, não se refere a gostar ou precisar de relacionamentos – refere-se simplesmente à disposição de contribuir, ativa ou passivamente, com as tarefas e metas de outras pessoas com as quais o indivíduo tem algum relacionamento,

182 O LEGADO VIVO DE PETER DRUCKER

seja este próximo ou distante. Este contrasta com a orientação dos três estilos de realização Direto, o qual foca primariamente nas próprias tarefas de uma pessoa.

Colaborador: o primeiro estilo Relacional, *Colaborador*, envolve a preferência por trabalhar ativamente com outras pessoas numa meta comum, em vez de trabalhar sozinho em sua própria tarefa. A meta pode ter sido desenvolvida em conjunto ou simplesmente acordada mutuamente, como em ganhar um jogo com regras e resultados preestabelecidos, como um concurso atlético. Os realizadores Colaboradores desfrutam o estímulo de interagir com uma ou mais pessoas. Eles esperam compartilhar as recompensas do sucesso e a dor do fracasso com seus colegas. A colaboração ocorre entre pessoas iguais ou entre indivíduos com talentos e *status* diferentes, como os membros de um time de futebol, que têm talentos e posições diferentes, porém relacionadas. Um dos talentos de líderes conectivos é criar e sustentar as circunstâncias nas quais antigos inimigos possam colaborar em sistemas interdependentes. Colaboração, assim como qualquer outro estilo de realização, é construída com base na confiança, reciprocidade e metas mútuas.

Contribuidor: o segundo estilo Relacional, *Contribuidor*, pede a contribuição, muitas vezes nos bastidores, para o sucesso de outras pessoas. Os realizadores Contribuidores reconhecem e apoiam as metas estabelecidas por outras pessoas. Eles não apenas estão dispostos a ajudar os outros, mas também derivam um senso de realização e satisfação por terem dado sua contribuição à tarefa de outro indivíduo ou grupo. Os sociólogos diriam que eles participam da verdadeira "tarefa de papéis" de outro realizador. Por exemplo, um escritor que escreve discursos para ser apresentados pelo líder é um indivíduo cujo papel exige um comportamento de contribuidor. Você provavelmente reconhecerá o estilo Contribuidor como um conjunto de estilos comumente associados com os papéis tradicionais de esposa e mãe, na qual as mulheres se dedicam a ajudar aqueles que elas amam a realizar suas metas. Ajudar um membro da família a digitar um trabalho é um exemplo de comportamento contribuidor.

Indireto: o terceiro estilo de realização Relacional, *Indireto,* envolve derivar indireta e passivamente um senso de conquista da realização de outros, com os quais o realizador Indireto se identifica. O indivíduo pode ser alguém que ele conhece pessoalmente, como um membro da família, ou simplesmente alguém que ele admira à distância, como uma celebridade. O estilo de realização Indireto é outra estratégia comportamental que era tradicionalmente ligada ao papel das mulheres, no qual as mulheres adultas presumidamente satisfazem suas próprias necessidades de realização indiretamente ao se orgulharem e se satisfazerem com as conquistas de seus filhos e maridos. Diferentemente dos realizadores Contribuidores, os realizadores Indiretos não participam diretamente nas tarefas de outras pessoas. Em vez disso, eles participam passiva e indiretamente, daí o título. As pessoas que preferem o estilo Indireto simplesmente se identificam com outros realizadores, encorajando-os e aconselhando-os. Um mentor que aconselha seu protegido oferece um exemplo de comportamento indireto. Outro exemplo são os fãs de esportes que torcem pelos seus times das arquibancadas.

No conjunto Relacional, vemos três tipos de comportamento nos quais a escolha dos meios e o estabelecimento de metas movimenta-se ao longo de um *continuum* de atividade mútua à observação e encorajamento relativamente passivos. Isto é, o realizador individual, ou ator, o qual é o foco de nossa atenção, movimenta-se ao longo de um *continuum* de participação ativa em uma meta de grupo mutuamente arranjada ou previamente estabelecida (Colaborador), para participação ativa, porém secundária, na realização de uma meta estabelecida por outro (Contribuidor), para observação passiva ou encorajamento de outros indivíduos, com quem o ator se identifica (Indireto). Ainda assim, dentro de cada um desses estilos de realização no conjunto Relacional, como nos outros seis estilos de realização, o realizador, que é o foco de nossa atenção, consegue derivar um senso genuíno de satisfação com a realização.

Juntos, os nove estilos de realização, agrupados em grupos de três, Direto, Instrumental e Relacional, constituem o complemento total de estratégias comportamentais que estão disponíveis para indivíduos engajados em atividades voltadas para a meta. Os líderes conectivos habilidosamente utilizam esses estilos de realização para ligar suas visões às de seus próprios constituintes, assim como aos sonhos de outros líderes e seus partidários. Ao se movimentarem agilmente de uma combinação

184 O LEGADO VIVO DE PETER DRUCKER

de estilos para outra, sempre cientes das demandas situacionais e das tensões entre diversidade e interdependência, os líderes conectivos ampliam sua base de suporte de maneira importante e poderosa. No processo, eles preveem e realizam metas que seus predecessores mais limitados da Era Geopolítica nunca teriam imaginado.

Inventários para Medir a Liderança Conectiva: Avaliações Individuais, Organizacionais, Situacionais e de 360°

Como foi sugerido anteriormente, os líderes conectivos plenamente desenvolvidos conseguem facilmente acessar todos os nove estilos de realização. Eles apelam para essas estratégias comportamentais individualmente e em combinações variadas, caleidoscópicas, de acordo com a situação. Mas como sabemos disso?

Desde 1984, temos medido o perfil de liderança conectiva de *indivíduos* ao administrar o *Inventário L-BL de Estilos de Realização (ASI)*, uma pesquisa com 45 itens, sendo que cada item vale 7 pontos na escala Likert. Até o momento, nosso banco de dados contém informações sobre mais de 25.000 gerentes, líderes e alunos de negócios dos Estados Unidos e de países ao redor do mundo. Foram escritas mais de 150 dissertações sobre os aspectos diferentes dos estilos de realização e de liderança conectiva nos Estados Unidos, Finlândia, África do Sul e outros países ao redor do globo.

Começando em 1984, desenvolvemos uma versão *organizacional* para medir os perfis de liderança conectiva e os estilos de realização fundamentais recompensados pelas organizações. Chamamos esse inventário de *Inventário L-BL de Estilos de Realização Organizacional (OASI)*. Além de seu uso como uma medida do sistema de recompensa organizacional, o OASI pode ser usado para medir os valores fundamentais ou a cultura de uma organização.

Por volta de 1989, também já havíamos projetado e testado um terceiro instrumento relacionado, a *Técnica de Avaliação Situacional dos Estilos de Realização (ASSET)*. A ASSET pode ser usada para determinar o perfil mais apropriado de liderança conectiva para o sucesso em um *papel/posição, tarefa* ou *projeto* específico. Usando os dados da ASSET

Uma Praga no Carisma: Por Que Liderança Conectiva e Caráter Importam **185**

em combinação com os dados individuais (ASI) de um grupo de candidatos relevantes, conseguimos selecionar os indivíduos que mais provavelmente terão sucesso em papéis específicos, projetos ou tarefas, com base em sua convergência ASI/ASSET. O ASI e o OASI foram traduzidos para vários idiomas.

O quarto instrumento, o *Inventário de 360° de Avaliação dos Estilos de Realização (ASAI)*, está atualmente em desenvolvimento. Como sugere o título, o ASAI permite que uma pessoa faça o ASI individual para ela mesma. Dois instrumentos específicos do gênero permitem que colegas, reportes diretos, supervisores e grupos relevantes avaliem o perfil de liderança conectiva da pessoa em foco. Quando usado em várias combinações, esses instrumentos proporcionam feedback útil a respeito das percepções de outras pessoas sobre seus comportamentos de liderança. Esses instrumentos podem ser usados dentro das organizações e, além de seus limites, com outros indivíduos ou grupos apropriados, como clientes, membros da família e assim por diante.[26]

Liderança para Quê? Lidando com as Questões Sérias de Vida

Antes de encerrarmos este capítulo, precisamos confrontar o elefante branco na sala. No mínimo, vamos levantar a questão maior: liderança para quê? Dada a ansiedade quase universal por líderes, o que realmente eles oferecem que verdadeiramente realça nossas vidas? Claramente, os líderes assumem a responsabilidade por muitas coisas bastante ordinárias que poderíamos arranjar para nós mesmo se estivéssemos dispostos a nos engajar na "inconveniência valiosa de liderança".[27]

O Perigoso Trade-Off

Quando vemos liderança pelas lentes de Peter Drucker – como responsabilidade e desempenho, e não como privilégio – liderança significa assumir a responsabilidade não apenas pelo seu próprio sucesso, mas também pelo sucesso de outras pessoas. Tal responsabilidade exige o tempo e o esforço que muitos de nós preferimos dedicar às "nossas próprias coisas". Assim sendo, nós ansiosamente delegamos a responsabilidade por essas tarefas tediosas, porém necessárias, para alguém que esteja disposto a desenvolver o orçamento, arranjar os recursos e cuidar de todos os outros aspectos de existência que dão suporte à vida, porém que são trabalhosos e sem encantos.

À primeira vista, o *trade-off* parece ser simples: desistimos da parte trabalhosa e do desempenho em prol do grupo em troca de tempo e liberdade para nos entregarmos a nossos próprios interesses. Apenas mais tarde é que percebemos o perigo envolvido em delegarmos para outros os principais aspectos de nossas vidas.

Descobrimos, às vezes muito tarde, que a nossa liberdade está em jogo. Mas aí, é claro, não podemos reclamar que esses líderes tomam decisões com as quais nós particularmente não concordamos ou, pior ainda, que prejudicam a nós e às outras pessoas. Evitar a "inconveniência valiosa da liderança" é uma armadilha, mas é uma armadilha na qual nós preguiçosamente caímos até que os líderes mostrem abertamente suas predileções tóxicas, deixando-nos pior do que eles nos encontraram.[28] Nesse momento, o dano é difícil de ser desfeito, se não for totalmente irreparável.

Uma Contribuição Fundamental da Liderança

Tirando manter as coisas na linha, acredito que haja uma contribuição fundamental que os líderes sérios podem oferecer: eles podem ajudar-nos a lidar com as questões sérias da vida, morte e a busca pelo significado de nossas vidas.[29] A maioria dos seres humanos procura enfrentar essas questões existenciais, e as respostas são diferentes para cada um de nós. Ainda assim, a jornada é mais prazerosa quando empreendida na companhia de outras pessoas, tendo um líder decente, inteligente, sério, ético e altruísta apontando o caminho.

Este é um tópico enorme, um tópico que merece um volume próprio. Ainda assim, um capítulo sobre liderança seria negligente se não mostrasse ao leitor um conjunto maior de questões que estão muito além dos limites deste capítulo, ou mesmo deste volume.

A dualidade da natureza humana – nossos egos físicos e simbólicos entrelaçados – evoca muitas questões a serem ponderadas. Como satisfazemos nossos egos simbólicos, etéreos, quando sabemos que estamos destinados a sucumbir ao nosso fim físico, voltando ao pó e deixando para trás algo que não sabemos exatamente o que é?[30] Qual é a nossa jornada terrestre e como aceitamos que esta tem de acabar?

Uma Praga no Carisma: Por Que Liderança Conectiva e Caráter Importam **187**

Uma maneira de lidar com essas questões é nos perguntarmos o que queremos deixar para trás como evidência de nossa jornada. E é justamente aí que os líderes têm um papel importante se estiverem dispostos e forem dedicados a uma meta maior do que seu próprio poder.

Reconhecemos como líderes aqueles que guiam nossas visões para que passemos a considerar as questões importantes. Tais líderes nos convidam a participar de experiências que expandem a vida e identificam empresas nobres às quais podemos nos dedicar, e por meio das quais também podemos encontrar satisfatoriamente o complexo significado de nossas vidas. Bons líderes nos ajudam a "tirar nossa atenção da nossa própria morte e direcioná-la para um discurso mais consciente sobre as questões sociais dominantes, um discurso que nos permita lidar simbolicamente com nossos medos pessoais inconscientes".[31]

Isso é algo que os líderes conectivos tentam realizar seriamente. Eles agem com o âmago de seu caráter, não do seu ego. Eles entendem o medo que sentimos ao nos confrontarmos com o cenário turbulento da Era Conectiva. Eles reconhecem que o "real sentido" de nossas vidas, que todos eventualmente procuramos, vem da dedicação a uma causa maior do que nós mesmos.[32] E, juntamente com esta "descrição espessa", talvez venhamos a experimentar felicidade e sucesso. Como escreveu Viktor E. Frankl em sua obra clássica, *Man's Search for Meaning*:

> *O sucesso, assim como a felicidade, não pode ser perseguido; ele deve ser uma consequência, e isto só acontece quando o efeito colateral não intencional da dedicação de uma pessoa a uma causa é maior do que ela mesma.*[33]

Um benefício óbvio da dedicação a uma causa maior do que nós mesmos é a possibilidade de reconciliar as tensões globais de diversidade e interdependência. Serena e simultaneamente, também podemos deixar de lado as tensões paralelas entre o ego e as outras pessoas. Sem a reconciliação dessas duas poderosas forças paralelas, não há sustentação no caminho para o futuro.

Carisma não é suficiente. Os desafios da Era Conectiva exigem muito mais. Neste crucial momento histórico, precisamos voltar para o princípio do caráter e suas derivações: integridade, autenticidade, responsabilidade, confiança e desempenho. Também precisamos de uma nova forma de liderança, mais apropriada, não restringida pela sede de poder e privilégios, uma liderança que consiga conciliar as necessidades de muitos. É por isso que nós também devemos proclamar "Uma praga no carisma". E é por isso que a liderança conectiva e o caráter contam.

Eu acredito que Peter Drucker concordaria.

11

Produtividade do Profissional do Conhecimento e a Prática da Autoadministração

Jeremy Hunter, Ph.D., com J. Scott Scherer

Mais e mais pessoas na força de trabalho – e especialmente os profissionais do conhecimento – terão de se AUTOADMINISTRAR.
— Peter F. Drucker, *Management Challenges for the 21st Century*

Perto do fim de sua vida, Peter Drucker afirmou que "o maior desafio administrativo do século XXI" seria fazer com que os profissionais do conhecimento fossem produtivos.[1] Outros acadêmicos apoiam o posicionamento de Drucker. Tom Davenport, um dos principais pensadores sobre profissionais do conhecimento, ressalta por que essa produtividade é tão importante: "Se nossas empresas quiseram ser mais lucrativas, se nossas estratégias precisam ser bem-sucedidas, se nossa sociedade quiser ser mais avançada – será porque os profissionais do conhecimento fizeram o trabalho deles de maneira mais produtiva e eficaz".[2] A tarefa para melhorar a produtividade do profissional do conhecimento é imensa, assim como são as consequências de não fazê-la. Na realidade, Drucker avisava que a melhora na produtividade do profissional do conhecimento é o "primeiro *requisito para sobrevivência*" das nações desenvolvidas.[3] Os fracassos carregam consequências calamitosas para a economia e a sociedade de uma nação.

Em vista a essa busca, foram feitos esforços significantes, com graus variados de sucesso. A maioria dos esforços focou nos suspeitos lógicos processos de trabalho, práticas administrativas, estrutura organizacional, tecnologia da informação e ergonomia no local de trabalho.[4] Apesar desses esforços, ganhos quantitativos em produtividade não inundaram o local de trabalho. Em seu blog, Davenport se perguntava por que não estão se abrindo mais caminhos, chegando ao ponto de se perguntar: "Drucker estava errado?".[5] Infelizmente, o desafio do século XXI para Drucker está provando ser mais difícil do que esperado.

Talvez a chave esteja escondida em outro lugar. Até agora, a maior parte da energia esteve focada no ambiente externo do trabalhador. Se, de acordo com Drucker, o ativo primário de uma economia de conhecimento técnico estiver "entre as orelhas" de seus profissionais do conhecimento,[6] então talvez a chave para realçar a produtividade esteja *nos* próprios trabalhadores.

Produtividade de Dentro para Fora

Uma exploração da produtividade, baseada internamente, faz perguntas diferentes sobre como otimizá-la. Uma abordagem interna examina como um profissional do conhecimento administra – ou administra erroneamente – sua experiência interna e o ajuda a ver como seus processos internos têm um impacto direto em seu comportamento externo. Algumas das perguntas são:

- *Como os profissionais do conhecimento usam sua atenção para focar e se engajar com o trabalho e entre si?*
- *Como mentalidades rígidas, críticas, podem ser mudadas para uma mentalidade aberta, de aprendizado e transformação, as quais estão no coração da inovação e da resolução de problemas?*
- *Como as reações emocionais negativas descarrilam o processo de trabalho ou corroem a moral de um grupo?*

Produtividade do Profissional do Conhecimento... **191**

As perdas de produtividade podem muitas vezes ser atribuídas aos eventos momentâneos que ocorrem dentro de uma pessoa – eventos cuja expressão externa atrapalha o pensamento claro e a interação social efetiva. Resumindo, comportamentos visíveis resultam de processos invisíveis que ocorrem dentro da "caixa preta" interna de uma pessoa, geralmente com consequências negativas:

- *A volatilidade emocional de um executivo sênior faz com que ele seja uma pessoa amedrontadora a quem se reportar. Como resultado, notícias ruins não são entregues, e as decisões corretas não são tomadas. A organização começa a sair de seu curso. Ao desarmar a agitação interna que precede suas erupções, sua explosão será acalmada, o que, por sua vez, mudará o modo como as pessoas se relacionam com ele.*
- *A predileção de um líder por comentários críticos e sarcásticos desgasta o moral e o desempenho da equipe. Os talentos deixam a organização, juntamente com o capital de conhecimento técnico, do qual a empresa precisa se quiser ter sucesso. Ensine o líder a não expressar seus pensamentos ásperos e a ser mais apoiador, e veja o desempenho da equipe melhorar.*
- *A dependência compulsiva de seu Blackberry de um gerente promissor distrai sua atenção nas reuniões. Ele deixa passar os pontos principais, seus colegas se sentem desrespeitados e a tomada de decisões demora mais. Suas chances para promoção diminuem. Se o gerente mantiver sua atenção focada, as decisões procederão mais facilmente e sua equipe se sentirá mais respeitada.*

Em cada exemplo, o comportamento inadequado pode ser rastreado até um evento dentro do profissional, o qual afeta seu desempenho externo. Mas por que a administração deveria preocupar-se?

Após refletirmos, a resposta parece clara. Drucker nos lembrava que "os profissionais do conhecimento devem ser considerados um *ativo de capital*".[7] Se uma organização estiver buscando aumentar seus ativos e maximizar seus retornos, e se a produtividade dos profissionais do conhecimento é profundamente influenciada pelos seus estados internos, então passa a ser responsabilidade da administração ajudá-los a cultivar

192 O LEGADO VIVO DE PETER DRUCKER

estados internos ótimos. Na realidade, passa a ser um exercício de *administração de ativos.*

Por sabermos que estados internos afetam o comportamento, o desafio da produtividade passa a ser como administrar esses estados eficazmente e como melhorá-los. Em *The Practice of Management,* Drucker "iluminou o continente obscuro de administração"[8] e conscientizou os trabalhos internos da organização. Analogamente, a prática de *autoadministração,* como eu cunhei a frase, permite que o trabalhador faça brilhar uma luz em sua própria "caixa preta" interna, de modo a iluminar seu processamento interno e, em seguida, transformar esses processos para realçar sua eficácia.

Esta prática de autoadministração é baseada diretamente nos avanços recentes em neurociências, medicina e psicologia. O modelo combina os temas clássicos de mudança e transformação contínua de Drucker com as visões contemporâneas de desenvolvimento humano, fornecendo uma estrutura sistemática de teoria e prática para ajudar os profissionais do conhecimento a administrarem melhor a si mesmos, seus trabalhos e seus relacionamentos. No processo, eles transformam sua produtividade individual e coletiva, gerando mais capital para a organização.

Desenvolvendo a Prática de Autoadministração

Eu desenvolvi a prática da autoadministração depois de conduzir uma pesquisa que envolvia entrevistar profissionais proeminentes e bem-sucedidos, dedicados a praticar a atenção plena. As práticas de atenção plena são um método de desenvolvimento da atenção que realça a autopercepção, a autorregulação e a autotransformação. Mais adiante, falarei mais a respeito do que isso significa.

Nos últimos anos, a prática de atenção plena recebeu atenção considerável dos acadêmicos. Os estudos demonstraram que essas práticas melhoram inúmeras medidas de bem-estar, incluindo a saúde física e mental, a autorregulação e a qualidade dos relacionamentos.[9]

Fora do mundo acadêmico, as práticas de atenção plena produzem resultados tangíveis em vários cenários profissionais. Tais métodos fornecem informações aos programas de controle de estresse usados em hospitais em mais de 26 países ao redor do mundo.[10] A atenção plena foi incorporada ao treinamento jurídico,[11] e tem sido aplicada com sucesso nos esportes profissionais, notavelmente pelo técnico Phil Jackson na NBA, com o Chicago Bulls e o Los Angeles Lakers.[12]

Os profissionais que entrevistei incluíam um CEO de uma das Fortune 500, um arquiteto conhecido, um banqueiro, altos gerentes corporativos, pesquisadores médicos, um diretor de filmes e vários outros proeminentes profissionais do conhecimento. Na maioria das vezes, encontrei-me com eles pessoalmente. Todos eles, sem exceção, foram receptivos, estavam relaxados e eram atenciosos. Eles não eram o estereótipo do profissional estressado, porém "bem-sucedido".

Nossas conversas revelaram um refrão comum: "Minha vida é tão complexa e exigente que, se eu não tivesse essas práticas de atenção plena, acho que estaria morto". Muitas vezes, eles queriam dizer isso literalmente. Eles mostraram históricos médicos que apontavam níveis de pressão alta, problemas cardíacos e condições de sobrepeso, ou compartilharam histórias sobre divórcios e relacionamentos acabados.[13] Cada pessoa atribuiu seu sucesso e bem-estar à prática regular de atenção plena. Seus treinamentos internos resultaram em transformações significativas.

Durante esse período, eu também estava usando essas práticas para enfrentar um desafio pessoal. Eu havia sido diagnosticado com uma doença terminal aos 20 anos de idade, e me disseram que eu tinha 90% de chance de morrer dentro de 5 anos. Após ter sobrevivido por décadas após este prognóstico, eu intimamente conhecia o poder desses métodos.

Um dia, em uma conversa sobre essa pesquisa, meu colega Jean Lipman-Blumen observou: "Raramente treinamos gerentes para administrarem a si mesmos". Seu comentário cristalizou um *insight* para mim: o mundo interno do executivo permanecia totalmente negligenciado. Como isso me pareceu irônico, uma vez que meu estudo havia sugerido que a autoadministração interna era a fonte tanto de eficácia quanto de fracasso profissional.

A ideia de "administrar a si mesmo" já estava presente nos trabalhos de Drucker.[14] Eu percebi que a atenção plena poderia ser a base de uma disciplina sistemática em autoadministração. Nascia, assim, o impulso para desenvolver um método científico de autoadministração para um amplo público de profissionais do conhecimento. As descobertas recentes em neurociência ajudariam a explicar por que a atenção plena funciona, proporcionando uma descrição biológica deste processo aparentemente místico. O entendimento da função do sistema nervoso em humanos seria o primeiro passo para transformá-lo para maior eficácia profissional e pessoal.

Autoadministração Significa Administrar Seu Sistema Nervoso

A autoadministração começa com o sistema nervoso em humanos, incluindo (especialmente) o cérebro. O cérebro encontra-se no centro do trabalho com conhecimento técnico. Os profissionais do conhecimento usam seu cérebro para focar, decidir e agir. Infelizmente, poucos deles entendem como o cérebro funciona. A autoadministração examina como o cérebro e o sistema nervoso funcionam, explora seus limites e demonstra como esses limites podem ser administrados e transformados de maneira eficaz. Fazer com que os profissionais do conhecimento sejam mais produtivos significa ajudá-los a usar seu cérebro melhor.[15]

Deste ponto em diante, examinarei os processos internos específicos envolvidos na autoadministração. O ponto de partida para este exame é a *atenção*. A atenção informa como processamos a experiência e, ao mesmo tempo, energiza o desempenho. Assim sendo, explorarei como a atenção pode ser usada como uma ferramenta em uma variedade de aplicações, inclusive como transformar mentalidades não produtivas e como administrar reações emocionais – dois elementos que podem afetar profundamente o desempenho profissional.

A Atenção é a Base para a Autoadministração

A atenção e nossa experiência do mundo estão intimamente ligadas: você é o que você vê. A atenção energiza nossa habilidade de perceber o mundo externo, assim como perceber nossas próprias ações, pensamentos e emoções. O primeiro passo em direção ao autoconhecimento, autocontrole, autotransformação e conexão com os outros é dominar a atenção. Atenção é fundamental.

Há mais de cem anos, o grande psicólogo americano William James reconheceu o papel essencial que a atenção tem na autoadministração. James citou a atenção como "a verdadeira raiz do julgamento, caráter e determinação", e avisava que as pessoas não seriam donas de si mesmas se elas falhassem em, primeiramente, controlar sua atenção. Adicionalmente, James declarou que uma educação que realçasse a atenção seria "a educação *por excelência*".[16]

Neste ponto da conversa, muitas pessoas franzem a sobrancelha e dizem: "Uh? Atenção? Se é tão importante assim, como nunca ouvi falar nada a respeito antes?".

Boa pergunta. Aqui está o porquê. Existem dois motivos. Primeiro, a educação moderna costuma favorecer o conceitual e o abstrato sobre o perceptual, o que é um dos motivos de a atenção e seu desenvolvimento parecerem estranhos para muitos de nós. Segundo, embora a psicologia ocidental moderna depois de James tenha criado teorias de desenvolvimento cognitivo e emocional, ela não criou uma teoria de desenvolvimento da atenção.

"Não prestar atenção à atenção" é um tremendo ponto cego cultural. Em seu próprio detrimento, o oriente moderno ignorou a importância de preservar e desenvolver atenção. O Japão, por exemplo, tem uma herança cultural bem desenvolvida de artes para desenvolvimento da atenção, incluindo a cerimônia do chá, a caligrafia, arranjos de flores, artes marciais e arco e flecha. O propósito fundamental desses métodos é desenvolver foco, percepção, assim como estabilidade mental e emocional. Uma pessoa é considerada madura e civilizada se ela dominar pelo menos uma dessas artes. Drucker, incidentalmente, foi um dos primeiros colecionadores da arte japonesa nos Estados Unidos, um *hobby* que ele usou para treinar suas capacidades perceptivas.

Drucker e a Necessidade Vital de Treinar a Percepção

Peter Drucker reconheceu a cegueira do oriente quando escreveu: "Descartes disse, '*Penso*, logo existo'. Agora teremos de também dizer, '*Vejo*, logo existo'".[17] Drucker percebeu que a administração moderna havia enfatizado demais a análise e subestimado a percepção. (Em sua discussão, Drucker usou *percepção* como um sinônimo para atenção.) Ele ecoou a declaração de James, feita 100 anos antes: "Percepção está no centro. E ela pode – de fato, ela deve – ser treinada".[18]

Por que a percepção é importante? Quanto mais facilidade eu tiver para perceber, mais e mais formas sutis conseguirei ver. Uma percepção bem desenvolvida permite que a pessoa veja suposições ocultas, assim como novas possibilidades. Em *Innovation and Entrepreneurship*, Dru-

196 O LEGADO VIVO DE PETER DRUCKER

cker nos lembra que "quando acontece uma mudança na percepção, os fatos não mudam. Seus significados mudam".[19] O modo como vemos as coisas influencia o modo como as entendemos e respondemos a elas.

Atenção Concentrada: Foco é Poder

Para o profissional do conhecimento, a atenção é o que faz com que o trabalho seja feito. É o motor da produtividade. Operações mentais complexas não acontecem sem uma mente focada. Os estudos de experiência ótima de Milhaly Csikszentmihalyi descobriram que o foco é o ingrediente básico para aqueles momentos exaltantes de fluxo, quando a pessoa desempenha em seu limites mais altos.[20]

Do mesmo modo, a distração diminui a eficiência cognitiva. As interrupções no fluxo de pensamentos quebram o momento, o qual leva algum tempo para ser restabelecido. A atenção espalhada e distraída desperdiça energia e resulta em menos ação produtiva. Assim sendo, a administração deveria projetar sistemas que ajudam os profissionais do conhecimento a focar suas atenções.

Em termos das estruturas do cérebro, a atenção está associada ao córtex pré-frontal (CPF), também conhecido como "o CEO interno". Esta parte do cérebro está associada ao direcionamento e à alocação da atenção. Esta área pode ser fortalecida por meio de práticas sistemáticas, assim como um músculo pode ser fortalecido por meio de exercícios. Um córtex pré-frontal mais desenvolvido está associado ao aumento na habilidade de concentrar, conectar, aprender e tomar decisões. Contudo, ele pode ser enfraquecido por meio de outra "prática sistemática": tarefas múltiplas.

Tarefas Múltiplas Danificam Sua Produtividade, Seus Relacionamentos e Seu Cérebro

Tarefas múltiplas, ou simultaneamente dividir a atenção de uma pessoa entre as muitas tarefas, tornou-se um aditivo muito comum nos currículos profissionais. Muitas pessoas erroneamente acreditam que fazer muitas coisas ao mesmo tempo faz com que elas se tornem mais eficientes. Afinal de contas, se o PC na minha mesa consegue fazer várias tarefas, por que eu não conseguiria? Os trabalhadores ficam observando seus colegas que estão simultaneamente falando ao telefone, escrevendo um re-

Produtividade do Profissional do Conhecimento... **197**

latório e comendo um sanduíche. Elas ficam se perguntando, "É isto que é preciso para sobreviver?". A boa notícia é: não.

Na realidade, pesquisas mostram que as tarefas múltiplas desaceleram o desempenho e aumentam os erros.[21] Várias tarefas também reduzem a atenção disponível e aumentam a chance de que emoções desorganizadas, como medo e ansiedade, devastem a função do cérebro. Pessoas que regularmente realizam várias tarefas relatam sentir-se "fora de controle". Com o passar do tempo, tarefas múltiplas regulares poderão levar a um estado de pânico. Ao final do dia, essas pessoas sentem-se como se tivessem realizado pouco e estão completamente exaustas.

Tarefas múltiplas também prejudicam os relacionamentos. Considere este cenário: quando seu chefe está "catando milho" no teclado e você tentando discutir seu aumento de salário, você se sente ouvido e respeitado? Provavelmente não. Atenção é a ponte de relacionamentos, e a qualidade de um relacionamento é proporcional à qualidade de atenção. Quando a atenção é dividida ou espalhada, a qualidade da conexão diminui, e com esta se vai a produtividade de uma equipe.

E fica pior. Tarefas múltiplas têm um efeito negativo em quão bem as pessoas aprendem. Pesquisadores na UCLA descobriram que a atenção dividida prejudica o aprendizado complexo e, consequentemente, afeta a tomada de decisões, adaptação e uma série de outros talentos essenciais de profissionais do conhecimento.[22] Em seu estudo, as pessoas que realizam várias tarefas simultaneamente demonstraram um entendimento superficial das questões. Tomografias no cérebro mostraram que elas estão mais acostumadas a usar uma parte mais primitiva do cérebro – a parte responsável por criar memórias rotineiras, inflexíveis (o gânglio basal). Conclusão: essas pessoas usam a parte do cérebro que as torna menos capacitadas para aplicar os princípios que elas aprenderam.

No entanto, os participantes do estudo que focaram suas atenções, dependiam de uma estrutura diferente do cérebro, a saber, o hipocampo, uma parte que cria memórias mais flexíveis e permite um conhecimento mais profundo e mais robusto. Os estudantes focados conseguem aplicar um entendimento mais sutilmente diferenciado quando enfrentam problemas. No entanto, as pessoas que realizam várias tarefas simultaneamente levam a uma forma de "degeneração" neural. Esta não é uma boa receita para alta produtividade.

198 O LEGADO VIVO DE PETER DRUCKER

Quebrando o Ciclo de Tarefas Múltiplas

Reduzir as tarefas múltiplas significa aumentar a eficácia. Aqui está um exemplo. Após pedir a ela que limitasse suas várias tarefas por uma semana, uma executiva financeira, com a qual trabalhei, me relatou o seguinte:

> *Quando fiz um esforço consciente para não fazer as tarefas, eu fui, na realidade, mais eficaz. Eu completei algumas tarefas. Consegui priorizar melhor e diminuir as distrações. Eu estava mais focada. Não me senti sobrecarregada com todas as coisas que tinha de fazer e não perdi tempo pensando nelas em círculos. Mantive as coisas em perspectiva. Eu parei por um momento e as coisas que normalmente pareciam intransponíveis ficaram, na realidade, administráveis.*

Após fazer um esforço consciente para reduzir as tarefas múltiplas, muitas pessoas dizem que tanto a produtividade quanto sua qualidade de trabalho aumentaram significantemente. Elas relatam uma conexão mais significativa com seus colegas e entes queridos que, no geral, se tornaram melhores ouvintes. O fato de se conscientizar sobre os custos altos de tarefas múltiplas e gradualmente se afastar do hábito tem ajudado as pessoas a preservarem a atenção, se concentrarem e serem mais produtivas. Tarefas múltiplas é o oposto de concentração. A boa notícia é que também existem outras maneiras de melhorar a concentração.

Meditação para Concentração: Fortalecendo o CEO Interno

Existem inúmeros métodos para desenvolver a atenção focada ou a concentração. Considere uma maneira comprovada para desenvolver a atenção: práticas de meditação para concentração.[23] Para muitos, meditação evoca imagens de incenso e velas New Age. No entanto, por séculos a meditação serviu como o "treinamento básico" dos ferozes guerreiros japoneses samurais. A meditação dava ao samurai um foco intenso, inabalável, para enfrentar um inimigo mortal. Ela também pode ser muito útil para os guerreiros corporativos.

Várias evidências científicas provam que a prática de meditação para concentração é benéfica. Ela abaixa a pressão arterial, ajuda o corpo estressado a relaxar e atenua as emoções difíceis.[24] Pesquisas realizadas no cérebro na Harvard Medical School descobriram que o córtex pré-frontal em meditadores atentivos era significantemente mais grosso do que em pessoas que não meditam. À medida que as pessoas envelhecem, o córtex pré-frontal afina, mas o estudo mostrou que o córtex de meditadores mais antigos era substancialmente mais grosso do que o de seus colegas que não meditam.[25] Acredita-se que um córtex mais grosso significa maior força na atenção. A meditação fortalece a habilidade do cérebro de focar e é o antídoto para tarefas múltiplas.[26]

Atenção, Atenção Plena e Abandono Sistemático: Aprendendo a Ver para Mudar

Uma vez que a atenção é fortalecida mediante o desenvolvimento de concentração, ela pode ser usada como uma ferramenta para outras tarefas, tal como trazer as coisas para uma perspectiva. Atenção plena, como introduzida anteriormente, é uma maneira de direcionar a atenção para tornar-se cada vez mais ciente de nossas emoções, crenças e ações. Percepção leva à possibilidade de escolha. Escolhas nos dão uma maior influência consciente sobre nossas ações subsequentes. Como irei demonstrar, a atenção direta está extremamente relacionada à defesa de Drucker sobre o abandono sistemático.

Drucker aconselhava que as organizações devem regular e imparcialmente examinar seus processos habituais, e mesmo empresas inteiras, para determinar se eles ainda são eficazes, ou mesmo necessários. Elementos não produtivos devem ser *abandonados sistematicamente* para liberar recursos para empreendimentos novos e mais produtivos.

O processo de abandono sistemático também é verdadeiro para os profissionais do conhecimento. Pelo fato de a maior parte de processamento do cérebro acontecer de maneira inconsciente, ou fora de percepção, os trabalhadores sem querer se agarram a hábitos inapropriados. Por exemplo, um colega meu normalmente faz piadas sem graça durante as reuniões, as quais muitas vezes ofendem as pessoas. Quando eu gentilmente mencionei isto a ele, descobri que ele não tinha a mínima ideia de quantas vezes ele fazia isso, embora ele fizesse essas piadinhas praticamente todos os dias. O treinamento da atenção expande o escopo do que percebemos. Mais uma vez, a atenção energiza a percepção. Ao direcionarmos atentivamente a atenção, conscientizamos o inconsciente, permitindo que "vejamos" (talvez pela primeira vez) e façamos escolhas mais conscientes

200   O LEGADO VIVO DE PETER DRUCKER

sobre os comportamentos invisíveis, ineficazes que precisam ser "abandonados sistematicamente" para alcançar maior produtividade.

Para entender por que o abandono sistemático é necessário, vamos explorar a neurobiologia, como as ações e suposições conscientes se tornam hábitos e crenças inconscientes. A raiz neural da necessidade para o abandono sistemático está em uma parte antiga do cérebro chamada gânglio basal. Por uma questão de eficiência e economia dos recursos cognitivos, o cérebro move uma ação repetida do controle consciente do mais novo e mais complexo córtex pré-frontal para o mais instintivo e mais antiga gânglio basal.

Esta transferência para o gânglio basal faz com que os comportamentos conscientes e intencionais se tornem inconscientes e automáticos – um tipo de posição de "default" comportamental. O hábito recém-formado passa a ser, literalmente, impensado e inadequado. Uma vez que a ação habitual é iniciada, ela continuará rígida, automática e, muitas vezes, involuntária. E, sim, muitas vezes *improdutivamente*.

O padrão de reflexo habitual do gânglio basal explica por que as pessoas muitas vezes caem na rotina de depender dos sucessos de ontem para satisfazer as condições de hoje, mostrando por que "velhos hábitos nunca morrem". Esses hábitos insensatos estão diretamente ligados ao gânglio basal. O treinamento da atenção e seu direcionamento ajudam o trabalhador a observar e sair de padrões de pensamento e comportamentos habituais e pré-definidos, criando possibilidades para esforços mais produtivos.

Neuroplasticidade: Religando a Rede

Se a mudança para o gânglio basal é uma das causas da "irracionalidade", o antídoto encontra-se em outra operação neural bem estabelecida: a neuroplasticidade.[27] Este termo refere-se à habilidade do cérebro em se reconectar. Embora os cientistas do passado achassem que o cérebro não muda radicalmente depois da idade adulta, hoje sabemos que isso não é verdade. Além do mais, o cérebro não apenas é capaz de mudar, mas a mudança pode ser intencionalmente direcionada – chama-se transformação autodirecionada. Ao alterar os caminhos neurais, é possível que as pessoas radicalmente alterem o modo como elas se engajam com o mundo. As operações automáticas do gânglio basal não são permanentes e podem ser desfeitas por meio de prática.

O truque? Acredita-se que a atenção é o que mantém o circuito neural no lugar. Você tem o cérebro que pratica. Se direcionar a atenção a um novo comportamento ao quebrar o padrão do antigo, o comportamento antigo eventualmente se dissipará. Neuroplasticidade é a base biológica para a transformação pessoal e maior produtividade. Esta pode ser alcançada por meio de práticas de atenção plena.

Atenção Plena Significa Direcionar a Atenção

O processo de atenção plena é análogo ao abandono sistemático de Drucker. A atenção plena direciona o holofote de atenção para dentro e examina o que está funcionando e o que não está. Ao iluminar a caixa preta interna, ela cria a possibilidade de abandonar um comportamento indesejado.

Atenção Plena e Adam Smith

No início do capítulo, introduzi a ideia de atenção plena como um meio de autopercepção, autorregulação e autotransformação. Você ficará surpreso em saber que Adam Smith, o pai fundador do capitalismo, defendia o cultivo da atenção plena. Isso mesmo, Adam Smith.

Em *The Theory of Moral Sentiments*, Smith aconselhou: "*Devemos nos tornar os espectadores imparciais de nosso próprio caráter e conduta*".[28] O espectador imparcial é a parte de você que imparcialmente observa seu comportamento. Isto é atenção plena, pura e simplesmente.

Uma metáfora útil: imagine a mente como um rio raivoso. Normalmente, somos pegos pelo rio e levados para uma viagem incrível pelos nossos pensamentos e emoções. Assumir a perspectiva do espectador imparcial significa sair do rio e observar seu fluxo da margem. A mudança na postura perceptual é crítica, adotando a habilidade de assistirmos nossos pensamentos de uma posição objetiva. Você não é seus pensamentos. O treinamento da atenção ajuda o profissional do conhecimento a separar o que ele pensa e sente de *como ele reage*. Repetindo, o espectador imparcial cria a possibilidade de testemunhar uma explosão interna de pensamento ou reação emocional sem traduzi-la em uma ação externa.

Esta distinção, como veremos, proporciona um ponto central importante para aumentar a eficiência do profissional do conhecimento.

Se alguém repetidamente reconhece um impulso interno, mas não age sobre ele e nem o suprime, as conexões neurais entre um momento de raiva e um ataque verbal pouco a pouco começam a se desembaraçar. O resultado: a reatividade destrutiva primária do profissional do conhecimento é agora convertida em uma resposta considerada. A produtividade aumenta.

Empregando o Espectador Imparcial

O espectador imparcial de Smith acaba sendo um aliado poderoso em responder ao desafio sobre a criatividade do profissional do conhecimento de Drucker, portanto, vamos examinar profundamente como empregar esta ferramenta. Primeiro, exploraremos as atitudes mentais dos profissionais do conhecimento, e segundo, examinaremos suas reações emocionais.

Atitudes Mentais para o Status Quo e Atitudes Mentais para o Crescimento

As narrativas internas são as ideias, histórias ou explicações que temos sobre nossa experiência. Como um todo, elas formam as atitudes mentais. Atitudes mentais servem como um filtro inconsciente que predetermina o que vemos e como vemos. Pense nas atitudes mentais como um software que roda embaixo de sua percepção consciente, mas que "pré-programa" sua percepção e respostas.

As implicações de uma atitude mental para a produtividade no local de trabalho são prontamente aparentes. Um gerente que automaticamente pensa sobre como os novos empreendimentos poderiam fracassar (e deixa transparecer) e outro que explora quais são as possibilidades para adentrar um mercado inexplorado são dois exemplos de como as atitudes mentais funcionam no trabalho. A primeira fecha as portas para as oportunidades; a segunda as cria.

Felizmente, o espectador imparcial ajuda a descobrir quais atitudes mentais guiam nosso comportamento e mudam para uma atitude mental para crescimento e produtividade. Mas primeiro vamos examinar de perto essas atitudes mentais.

Carol Dweck, psicóloga em Stanford, identificou, depois de 30 anos de pesquisa, duas formas de atitudes mentais: fixa e para crescimento.[29] (Tenha em mente que ambas as formas de atitudes mentais podem existir em uma mesma pessoa e podem ser ativadas dependendo das circunstâncias.)

A atitude mental fixa é rígida e crítica. Ela dita que as pessoas nascem ou não com talento. Subsequentemente, esta atitude mental se esforçará para proteger a identidade de um ego que não se permite admitir erros, uma vez que "erros = fracasso". A perfeição é o que manda e, infelizmente, o aprendizado, a propensão ao risco e a adaptação param. Em um ambiente de trabalho de conhecimento em rede, os esforços para melhorias são inconscientemente bloqueados, e a produtividade sofre.

Em contraste, a atitude mental para o crescimento é flexível e generativa. Ela vê o talento como sendo algo que pode crescer com empenho. Em vez de tentar *impressionar*, esta atitude mental tentará *melhorar*. Ela é curiosa e vê os erros não apenas como uma causa para condenação, mas como informação – como uma oportunidade para aprender e desenvolver. No mundo colaborativo do trabalho de conhecimento, este tipo de atitude mental fertiliza novos pensamentos, encoraja a tomada de riscos e desenvolve laços de conexão mais fortes entre os membros da equipe.

A atitude mental para crescimento exemplifica a noção de Drucker de aprendizado contínuo. Por ser curiosa e aberta para o mundo, esta atitude permite que as pessoas assumam uma visão mais ampla, empática, esperançosa e que racionalmente foca nas possibilidades e oportunidades. Tal atitude é essencial em um ambiente de trabalho de conhecimento.

A prática de atenção plena ilumina o modo como essas atitudes mentais operam, possibilitando que o profissional aprenda como "mudar de trilho", do mundo rígido da atitude mental fixa para o modo aberto e receptivo da atitude mental para crescimento. Veja o exemplo de Jack, um banqueiro executivo que, após aplicar a prática da atenção plena, teve esta auto-observação:

A atitude mental fixa definitivamente tinha um papel na minha reatividade, a qual era um problema para mim no trabalho. Eu fazia suposições sobre uma situação a partir de uma crença negativa que eu tinha sobre os motivos de um colega de trabalho, e esta crença não era baseada em informações reais, mas puramente na minha atitude mental. Se eu tivesse sido mais curioso, eu

204 O LEGADO VIVO DE PETER DRUCKER

teria perguntado, "O que faz com que ele responda dessa maneira?". Em vez de aprender algo útil sobre a situação, eu reforçava meus preconceitos existentes sobre a pessoa e acabava em um argumento sem entender melhor a situação.

A atitude mental fixa não aprende. Em vez disso, ela procura apoiar o que já sabe. Além disso, os sentimentos de tensão, ameaça e medo muitas vezes acompanham a atitude mental fixa. Uma situação de defesa ou ataque é, por natureza, estressante e faz com que seja difícil interagir produtivamente.

Por contraste, uma atitude mental para crescimento se aproxima de uma situação com mais calma e abertura. Veja a Shirley, uma executiva contábil, que explica como ela empregou, com sucesso, a estrutura da atitude mental para crescimento:

Quando trabalhamos com um cliente, eu me coloco num estado mental mais inquisidor ao fazer perguntas de um ponto de vista de aprendizado e crescimento, em vez de presumir que esta pessoa está agindo de modo egoísta. Primeiro, eu sentia um estado mental mais calmo, embora estivesse no modo inquisidor. Consequentemente, este derivava a necessidade de se sentir frustrada ou indignada. Além disso, eu podia ver que a outra pessoa, embora inicialmente defensiva, conseguia sentir que eu realmente queria entender seu ponto de vista. Ele gradualmente se abria para mim de maneira mais autêntica e honesta. Conseguíamos alcançar um denominador comum que não sabíamos que tínhamos.

Ao assumir uma atitude mental de ambas as orientações, fixa e para crescimento, uma pessoa passa a perceber sua atitude mental operacional e suas ramificações. As pessoas geralmente se surpreendem como uma simples mudança na atitude mental produz resultados dramaticamente positivos. A mudança consciente para uma orientação para crescimento abre possibilidades não previstas e soluciona problemas. A alternativa da posição fixa resulta em uma batalha emocional intratável, motivada pelo ego, sobre o certo e o errado que leva a lugar nenhum. A mudança de atitude mental abre as portas para oportunidades para melhorar a produtividade.

Vamos agora para a segunda aplicação de espectador imparcial de Smith – a área das emoções reativas.

Estar Atento às Emoções Reativas

As emoções reativas acontecem automaticamente, sem desejo ou esforço. Elas são quase sempre motivadas pela autodefesa ou autogratificação – raiva, medo, ansiedade, paixão e desejo são alguns exemplos. As emoções reativas geralmente fazem seu trabalho muito bem, nos protegendo, nos alimentando e assim por diante. Entretanto, de tempos em tempos, essas emoções nos sequestram e precipitam ações que levam a resultados indesejados.

As fortes emoções reativas afetam a produtividade porque elas desligam a habilidade do cérebro em ser racional, objetivo e adaptativo. Elas distorcem a percepção, pois as pessoas interpretam os eventos para confirmarem, apoiarem e manterem o estado emocional. O cérebro de um profissional do conhecimento que está à beira de uma emoção reativa não consegue aceitar informações que desafiam sua maneira de pensar e estado emocional.

A atenção do espectador imparcial pode ser uma ferramenta poderosa para perceber a reação emocional antes que ela tenha a chance de levar a um comportamento destrutivo. Paul Ekman, o pesquisador pioneiro, concorda: "Quando estamos *atentos*, conseguimos observar-nos durante um episódio emocional... Reconhecemos que estamos agindo emocionalmente e conseguimos considerar se a nossa resposta é ou não justificada. Conseguimos reavaliar, revisar, e se isto não tiver sucesso, então direcionamos o que dizemos e fazemos. Tudo isso ocorre enquanto estamos experimentando a emoção, assim que nos conscientizamos de nossos sentimentos emocionais e ações".[30] Vamos considerar um exemplo prático para observar como um espectador imparcial plenamente atento se relaciona à reatividade emocional.

O Caso do Engenheiro Ansioso

Uma vez trabalhei com um engenheiro brilhante respeitado e tecnicamente que estava afiliado com um grande prestador de serviço de defesa. Vamos chamá-lo de Marv. Embora ele fosse bastante querido, era também conhecido por explodir verbalmente quando alguma notícia ruim lhe era apresentada. Esse tipo de reação oprimia a pessoa que dava a notícia. Para piorar as coisas, as explosões do Marv aconteciam em reuniões com seus superiores, e elas estavam afetando negativamente suas chances de promoção. Assim sendo, ele procurou minha ajuda.

O Marv aprendeu como treinar seu espectador imparcial para tornar-se ciente de como a explosão verbal realmente funcionava. Com um pouco de prática e observação, ele percebeu que sua explosão verbal era o *resultado* de alguma outra coisa que ele não havia percebido antes. Ele percebeu algo novo.

Antes da explosão, Marv sentia claramente uma investida de energia em seu peito que saia na forma de uma reação verbal de pânico. Armado com esta informação, ele podia atentar para a emergência de um impulso energético. Quando ele sentia que uma explosão era eminente, este era o sinal para ele respirar fundo e pausar por um momento. O impulso surgia, chegava ao pico e depois se dissipava. Com a prática, ele se tornou cada vez mais capaz de perceber a reação antes de ela explodir verbalmente. Marv usou sua atenção para perceber a situação e fazer uma escolha diferente. Isso resultou em um relacionamento melhor com seus colegas e maior produtividade.

O que Marv fez foi usar o princípio da neuroplasticidade para separar a investida em seu peito da ação verbal. Assim sendo, ao usar sua atenção ele conseguia parar a si mesmo. Ele disse que sentia um sentimento de controle e confiança que nunca havia experimentado antes. Sem o peso de sua reação debilitante, ele estava livre para colocar sua mente brilhante para trabalhar pela empresa.

Drucker, o Grande Libertador

Nós falamos apenas resumidamente sobre como a autoadministração melhora a produtividade do profissional do conhecimento. Há muito mais para explorar. Vimos como a percepção (ou atenção) realçada tem um papel principal no processo, e discutimos algumas maneiras básicas nas quais a percepção pode ser treinada para focar, assim como administrar, a atitude mental do profissional do conhecimento e a reatividade emocional.

Peter Drucker foi presenteado com um poder perceptivo excepcional – uma capacidade para ver o que já existia, mas permanecia largamente invisível para a maioria. O autor de 39 livros e vários artigos, aprendiz no comércio de algodão, jornalista, professor universitário e consultor procurado, Drucker era um profissional do conhecimento altamente produtivo. A questão de fazer com que outros profissionais do conhecimento fossem produtivos foi uma preocupação central de seu trabalho por quase 50 anos.

Em sua obra, *The Definitive Drucker*, Elizabeth Haas Edersheim mencionou que uma característica central da personalidade de Peter era sua habilidade de libertar as pessoas.[31] Ao fazer as perguntas certas, desafiar as suposições fortemente mantidas e empurrar as pessoas para verem algo que antes não haviam visto, ele as libertava de seus limites autoimpostos. Ao mudar nossas percepções, mesmo que um pouco, ele revelava um novo mundo repleto de possibilidades. Porque Drucker não está mais aqui para nos liberar de nossas limitações de pensamentos, emoções e ações, nós – dirigidos pela sua obra –, precisamos adotar novas ferramentas e aprender a nos libertarmos.

12

Mercado de Mão de Obra e Recursos Humanos: Administrando Trabalhadores Manuais e Profissionais do Conhecimento

Roberto Pedace

No melhor uso dos recursos humanos está a principal oportunidade para aumentar a produtividade... A administração de homens deve ser a primeira e principal preocupação de administrações operantes, em vez da administração de coisas e técnicas.

– Peter F. Drucker, *The New Society*

Embora não tenha sempre sido central aos pensamentos de Drucker, muito de seu trabalho descreveu a importância de decisões administrativas a respeito do recrutamento de funcionários, treinamentos, incentivos e compensação. Além disso, a significância que Drucker colocava na história e nas instituições é particularmente fundamental no entendimento do comportamento do mercado de mão de obra e de resultados. O objetivo deste capítulo é explorar algumas intersecções entre as ideias de Drucker sobre os mercados de mão de obra e administração de recursos humanos com as ferramentas que os economistas usam para discutir as questões nessas áreas. Mais adiante, usarei um exemplo de minha pró-

210 O LEGADO VIVO DE PETER DRUCKER

pria pesquisa para ilustrar como as ideias de Drucker esclareceram um importante quebra-cabeça empírico.

O material subsequente neste capítulo é organizado em três seções. A primeira seção cobre os conceitos amplos na economia de mão de obra e recursos humanos. Mais especificamente, esta seção desenvolve alguns princípios gerais sobre a interação trabalhador/empresa, ilustrando como a economia da mão de obra utiliza as ferramentas básicas da microeconomia, mas evoluiu para analisar cenários que são singulares para os mercados nos quais os serviços de mão de obra são trazidos e vendidos. Após esta seção, descrevo o papel da administração em lidar com as questões de produtividade dos funcionários. Aqui, foco na integração do trabalho de Drucker com alguns elementos importantes da economia de recursos humanos e de pessoal. A terceira seção ilustra como alguns dos *insights* de Drucker podem ajudar a esclarecer uma questão prática e importante na área da economia da mão de obra. O capítulo conclui com um resumo das ideias mais importantes.

Fundações Conceituais e a Importância do Mercado de Mão de Obra

A elasticidade da lei salarial total é o principal fator na habilidade da empresa em sobreviver a um contratempo comercial.

– Peter F. Drucker, *The New Society*

Drucker tinha a habilidade incomum de fazer complicados conceitos teóricos aplicáveis ao mundo real. A declaração dada acima não era uma exceção, mas sem o entendimento de algumas teorias microeconômicas fundamentais, é difícil prever precisamente o que está implícito em suas palavras e as condições que mais influenciam a relevância dessas ideias.

A *lei salarial total* é definida como a taxa salarial (custo por unidade de mão de obra) multiplicada pelo número total de unidades de mão de obra empregada pela empresa. Para um tipo específico de mão de obra (por exemplo, operador de máquinas), o salário pago é determinado pelo mercado (o número de pessoas nessa linha de trabalho e o número de empresas que buscam este tipo de trabalho), juntamente com vários fatores específicos do trabalhador (por exemplo, educação e experiência) e ca-

Mercado de Mão de Obra e Recursos Humanos... **211**

racterísticas do serviço (por exemplo, condições de trabalho e benefícios não salariais). Após avaliar essas condições existentes, os funcionários potenciais determinarão o salário mais baixo que eles estão dispostos a aceitar, e as empresas determinarão o salário mais alto que elas estão dispostas a pagar. A empresa continua empregando funcionários, contanto que a receita adicional gerada pela contratação de outro funcionário exceda o salário que aqueles que estão desempregados estejam dispostos a trabalhar. Quando a empresa não consegue mais obter lucro pela contratação de um funcionário adicional, ela atingiu sua alocação ótima de entrada de mão de obra e determinou sua lei salarial total.

A *elasticidade* da lei salarial total é a proporção da mudança percentual nos custos de mão de obra em relação à mudança percentual na produção da empresa. Quanto maior a proporção, mais sensível (ou elástica) é a lei salarial da empresa. O foco de Drucker na elasticidade dos custos de mão de obra sugere que a habilidade de uma empresa em constantemente ajustar seus salários e/ou número de funcionários que ela emprega é um componente fundamental de seu sucesso no longo prazo. Em resposta ao declínio nas vendas de um produto ou serviço, a empresa buscará cortes no tamanho de sua força de mão de obra e no seu uso de matérias-primas e capital físico. Uma vez que a mão de obra é normalmente o maior componente dos custos variáveis de produção, é sensato que a atenção seja focada aqui.

No entanto, alguns fatores precisam ser considerados quando examinamos a habilidade de uma empresa em ajustar rapidamente sua lei salarial em face de um "contratempo comercial". Um deles é a tecnologia da produção que é usada pela empresa ou disponível na indústria. Esta determinará a habilidade da empresa em substituir capital por mão de obra, ou mão de obra com salário maior por mão de obra com salário menor. Outro elemento são as restrições institucionais existentes. Este é resultado de contratos sindicais (os quais podem ter predeterminado os alvos de folhas salariais) ou, no caso de profissionais do conhecimento, os acordos empregatícios em longo prazo e as compensações. Por último, a intervenção direta do governo nos mercados de mão de obra, com restrições sobre as horas de trabalho, e as leis de salários mínimos afetam a elasticidade da lei salarial. Consequentemente, como Drucker muitas vezes enfatizou, um entendimento das condições precisas nas quais as empresas operam e a praticidade de exercer várias opções é crítica para administrar eficazmente os recursos humanos de uma organização.

Recursos Humanos e o Papel da Administração

As administrações em todos os lugares enfrentam os mesmos problemas. Elas precisam organizar o trabalho para produtividade; elas precisam liderar o trabalhador em direção à produtividade e conquistas.

– Peter Drucker, *Management,*
Tasks, Responsibilities, Practices

Ele (o trabalhador) precisa, acima de tudo, de uma renda previsível, com a qual ele possa planejar e fazer seu orçamento. Daí a insistência do próprio trabalhador na "segurança" como sua principal necessidade, muito mais importante do que a faixa salarial.

– Peter Drucker, *The New Society*

Um dos motivos da economia de a mão de obra ter se tornado um campo especializado da microeconomia é que os eruditos e estudiosos reconheceram a necessidade de analisar as interações trabalhador/empresa além das transações breves e impessoais que caracterizam a maioria dos mercados. Por exemplo, se entro em uma loja de conveniência para comprar um chocolate, o dono da loja não saberá nada a meu respeito, mas não se importará, contanto que eu pague pelo produto. Similarmente, eu não terei qualquer informação sobre o dono da loja, mas não me preocuparei com isso, contanto que eu compre o produto. Esses tipos de transações de mercado, nas quais compradores e vendedores não estão preocupados com as características pessoais um do outro, são, algumas vezes, chamadas de transações de *mercado de pronta entrega*. Diferentemente das transações na maioria dos mercados de produtos, um emprego envolve um relacionamento pessoal contínuo entre o empregador e o empregado. Esses relacionamentos de longo prazo fazem com que os modelos de mercado de pronta entrega da substituição de mão de obra sejam incompletos, uma vez que eles ignoram as características e os resultados dos "mercados de mão de obra interna" (MMOIs). Geralmente, os MMOI contêm etapas de serviços com um inventário de todos os serviços; avaliações de serviço com base no grau de supervisão, talento e importância das tarefas; e caminhos promocionais que proporcionam oportunidades para desenvolvimento profissional e crescimento salarial. O MMOI proporciona a "segurança" que Drucker descreve ao definir as regras de senioridade e recompensa de trabalhadores pelo bom desempenho.

Embora esse relacionamento de longo termo entre o trabalhador e a empresa seja valioso para que os trabalhadores possam aliviar as ansiedades relacionadas ao desemprego e ganhos futuros, o desenvolvimento de MMOIs também pode beneficiar os empregados. Primeiro, informações imperfeitas no mercado de mão de obra geralmente resultam no uso de entrevistas, testes e outras medidas, as quais aumentam os custos associados com a contratação de novos empregados. Segundo, uma vez no emprego, os trabalhadores adquirem talentos específicos; com isso, os custos da rotatividade aumentam, uma vez que novos trabalhadores não terão os mesmos níveis de produtividade. Terceiro, um ponto de vista até mais radical argumenta que quando os trabalhadores começam a procurar a proteção de sindicatos, os donos da empresa respondem com o MMOI como uma ferramenta para dividir e conquistar. Isto é, a criação de categorias de empregos e hierarquias dividia os interesses dos trabalhadores, reduzia a solidariedade e fazia com que os empregados fossem mais submissos às exigências da empresa. Um tema comum em todas essas explicações, as quais são contrastantes com a declaração de Drucker, é que o desenvolvimento de MMOIs foi bastante benéfico para as empresas.

A realidade provavelmente se encontra em algum lugar no meio termo. Em outras palavras, os MMOIs melhoraram o bem-estar dos empregados ao lhes proporcionar um aumento na segurança do emprego e oportunidades de promoção, enquanto as empresas agora podiam também ser mais eficientes em reter funcionários com talentos específicos. Os benefícios da ligação de longo termo entre empregados e empresa possibilitavam que estas oferecessem salários que excediam aqueles que os funcionários poderiam obter em outros lugares.

Uma faixa salarial alta poderá, na realidade, constituir um custo salarial mais baixo por unidade de produção; ela poderá acarretar maior esforço e eficiência produtiva.

– Peter F. Drucker. *The New Society*

214 O LEGADO VIVO DE PETER DRUCKER

É nesta dimensão de economia da mão de obra e de pessoal que a ideia de Drucker, de que os gerentes deveriam pagar aos empregados um salário acima das taxas de mercado, era realmente inovadora. Embora muitos gerentes entendam que faz sentido considerar a influência do pagamento no sentimento de valor do empregado para com sua organização, o compromisso e a produtividade, ela inicialmente encontrou resistência entre os principais economistas. A ideia, hoje conhecida como a *hipótese do salário de eficiência*, foi primeiramente usada pelos economistas políticos como um complemento à noção de Marx sobre salários de subsistência durante os estágios iniciais da industrialização, e o relacionamento positivo entre salários, consumo nutricional e produtividade do empregado. Mais tarde, ela foi formalizada no contexto de economias em desenvolvimento, salários baixos e mercados de mão de obra manual, onde os modelos previam que, até certo ponto, os aumentos na produtividade compensariam os custos mais altos incorridos pelos aumentos de salários.

Entretanto, foi apenas mais tarde que a relevância deste conceito em um mercado para profissionais do conhecimento foi explorada. Nesse mercado de mão de obra, duas das mais importantes questões para contratação são *seleção adversa* e *risco moral*. A seleção adversa ocorre quando não é possível observar as *habilidades* dos candidatos em realizarem as tarefas necessárias ao emprego, e o risco moral ocorre quando não é possível observar as *ações* dos funcionários quando eles estão "em horário de trabalho". À medida que nos movemos cada vez mais em direção a uma economia baseada no conhecimento, a seleção adversa e o risco moral contribuem para a assimetria de informação nas decisões de contratação e retenção dos profissionais do conhecimento. Isso foi algo que Peter Drucker viu há muito tempo.

Os salários de eficiência mitigam os problemas de seleção adversa porque salários mais altos atraem pessoas mais capazes, e isso permite que os gerentes escolham os funcionários de um grupo que geralmente consiste de candidatos mais produtivos. Enquanto os esquemas de pagamento por produção e de compensação solucionam o problema do risco moral em situações nas quais o rendimento do empregado é facilmente mensurado, essas técnicas não são suficientes para a maioria dos profissionais do conhecimento, em que a produtividade não é diretamente observável. Aqui, os salários de eficiência, em combinação com a produtividade e recompensas por senioridade nos perfis de ganhos de um MMOI, aumentam o custo de perda de emprego para os empregados, induzem a um grau mais alto de esforço (menos evasão) e mais produtividade, e simultaneamente minimizam os custos de supervisão. Além disso, essas taxas salariais mais altas elevam o moral e reduzem a rotatividade, as quais, por sua vez, criam economias adicionais de custos nas atividades de contratação e treinamento.

Sem dúvida alguma, Drucker tinha opiniões similares sobre os efeitos positivos de se pagar "salários altos". O que é surpreendente, contudo, é que, embora suas observações sobre os mercados de mão de obra tenham sido normalmente extraídas de teorias existentes da interação empregado/empresa, não existem referências para os efeitos dos salários de eficiência no "esforço produtivo" anteriores à declaração de Drucker no início desta seção. Além disso, ele nunca foi adequadamente reconhecido por essa ideia.

Usando os *Insights* de Drucker para Entender o Impacto do Mercado de Mão de Obra de Imigração nos Estados Unidos

Uma área específica da minha pesquisa sobre os mercados de mão de obra estima o impacto da imigração nos trabalhadores nos Estados Unidos. Uma das principais preocupações nos Estados Unidos é de que os imigrantes aumentarão a concorrência por empregos e, como resultado, reduzirão os salários e as oportunidades de empregos disponíveis para os trabalhadores nativos. Uma vez que a concentração de imigrantes varia consideravelmente pelos Estados Unidos, o medo é de que os salários e o emprego de nativos sejam desproporcionalmente afetados nas áreas onde o número de imigrantes é alto. Uma classificação de áreas metropolitanas entre 1985 e 1990 revelou que 6 de 10 áreas metropolitanas com um número alto de imigrantes estavam localizadas nas regiões sul e oeste do país. Além disso, entre 1980 e 1985, três cidades (Nova York, Los Angeles e Miami) eram responsáveis por mais da metade de imigrantes que haviam chegado na década anterior. Até mesmo os dados com um período de tempo mais longo mostram que apenas seis estados (Califórnia, Florida, Illinois, Nova Jersey e Texas) receberam a maior parte dos imigrantes nos últimos 40 anos.

216 O LEGADO VIVO DE PETER DRUCKER

Enquanto esses estados devem lidar com os impactos do mercado de mão de obra direta da imigração, qualquer resposta migratória de trabalhadores nativos transferirá alguns dos efeitos para vários mercados de mão de obra, e, portanto, merece a atenção da política pública nacional. Os debates sobre esta questão são normalmente bastante emocionais, mas antes de nos juntarmos a qualquer apelo de massa por mudanças na política, é importante rever os fatos nesta área e entender seu relacionamento com alguns dos conceitos discutidos anteriormente neste capítulo.

Muitos estudos estimaram os efeitos da imigração nos salários e nos empregos. O método mais comum é uma abordagem regional ou por área. Esta abordagem tipicamente compara os efeitos da imigração nos salários de trabalhadores nativos, em todas as regiões, ao introduzir uma variável que contabiliza a imigração como uma porcentagem da força de mão de obra total em certas áreas geográficas, enquanto simultaneamente controla as características de capital humano (educação, experiência no trabalho, e daí em diante). Na maioria dos estudos, a área metropolitana é usada como o nível de agregação para medir a concentração de imigrantes.

Nos estudos que usaram esta abordagem, há uma pequena relação entre o aumento na imigração e as consequências do mercado de mão de obra. Estudos anteriores descobriram que um aumento de 10% no número de imigrantes reduz os ganhos dos trabalhadores nativos em menos do que 0,5%, e o emprego de nativos em um máximo de 1%. No entanto, existem evidências de que esses efeitos variam por grupo demográfico, e alguns até experimentam aumentos nos ganhos quando existem grandes concentrações de imigrantes.

Mais recentemente, a pesquisa focou no controle da resposta migratória de trabalhadores nativos e em melhor identificar a extensão da concorrência de imigrantes para empregos específicos. As medidas da proporção de imigrantes em uma área metropolitana não captam precisamente a extensão da concorrência do mercado de mão de obra de imigrantes para a maioria dos trabalhadores, uma vez que os imigrantes não são igualmente distribuídos entre os vários empregos nesses mercados locais de mão de obra. Entretanto, após usar as medidas de imigração específica por área e ocupação e a migração interna, os estudos continuaram a descobrir que os efeitos da imigração são pequenos. Os maiores efeitos negativos estimam que um aumento de 10% na fatia da população de

Mercado de Mão de Obra e Recursos Humanos... **217**

imigrantes reduz os salários em apenas 0,5 pontos percentuais para os trabalhadores com menos talentos. Por outro lado, esses estudos também descobriram que os salários para alguns trabalhadores com mais talentos são positivamente afetados pelos aumentos na imigração e muitas vezes compensam os efeitos negativos nos trabalhadores com menos talentos.

No geral, existem apenas evidências limitadas de que a imigração exerce pressão para baixo nos salários dos trabalhadores nativos. Até recentemente, muitos pesquisadores acreditavam que os pequenos efeitos da imigração eram em razão do fracasso dos estudos em controlar explicitamente a migração interna de trabalhadores nativos. Vários estudos hoje incorporaram esta situação na análise, mas evidências convincentes de qualquer efeito negativo da imigração permanecem indefinidas. Grande parte dos efeitos da imigração no salário dos trabalhadores nativos não apenas permaneceu positivo, mas também têm a tendência de compensar os efeitos negativos ocasionais.

O grande número de imigrantes empregados, ou procurando emprego, em empregos com de menor qualificação geram expectativas de se encontrar impactos negativos nos trabalhadores nativos que são muito maiores do que aqueles realmente observados. A mão de obra manual empregada nesses empregos tem a tendência de ser altamente substituível, uma vez que as tarefas exigem a aquisição de habilidades físicas, porém menos "trabalho de conhecimento". O resultado é que a demanda por mão de obra é altamente sensível a mudanças nos salários.

> *Se a demanda por mão de obra nas ocupações do setor secundário é relativamente elástica, um aumento na imigração, inicialmente, reduzirá os níveis salariais e de emprego, mas o aumento no emprego total compensará a redução nos salários.*
> – Roberto Pedace, "Immigration, Labor Market, Mobility, And the Earnings of Native-Born Workers: an Occupational Segmentation Approach"

O aumento na lei salarial simultaneamente gera uma série de efeitos de demanda (com o aumento na renda agregada) que beneficia tanto os trabalhadores com menos talentos quanto os mais talentosos. Isso basicamente resultaria em níveis salariais e de empregos mais altos. Consequentemente, algumas das ferramentas teóricas que Drucker usou para

218 O LEGADO VIVO DE PETER DRUCKER

entender a resposta da demanda de mão de obra de uma empresa durante o ciclo de negócios pode também ser usada para entender esta importante questão de política pública.

Muitos imigrantes também trabalham em empregos com maior qualificação. Embora não esperemos o mesmo grau de substituição de mão de obra nesses empregos, onde o conhecimento passa a ser a contribuição primária do trabalhador ao processo de produção, a teoria tradicional prevê alguma queda de salários com o aumento da concorrência neste mercado de mão de obra. A ausência de efeitos salariais negativos não é em razão da falta de concorrência de imigrantes para os empregos neste setor. Na realidade, nas áreas metropolitanas de Los Angeles, Miami, Nova York, São Francisco e Washington, mais de 10% dos trabalhadores em ocupações de maior qualificação são pessoas nascidas no exterior. Em algumas indústrias, esta porcentagem é consideravelmente maior. Os resultados persistentes nos estudos empíricos, indicando que as consequências salariais de trabalhadores nativos nessas ocupações são melhoradas com níveis mais altos de imigração, demonstram que outros *insights* no comportamento do trabalhador e da empresa nos mercados de mão de obra podem ser úteis.

Mais uma vez, as ideias de Drucker ajudaram a esclarecer os efeitos observados da imigração nos trabalhadores com mais talentos. Mais especificamente, a existência de MMOIs e estruturas de salário de eficiência têm um papel importante nesses mercados de mão de obra, nos quais os profissionais do conhecimento são mais predominantes. Nessas circunstâncias, a diversidade e especialização do conhecimento, o acúmulo de capital humano específico para a empresa e as normas de senioridade dos MMOIs proporcionam abrigo contra as pressões salariais para baixo causadas pelo aumento da concorrência no mercado de mão de obra. Além disso, a imigração permite que as empresas façam uma triagem daqueles que estão procurando emprego de um grupo mais diverso de mão de obra, onde elas mais provavelmente encontrarão trabalhadores com conhecimento e talentos que sejam complementares àqueles dos trabalhadores existentes. Os aumentos salariais para esses trabalhadores resultam desses complementos, em combinação com salários de eficiência que criam combinações melhores de emprego, reduzem o incentivo para evasão, abaixam os custos para contratação e aumentam os retornos do treinamento no emprego.

Conclusão

Este capítulo começou com alguns conceitos gerais da administração de mão de obra e de recursos humanos, e continuou com a discussão de algumas ferramentas específicas usadas na economia de mão de obra, suas relações com o trabalho de Drucker e sua relevância na minha própria pesquisa.

As ideias fundamentais podem ser resumidas pelo seguinte:

1. *O entendimento da administração sobre os mercados de mão de obra é essencial para o desempenho das tarefas mais importantes de recursos humanos: quem e quantos empregados contratar, quanto pagar e como motivar os empregados para obter produtividade máxima.*

2. *Uma vez que mão de obra e conhecimento são os ativos de produção mais valiosos na empresa, as tarefas da administração de recursos humanos não devem ser delegadas a departamentos que não sejam diretamente responsáveis por decisões estratégicas em produção, preços, crescimento e missão; os gerentes gerais precisam tomar a iniciativa e serem responsáveis por alinhar as decisões de recursos humanos com os objetivos da empresa.*

3. *Os gerentes devem "olhar para fora da janela" e tentar entender como as condições econômicas, as tendências demográficas e as políticas governamentais afetam os resultados do mercado de mão de obra para melhor apoiar as metas da empresa com suas decisões de recursos humanos.*

Nota do Autor: Estou em dívida com Joe Maciariello e Hideki Yamawaki pelo seu apoio e *feedback* durante as palestras de *A Diferença Drucker*, e com Graig Pearce por sua disposição em criticar um primeiro esboço deste capítulo. Também gostaria de agradecer os estudantes que fizeram o meu curso em economia da mão de obra e de pessoal; suas perguntas e comentários me ajudaram a integrar melhor as ideias de Peter Drucker com a economia da mão de obra no geral, e mais especificamente com a minha própria pesquisa.

13

Peter Drucker: o Economista Humanista

Jay Prag

Temos uma abordagem que relaciona a economia aos valores humanos.
— Peter F. Drucker, *The Daily Drucker*

Introdução

Por ter ensinado economia por 25 anos, tive a oportunidade de me deparar com alunos ou colegas que declaravam (geralmente com um sentimento curioso de orgulho) que não gostavam ou não acreditavam em economia. Era com este ponto de vista que eu costumava pensar sobre Peter Drucker. Afinal de contas, ele disse em um artigo de Jack Beatty na revista *Atlantic*, "The Education of Peter Drucker", que "há uma coisa em que eu e os economistas concordamos, eu não sou economista".

Normalmente, as pessoas que não acreditam em economia também não acreditam em mercados livres ou direitos individuais, ainda assim elas acreditam – ou têm fé – em grandes governos. Portanto, eu me surpreendi quando li o livro de Drucker, *The New Realities*, pela primeira vez e descobri que eu e ele temos perspectivas virtualmente idênticas em praticamente tudo que é economia. Mas como isso é possível? Eu sou um economista de carteirinha, provado e comprovado (Ph.D da Univer-

222 O LEGADO VIVO DE PETER DRUCKER

sidade de Rochester), e Peter era um não economista confesso. Após ter considerado suas posições e ideias, e as minhas próprias posições e ideias em muitos assuntos, descobri a resposta, e eu declaro que este grande homem era um economista humanista.

Peter Drucker: os Primeiros Anos

Em "The Education of Peter Drucker", Jack Beatty escreve:

> *Durante sua estada de quatro anos na Inglaterra, Drucker participou do seminário em economia de John Maynard Keynes na Cambridge University e fez uma descoberta importante: "Repentinamente percebi que Keynes, e todos os brilhantes alunos de economia na plateia, estavam interessados no comportamento de produtos, enquanto eu estava interessado no comportamento das pessoas".*

Com isso, Peter Drucker abandonou sua rápida carreira como professor de economia, e muitas pessoas, incluindo ele mesmo, acreditavam que ele havia abandonado a economia em si. Embora qualquer leitor informado sobre Drucker não concorde com esta declaração, está claro que Peter não estava confortável com as abstrações que os economistas e seus modelos fazem.

Economia é uma ciência social. Eu digo isso aos meus alunos repetidamente, e faço com que eles pensem cuidadosamente nestas palavras. A economia usa ferramentas de matemática, física, engenharia e outras "ciências duras" em seus modelos, mas o que a economia está modelando é o comportamento humano e social. Em outras palavras, a economia usa a precisão matemática para explicar o comportamento humano da mesma maneira que os físicos de partículas usam-na para explicar o que não é observável. De Aristóteles a Newton, a Rutherford, a Bohr, a física de partículas tornou-se mais refinada e, na opinião de muitos cientistas, mais precisa. Eles previam, testavam, provavam e provavam novamente conjecturas sobre a estrutura da matéria. Eles conseguiam fazer isso porque, com o passar do tempo, as ferramentas que usavam para observar as partículas minúsculas que haviam postulado tornaram-se mais criteriosas e mais sofisticadas.

Os economistas pegaram essa deixa e também modelaram o não observável com grande precisão matemática. Um exemplo maravilhoso que

Drucker menciona em *The New Realities* é a teoria da utilidade. Observações do comportamento humano nos mostram que os consumidores geralmente não consomem uma enorme quantidade de um produto, em qualquer ponto no tempo. Quando eu ensino isso aos meus alunos, peço que eles pensem em algo simples como comer "donuts". O primeiro "donut" te deixa feliz, mas o sexto acrescenta muito pouca felicidade adicional ao seu total. Se nos pedissem para explicar esta situação, simplesmente diríamos que estamos "cheios de donuts" após termos comido 5 unidades. Este comportamento é modelado por economistas com uma expressão matemática que recria este modelo.

Inventamos uma função de utilidade $U(x)$ com propriedades que imitam o comportamento humano mencionado acima, a felicidade aumenta com cada unidade adicional, mas ela aumenta a uma taxa decrescente. Com a objeção da maioria dos microeconomistas puristas, eu geralmente ensino isso com uma tabela que explicitamente mede minha felicidade:

Donuts	U(Donuts) = Felicidade	Mudança na Felicidade
1	20	20
2	35	15
3	47	12
4	55	8
5	58	3
6	59	1

Não há nada errado com esta abstração, e ela modela o comportamento simples do consumidor muito bem. Mas quando discutimos a teoria da utilidade nas classes de economia avançada, fazemos isso com cálculos, derivadas e muitas normas sobre como os consumidores *devem* se comportar. Peter Drucker diria que estamos colocando a carroça na frente dos bois – ou até mesmo em cima deles. A matemática não está certa; o consumidor, sim. Essas regras microeconômicas, baseadas em matemática, são uma abordagem totalmente errada para o ensino e entendimento de economia. É aqui que podemos realmente ver a abordagem "humanista" de Drucker.

224 O LEGADO VIVO DE PETER DRUCKER

Quando Peter Drucker disse que os economistas estão "interessados no comportamento de produtos", ele provavelmente queria dizer que os economistas estavam pensando muito como cientistas, e não o suficiente como sociólogos. Eles queriam explicar algo tão bem quanto seus colegas das "ciências duras" fizeram, e este algo tinha de ser tangível, mensurável e testável – como o preço dos produtos. Não há nada de errado com esse desejo, mas ao elegantemente explicar o preço dos produtos, você precisa ser humilde para admitir que foi a *única coisa* que explicou bem.

Em *The New Realities*, Drucker primorosamente alfineta a política macroeconômica Keynesiana pelo seu histórico operacional desigual em curar as doenças de nossa economia. Drucker associa a política macroeconômica contracíclica a um medicamento e diz, corretamente, que se avaliássemos o medicamento da mesma maneira que avaliamos as pessoas, ele provavelmente não seria aceito pelo FDA. Ele também disse, com muito discernimento, de que o uso descontrolado desta droga durante a Grande Depressão mudou as expectativas do eleitorado. Embora a eficácia dessa política seja limitada, nós agora esperamos que o governo faça algo quando a economia desacelera ou diminui. A política macroeconômica é, portanto, a versão social para a gripe comum: uma combinação bastante inútil de medicamentos que não aceleram a recuperação e, na melhor das hipóteses, trata alguns sintomas.

Nosso vício com a falsa política macroeconômica tem uma conexão curiosa com a resposta do governo à nossa crise econômica atual. Como a maioria dos economistas de hoje, Drucker teria dito que a ajuda financeira para as empresas que tomaram decisões ruins, como os bancos, apenas leva a mais decisões ruins adiante e à expectativa de outras ajudas financeiras. Talvez a maior ironia na crise econômica atual é a quase morte e aquisição pelo governo da General Motors. Em 1946, Drucker aconselhou a GM sobre uma estratégia de sucesso no longo prazo, mas a empresa ignorou seu conselho. Hoje, podemos apenas especular se a GM estaria em uma situação melhor se ela tivesse seguido seu conselho (ela certamente não estaria em situação pior!).

Resumindo um pouco as palavras de Drucker, há um bom exemplo de elegância no campo relacionado de finanças: o mercado eficiente. Este é ensinado nas aulas de finanças como uma teoria ou hipótese, com provas baseadas na matemática com números e informações aleatórios. Essas provas mostram que você não consegue superar o mercado (você não consegue fazer melhor do que comprar e manter o portfólio do mercado) e, portanto, concluem os teóricos, os investidores não deveriam perder tempo tentando superar o mercado. É tudo muito preciso. Porém, mais uma vez, é colocar a matemática antes da realidade. Os mercados provavelmente são eficientes, mas eles assim o são por causa de pessoas que encontram e investem em ações mal precificadas. Em outras palavras, se as pessoas não tentassem superar o mercado (se tirarmos as pessoa do processo), os mercados não *seriam* eficientes!

Peter Drucker, o cientista social, queria que nos lembrássemos de que as pessoas são sempre parte do resultado. Mas goste ou não, ele era um economista astuto. Ele discute estruturas de incentivos, produtividade e motivação tão frequentemente quanto os famosos economistas Alfred Marshall, Joseph Schumpeter e Paul Samuelson. Peter simplesmente não se sentia obrigado a modelar essas coisas com equações matemáticas elegantes. E embora ele não dependesse de condições de primeira ordem, derivadas de maximizações restritas em seus livros e artigos, a história já provou que sua intuição econômica era correta, bem mais correta do que a de seus muitos colegas economistas.

A habilidade de Drucker em assimilar e interpretar uma ampla variedade de trabalhos eruditos (de uma variedade ainda maior de disciplinas) e seu senso aguçado de observação permitiram que ele previsse mudanças na economia que nenhum economista treinado teria compreendido. Quer dizer, Drucker observou que ele havia visto o futuro da organização industrial na força de trabalho habilitada dos Estados Unidos da Segunda Guerra Mundial, e seu "trabalhador responsável" de 1942 é, em muitas maneiras, a primeira visão da "liderança compartilhada" de Craig Pearce de 2004.

E pelo fato de ele ter sido um verdadeiro pensador, ele conseguia ver que as partes da economia facilmente reduzíveis e modeláveis pela matemática eram também limitadas e, de várias maneiras, limitadoras. Esses modelos econômicos, e seus camaradas em campos relacionados como finanças, davam autoridade àqueles que tomam as decisões de ver suas empresas como entidades abstratas que poderiam ser ajustadas para perfeição. Drucker nunca perdeu as pessoas de vista. Ele sabia que nenhum conjunto de equações produziria um único produto e nenhuma quantia de dinheiro poderia fazer de um funcionário um subalterno feliz em uma máquina corporativa insensível.

Drucker também revigorou o conceito econômico dormente de capital humano. Seu conceito notavelmente preciso do "profissional do conhecimento" (de 1959!) previa um tempo em que o empregado típico usaria a educação e o treinamento tanto quanto ele usava máquinas e terras. Ele viu o crescimento potencial no capital humano, especialmente quando este foi aumentado por fatores como a tecnologia. Além disso, Drucker entendia e previa que esse capital humano permitiria que o trabalhador recebesse a partilha justa dos lucros comerciais que Marx desejava. O marxismo nunca imaginou uma mudança tecnológica na qual a máquina se tornaria escrava do trabalhador – mas Peter Drucker sim.

Peter Drucker: Grupos e Governos

Essa abordagem humanista explica o *insight* de Drucker sobre o poder dos grupos. Embora ele soubesse que o elemento humano muitas vezes ditaria os resultados finais no ambiente corporativo, ele também apreciava o poder que foi criado quando o elemento humano se juntou. Um dos temas principais em *The New Realities*, de Drucker, é que o poder econômico e político do indivíduo são ampliados quando as pessoas param de ser individualistas. Ele abstrai das inovações na política de Mark Hanna no século XIX, que mobilizaram o poder de grupos de interesse especiais nas empresas e no governo.

Este também é um conceito econômico bastante conhecido. Mas temos aqui dois fatores: o coletivo *versus* o individual e o poder do tamanho. Peter Drucker mostrou seus instintos econômicos quando disse que os grupos coletivos têm mais poder do que a soma de suas partes. Sindicatos, clubes, corporações e outros grupos de interesse especial aplicam uma mentalidade de tomada de decisão coletiva para obter mais do que a soma de o que obteriam como indivíduos. Todas essas entidades coletivas foram criadas com boas intenções, mas todas elas são suscetíveis à corrupção, a qual é muitas vezes associada ao poder.

Os sindicatos foram formados para evitar que grandes empregadores artificialmente rebaixassem os salários usando incentivos de trabalhadores individuais contra eles: se você não aceitar este emprego com este salário baixo, outra pessoa irá. Ao formar um sindicato, todos os trabalhadores concordaram que nenhum deles trabalharia com salários baixos e injustos, forçando deste modo a empresa a ser justa com todos os seus empregados. Mas a partir desse começo nobre, os sindicatos usaram seu poder de negociação coletivo para extorquir uma parte muito maior da torta. A falha na lógica logo apareceu: a menos que todos os empregados ao redor do mundo fossem membros do grupo, a demanda salarial não funcionaria. Como temos visto repetidamente nos últimos anos, os produtos podem ser importados e os empregos podem ser realocados para lugares onde não existem sindicatos ou onde as demandas salariais são mais razoáveis. E o sindicato passou a ser um grupo político em vez de um grupo econômico, oferecendo seu bloco de votação maciço a qualquer candidato que concorde em proteger seus empregos da "mão de obra estrangeira barata".

A corporação em si é um coletivo de pessoas. Porque elas têm sua própria posição legal, nós geralmente atribuímos vida à corporação, e até certo ponto, o trabalho da vida de Drucker era desfazer esta suposição. Ao ler Drucker em quase qualquer tópico de negócios, você ouve seu mantra: e as pessoas? Assim sendo, a corporação não tenta obter lucros, competir ou sobreviver – seu pessoal sim. Mas esse elemento humano tem dois lados, como mostra frequentemente o conceito errôneo de sustentabilidade. Quando perguntado, muitos executivos dizem que a corporação precisa encontrar um meio de sobreviver. Por quê? Porque ela emprega muitas pessoas – mais notavelmente os executivos, que querem manter *seus* empregos. Mas a corporação não existe, exceto como uma proteção legal para seus investidores. E, desse modo, ela deve existir apenas se seus investidores estiverem sendo bem servidos. Quando as tecnologias e produtos da empresa ficam ultrapassados, ela precisa permitir que seu capital, mão de obra e outros recursos sejam aplicados em indústrias mais produtivas. Como uma questão de boas práticas de negócios, Peter Drucker teria ficado pasmo pelo conceito popular atual, "muito grande para fracassar". Como estudioso do poder político e da história da economia, ele certamente teria previsto sua afirmação.

Mas o poder de grupos, assim como a precisão de modelos matemáticos que discutimos anteriormente, tem limites. Poderes sobre-humanos são frequentemente atribuídos ao supergrupo conhecido como governo, pelos eleitores, pelos macroeconomistas e por si mesmo. A macroeconomia Keynesiana colocava o governo em sua própria categoria separada, como aquele gorila de 400 toneladas que dorme onde quiser. Por natureza própria, o governo é grande, mas por que seu tamanho deveria mudar as regras que se aplicam a ele ou as expectativas que temos para ele?

228 O LEGADO VIVO DE PETER DRUCKER

Como observou Drucker, um dos motivos por atribuirmos enorme poder ao governo é especificamente porque ele faz as regras e, portanto, elas podem ser feitas de maneira a criar poder. Um bom exemplo disso são as duas fontes primárias de receita do governo: tributação e senhoriagem.

Pensamos que entendemos a tributação muito bem porque todos nós pagamos impostos. Mas considere os meios nos quais a tributação é diferente de outros pagamentos em nossas vidas. Imposto de renda, por exemplo, não é um pagamento opcional para a maioria das pessoas. Se você acha que uma maçã não vale o preço que lhe foi atribuído, você não paga o preço e não compra a maçã. Mas uma vez que o governo decide sobre os impostos, é ilegal para os cidadãos não pagá-los. Se você se recusar a pagar, vai para a cadeia. Portanto, os impostos não são uma escolha como os outros preços são. Senhoriagem, ou o pagamento de gastos do governo com dinheiro recém-impresso, é similar. Se o governo decide pagar pelos seus gastos com a impressão de mais dinheiro, os indivíduos não têm escolha a não ser usar o dinheiro e pagar pelas taxas de inflação subsequentes.

Em razão do seu aspecto obrigatório, a parte "como" da tributação é fundamental. Presume-se que um governo representativo funcione da seguinte maneira: enviamos um pequeno grupo de pessoas para ocupar as cadeiras do governo e decidirem por todos nós qual é a quantia certa de gastos do governo e como as coisas deveriam ser coletivamente pagas. Mas pondo de lado por um momento a questão de o que o governo deveria estar fazendo, considere o problema de pagar por isso. Na teoria, você deveria alocar impostos como qualquer outro preço: as pessoas pagam pelos serviços do governo que têm valor para elas. Mas esta abordagem certamente tributaria demais as pessoas pobres e os ricos pagariam muito pouco.

Assim sendo, temos impostos progressivos, impostos imobiliários e outros impostos de "bolsos profundos" (deep-pockets) que surgem da realidade de que esta é uma atribuição mais rápida, mais fácil e mais política de sobretaxar pessoas ricas em vez de tentar encontrar um sistema tributário que seja completamente justo. Mas reiterando a citação de Oliver Wendell Holmes usada por Drucker, "O poder de tributar é o poder de destruir". Os impostos que tentam extrair mais dinheiro dos ricos começaram quando a riqueza estava associada com propriedades e outros recursos fixos. Naquele mundo, os impostos não mudavam muito a renda que eles tributavam. Em outras palavras, o tamanho da torta de onde o governo tentava tirar um pedaço era fixo, portanto, como ele retirava sua parte não importava muito.

Hoje, a maioria das pessoas com renda alta é bastante educada, bastante produtiva e com muitas escolhas. Se o governo disser que tributará 75% da renda que sua última hora de trabalho gera, seu incentivo para trabalhar naquela hora diminui – e consequentemente a produção baixa, prejudicando a sociedade. Este também é o caso para o último dólar que você decide investir se os retornos sobre o investimento forem tributados. E se os impostos mudarem o tamanho da torta, e houver muitas indicações sobre o que fazem além de certo ponto, então o tamanho da fatia do governo e seu método de pagamento têm um efeito potencialmente negativo na economia.

Então como o governo decide o que ele faz? Drucker acredita que o governo deveria prover apenas o que os economistas chamam de bens públicos. Sabe-se que existem bens que o livre mercado simplesmente não consegue produzir por conta própria – bens como defesa nacional e parques públicos têm o que é chamado de o problema do carona (free-rider). Uma vez que esses tipos de coisas são proporcionadas por alguém, todos podem usá-las sem pagar por elas. Dado este problema, nenhum indivíduo tem incentivo para comprar esses bens, uma vez que todos sabem que poderão usufruir deles assim que alguém os adquirir. Portanto, precisamos de um grupo conhecido como governo para comprar a quantia correta de bens públicos, e de cobrar um preço justo de todos.

Tudo isso funciona muito bem até percebermos que o governo, assim como a corporação, é um construtor social. Ele não é uma máquina, um monstro ou uma força da natureza. É uma invenção das pessoas e operada inteiramente pelas pessoas. O governo, como nosso coletivo e representante, faz coisas vitais. Mas ele também é um emprego e uma empresa e, no fundo, apenas um coletivo de pessoas bastante grande. Ele reage às mesmas forças que todos os outros grupos de pessoas reagem. Ele quer ter sucesso, mas sucesso é algo difícil de ser medido aqui. Para o governo, sucesso significa construir uma ratoeira ou ser reeleito? Isso importa muito. Aqueles com uma dessas crenças veem o governo como uma empresa grande e especial. Aqueles com a outra crença o veem como um grupo de interesse especial e de autointeresse. E a resposta correta é que o governo é ambas as coisas.

230 O LEGADO VIVO DE PETER DRUCKER

Como com qualquer outra empresa, o governo não pode ser improdutivo e ineficaz para sempre se ele espera sobreviver, mas ele não tem acionistas e clientes tradicionais para mantê-lo em linha com seus concorrentes. Ele tem vários eleitores com muitas razões para votar. Como Peter Drucker observa em *The New Realities*, os governos respondem aos grupos de eleitores mais que aos eleitores individuais. Um grupo com muitos votos obtém mais do governo do que o mesmo número de indivíduos não organizados. Drucker entendia que o poder dos grupos de interesse especial vem do fato de que o governo é composto de pessoas – oficiais eleitos – com empregos bem remunerados que elas querem manter.

Peter Drucker tinha muito respeito pelo poder do governo em afetar os resultados sociais. Ele viu muitos governos diferentes fazerem muitas coisas diferentes (às vezes, horríveis). Mas apesar de seu tamanho e seu poder econômico concentrado, o governo não é um Super Homem. A ajuda financeira recente e os pacotes de estímulo econômico mais uma vez revitalizaram a perspectiva de que o governo nos salvará e nos protegerá. O fato brutal é que o governo *somos* nós. Ele não sabe mais somente porque ele é maior. Ele não vê o futuro melhor do que vemos e ele não pode desfazer o passado. Ele é nossa sabedoria coletiva em seus melhores dias, mas nunca é uma divindade. Precisamos de um governo para fazer as coisas que nenhum de nós conseguiria ou poderia fazer bem. Precisamos que o governo compre – embora não necessariamente produza – bens públicos. E como observou Peter Drucker, precisamos do governo para regular e controlar nossos mercados para garantir que não haja muito poder econômico ou influência nas mãos de uma única entidade.

Um caso bem conhecido e atrativo para as regulamentações do governo foi apresentado pelo economista ganhador do Prêmio Nobel, George Akerloff, sobre o que é chamado de "O Mercado de Limões".

Suponhamos que exista um número igual de dois tipos de carros usados: os bons que valem US$ 10.000, e os "limões", carros ruins, que valem US$ 2.000. Suponhamos também que apenas o vendedor sabe qual tipo do veículo. Se você for um comprador potencial enfrentando esse problema de informação assimétrica, sua melhor abordagem é oferecer um valor médio, US$ 6.000, por um carro usado. Mas apenas o proprietário do "limão" estaria disposto a vender seu carro por esse preço. Este resultado implica que um mercado com pouca informação muitas vezes apresenta bens de baixa qualidade.

Aqui, está clara a necessidade de regulamentação do governo até mesmo no mercado mais simples. Os consumidores (e, de fato, a teoria da utilidade mencionada anteriormente) precisam de informações precisas para que o mercado funcione bem. Por outro lado, empresas eticamente comprometidas em um mercado irregular surgiram com muitas estratégias de negócios duvidosas, tal como o que eu chamo de confusão de preços (preços anunciados como 7 por US$ 19,95, um cálculo por unidade difícil para a maioria dos clientes).

Outro raciocínio para regulamentação pode ser encontrado no clássico case da teoria dos jogos conhecido como "Barracas de Cachorro-Quente na Praia".

Suponhamos que haja uma área de um quilômetro de praia com uma distribuição igual de pessoas. Suponhamos também que existem duas barracas de cachorro-quente igualmente populares tentando determinar sua ótima localização. A maioria das pessoas acredita que os dois carrinhos deveriam estar localizados nos pontos de 250 metros e 750 metros – as localizações socialmente ótimas (supondo que as pessoas caminharão para a barraca mais próxima). Mas estrategicamente, as duas barracas podem ver que elas melhorariam sua posição ao se posicionarem perto uma da outra, deste modo tirando um pouco dos negócios do concorrente (porque as pessoas andam para a barraca mais próxima). Quando as mudanças estratégicas são feitas, as barracas ficarão uma do lado da outra, mas no centro da praia. Esta solução estratégica significa que os clientes precisam caminhar mais por um cachorro-quente e, portanto, é um resultado inferior para a sociedade.

Aqui, a lei de zoneamento que força que as barracas fiquem nos pontos de 250 e 750 metros será melhor para os consumidores sem ser pior para qualquer uma das barracas, já que nenhuma delas tem permissão para mudar de lugar.

Existem muitas aplicações práticas deste famoso resultado da teoria dos jogos. Eu relaciono este jogo à decisão da empresa em proporcionar aos seus funcionários programas de educação e treinamento. Se a Empresa A proporciona treinamento, a empresa B economiza os custos de treinamento e usa o dinheiro para empregar mais dos funcionários treinados da Empresa A! O resultado é que (estrategicamente), nenhuma delas estará disposta a proporcionar treinamento suficiente. O governo pode desfazer esse resultado estratégico ao exigir que as empresas proporcionem certo nível de treinamento.

232 O LEGADO VIVO DE PETER DRUCKER

Agora, considere a circunstância bem conhecida na qual a regulamentação do governo é considerada necessária: o monopólio natural. Por saber que consegue afetar o preço do mercado, um monopólio restringe sua produção, eleva seu preço e geralmente tem lucros excessivos. A concorrência consegue controlar esse incentivo, mas alguns mercados (concessionárias elétricas, por exemplo) simplesmente não conseguem sustentar empresas concorrentes e são, portanto, chamadas de monopólios naturais. Face a esta realidade econômica, o governo geralmente forma uma comissão para estabelecer o preço para essas empresas, na teoria, com preço de equilíbrio de concorrência. Mas onde o governo obtém informações que o permitem determinar esse preço? Mais uma vez, os governos não são oniscientes. Eles geralmente dependem de a empresa ser regulamentada com parte das informações necessárias.

Adicionando um pensamento estratégico a esse problema, podemos obter uma variedade de resultados. Se a empresa proporcionar informações falsas – digamos, custos mais altos – ela poderá obter um preço mais alto do regulador. Mas o regulador sabe disso, e ele poderá pressupor a existência de algumas declarações exageradas de custo quando determinar o preço regulado. Mas e se a empresa proporcionar informações precisas e o regulador estabelecer o preço como se as informações de custo da empresa fossem infladas? O preço regulado será muito baixo, e o regulador terá causado um efeito adverso no mercado. Mais uma vez, o governo, por mais bem intencionado que seja, não é onisciente.

Também observamos que preços determinados por governos bem intencionados frequentemente começam a ter vida própria. As pessoas esquecem que os mercados existem e começam a acreditar que alguns preços simplesmente *precisam* partir do governo. Os salários mínimos começaram na Era da Depressão como uma garantia para os mercados de mão de obra que estavam sendo invadidos por pessoas desempregadas. Uma vez que havia mais pessoas procurando por emprego do que empregos em si, os empregadores jogavam as pessoas umas contra as outras para poder abaixar os salários. O salário mínimo é, portanto, um sindicato governamental de trabalhadores com menos talento que estabelece um piso sobre a taxa salarial para remover o incentivo estratégico. Agora, 80 anos desde o início da Grande Depressão, as pessoas passaram a acreditar que os salários são determinados pelo governo. Em outras palavras, eles se esquecem de que os salários – mesmo os salários mínimos – precisam estar alinhados com o mercado.

Nossos problemas econômicos atuais e as soluções que estão sendo encenadas e propostas também nos fazem lembrar de que aqueles que elaboram as regras têm a habilidade de reescrevê-las para servirem seus propósitos. Um governo pelas pessoas, para as pessoas, mas feito de pessoas pode escolher apagar todos os problemas e começar de novo se ele achar que é adequado. Ele pode dar e tirar, reforçar ou perdoar, incentivar ou proteger. Mas é melhor ele olhar para frente antes de acabar dando muito para as massas. A administração atual poderia ordenar a todos os bancos que renegociassem os termos de todas as hipotecas afligidas até que todos os proprietários conseguissem manter suas casas. Mas se ele fizer isso, depois que a crise passar, os bancos emitirão outras hipotecas para clientes de risco? Reescrever as regras sempre trará outras consequências – às vezes não desejadas.

Um dos maiores desafios para o governo e para a economia dos Estados Unidos é a indústria da saúde. Saúde de alta qualidade, dizem, é um direito e um bem público, e, portanto, ela não deve ser deixada para o mercado. Drucker fala sobre as questões e problemas que circundam a indústria da saúde, mas, mais uma vez, ele observa que existem questões de "pessoas" em ambos os lados. Não há dúvidas de que existem alguns excessos de lucro na indústria da saúde e, portanto, talvez seja possível regulamentar parte dela, mas quais lucros são excessivos? Os salários dos médicos? Os ganhos das empresas farmacêuticas? Os lucros das seguradoras? Os pagamentos aos hospitais? Se adivinharmos errado e regularmos da maneira errada, o mercado sofrerá. E como Peter Drucker diria, *nós somos* o mercado.

Os mercados, como os governos e as corporações, são invenções sociais. Eles são pessoas que desempenham um papel. Quando pensamos nessas criações como entidades separadas e independentes, frequentemente lhes atribuímos poder extraordinário e certo misticismo. Mas como Peter Drucker sempre nos lembrou, essas entidades são apenas pessoas atuando, talvez de modo orquestrado, com o comportamento humano previsível e abrangente.

14

As Visões de Drucker e Suas Fundações: Corporações, Gerentes, Mercados e Inovação

Richard Smith

[D]epressões não são simplesmente cenários ruins que podemos tentar superar, mas – ainda que indesejáveis – a manifestação de algo que precisa ser feito, a saber, ajustes e mudanças na economia anterior... Não há motivo para se desesperar – esta é a primeira lição de nossa história. Fundamentalmente a mesma coisa aconteceu no passado... Em todos os casos... a recuperação veio por si mesma... Mas isso não é tudo: nossa análise nos leva a acreditar que a recuperação é sólida apenas se ela vier de si mesma.

– Joseph Schumpeter, "Depressions: Can We Learn from Past Experience?" Em *Essays on Entrepreneurs, Innovations, Business Cycles, and the Evolution of Capitalism*

Sobre as Bases da Visão de Drucker

Talvez nenhum pensador contemporâneo da administração tenha tido um impacto mais profundo e mais poderoso sobre a prática de administração do que Peter Drucker. Seria difícil encontrar qualquer organização que não declare incorporar pelo menos alguns dos "princípios de administração de Drucker". Independentemente de a pessoa respeitar Drucker pela sua sabedoria ou rejeitá-lo com a alegação de que sua sabedoria geralmente não se aplica às convenções acadêmicas, é difícil encontrar alguém que não respeita e aprecia sua influência e seus *insights* – especialmente sua habilidade de enxergar com clareza o futuro.

O foco deste capítulo está nas bases – histórica e intelectual – sobre as quais Drucker desenvolveu suas ideias. A visão de Drucker e seus princípios de administração são produtos de sua impecável aplicação dos princípios econômicos, temperada por uma boa dose de história e pela exposição, no início de sua vida, à uma sequência turbulenta de eventos socioeconômicos. O propósito da primeira seção deste capítulo é simplesmente rever algumas das bases históricas e intelectuais mais importantes de suas ideias. Na segunda seção, eu reviso essas bases para mostrar suas influências em seus pensamentos e escritos, e proporcionar uma estrutura útil para entender o significado de Drucker.

Primeiro, eu ofereço uma breve revisão do importante contexto histórico ao moldar as visões de Drucker sobre os papéis das empresas, das entidades do setor social e do governo. Segundo, reviso a influência da economia em suas visões. Em muitas ocasiões, Drucker era crítico da economia como sendo demasiadamente teórica e desconectada da realidade. Entretanto, acreditamos que suas críticas são direcionadas apenas a certos aspectos da disciplina, e que ele conta muito com os princípios centrais da Escola Austríaca de Economia.

Contexto Histórico

Uma pessoa não consegue entender ou apreciar totalmente as perspectivas de Drucker sobre administração sem conhecer um pouco do contexto que contribui para sua ênfase na centralidade do indivíduo, a importância da corporação como uma instituição da sociedade e sua defesa do governo limitado, legitimidade e a norma da lei. No início de sua vida, Drucker experimentou grandes fracassos governamentais, o surgimento de uma classe trabalhadora descontente, uma guerra mundial cataclísmica e uma economia que oscilava entre prosperidade e depressão severa.

Na época do nascimento de Drucker, em Viena em 1909, Áustria-Hungria já estava se encaminhando para a guerra. O país era uma aglomeração de etnias, nacionalidades e culturas diversas e geograficamente

As Visões de Drucker e Suas Fundações... 237

separadas. Durante o final de 1800 e início de 1900, a monarquia de Hapsburg focava largamente na divergência interna.[1]

A Primeira Guerra Mundial colocou a Áustria-Hungria e a Alemanha contra as Forças Aliadas. Antes de seu final em 1918, a guerra havia dizimado a população austríaca e causou a queda dos Hapsburgs. Drucker experimentou não apenas a devastação da guerra, mas também um período prolongado, após a guerra, de recessão e hiperinflação. Grande parte da capacidade de manufatura da Áustria havia sido destruída e, na tentativa de reconstruir a infraestrutura do país, saldar sua dívida de guerra e sustentar sua população de trabalhadores desempregados, o novo governo democrático recorreu à impressão de dinheiro. Como resultado, entre o final da guerra e 1923, a coroa austríaca havia perdido 99,9% de seu valor, e grande parte da riqueza particular da sociedade austríaca foi perdida. O governo, pelo que parecia, havia falhado com a sociedade austríaca em três situações: levá-la para uma guerra que ela basicamente perderia, causar a recessão após a guerra e não ter disciplina para administrar a moeda.[2]

A guerra e tudo que a seguiu na Europa eram consequência de mudanças socioeconômicas que haviam começado bem antes. A Revolução Industrial levou a uma queda nos salários em setores onde os trabalhadores se viam competindo com máquinas. A industrialização deu início a um deslocamento maciço da força de trabalho.[3] Embora os impactos diretos tenham sido imediatamente negativos para os trabalhadores envolvidos em trabalhos intensivos em mão de obra e repetitivos, o ímpeto que motivou as mudanças foi a busca de oportunidades para criar riquezas por meio da inovação. Essas inovações fizeram com que os bens e serviços fossem mais acessíveis àqueles que não haviam sido diretamente prejudicados pelo deslocamento e possibilitou que alguns inovadores se tornassem extremamente ricos.

Drucker experimentou apenas a queda da Revolução Industrial. Embora a torta tenha crescido dramaticamente, muitas pessoas foram, inicialmente, deixadas de fora. O deslocamento econômico fomentou o crescimento de uma força de trabalho descontente que se viu como a fonte básica de criação de riquezas para aqueles que se beneficiavam das mudanças tecnológicas. Os deslocamentos atraíram a atenção de economistas acadêmicos e cientistas políticos, e proporcionaram um meio no qual as ideias divisoras poderiam prosperar. Karl Marx articulou a visão

238 O LEGADO VIVO DE PETER DRUCKER

de que a criação de riqueza flui do valor criado pela mão de obra, uma visão que implica que as inovações que economizavam a mão de obra são expropriações do valor criado pela mão de obra. (Marx morreu em 1883, 25 anos antes do nascimento de Drucker. *The Communist Manifesto* foi publicado em 1848. *Das Kapital* foi publicado em 1867.)

Sob a visão capitalista de Marx, as leis protegem os ricos à custa dos trabalhadores, mas o capitalismo tem contradições inerentes que levarão à revolução. Marx articulava a teoria de valor da mão de obra na qual os trabalhadores não recebem o valor total sobre o que produzem. O excedente, o lucro do capitalista, é o que Marx chamava de "trabalho não remunerado da classe de trabalhadores". Marx argumentava que o capitalismo leva à pobreza da classe trabalhadora. O estágio final do paradigma Marxista é o "comunismo", com a classe trabalhadora derrubando o sistema capitalista e conduzindo a um sistema socialista baseado em trabalhar para o bem comum.[4]

Especialmente na Europa, o deslocamento econômico, catalisado pela filosofia política marxista, promoveu o suporte para a "democracia social", isto é, a ideia de usar a regulação e os programas patrocinados pelo estado para revestir as injustiças do capitalismo. Os proponentes da democracia social incluíam marxistas ou grupos socialistas revolucionários que buscavam introduzir o socialismo em países democráticos e a democracia em países não democráticos, incluindo a Áustria-Hungria. Os democratas sociais clamavam defender uma visão reformada do marxismo que era menos revolucionária e menos crítica do capitalismo. Eles argumentavam que o socialismo seria alcançado por meio da evolução, não da revolução.[5]

A Revolução Industrial, o marxismo e o surgimento da democracia social são todas partes do cenário para a erupção da Primeira Guerra Mundial. As opiniões na época a respeito das causas básicas da guerra variavam, mas todas exploravam esses tópicos. Um ponto de vista era que em países como a Alemanha e a Áustria-Hungria, a guerra era uma consequência do desejo de riqueza, poder militar e desrespeito pela democracia. Os partidários pediam o fim das regras aristocráticas. Explorando as teorias marxistas, Vladimir Lênin declarou que o imperialismo capitalista era responsável pela guerra. Este argumento ressoava com a ideologia democrática social e apoiava o surgimento do comunismo. Ambos os pontos de vista argumentavam maior dependência nos sistemas políticos

As Visões de Drucker e Suas Fundações... **239**

democráticos. Eles eram diferentes nas suas perspectivas sobre o capitalismo. Durante sua infância na Áustria, Drucker teria sido exposto a esses pontos de vista diferentes. A família Drucker era alinhada à monarquia Hapsburg, pois seu pai era um economista e oficial do governo na era pré-guerra.

Durante a guerra, os efeitos da dizimação da força de trabalho e a destruição dos meios de produção foram severos. Na Áustria e em outros países europeus em guerra, o PIB caiu quase pela metade. A produção era focada nas atividades da guerra. Para aproveitar os recursos industriais do país em tempo de guerra, políticas de *laissez-faire* deram lugar a comando e controle. Novos impostos foram criados e novas leis foram aprovadas, todos aparentemente para auxiliar as atividades de guerra. A guerra estremeceu a habilidade de grandes governos e burocratas, como o da Áustria-Hungria, onde grande parte da burocracia foi baseada na Viena de Drucker, e o encolhimento do império após a guerra pouco fez para encolher a burocracia.[6]

Na esteira da guerra, algumas economias europeias recorreram a explosões adicionais da inflação para cumprir as exigências após a guerra para os gastos do governo, dada a diminuição na base tributária e nos encargos de empréstimos no tempo da guerra e reparações. A população exigia ajuda do governo, mas, porque havia pouca atividade produtiva, quase não havia renda tributável disponível. A solução que muitos governos eleitos encontraram foi imprimir dinheiro. A primeira hiperinflação aconteceu na Áustria. Antes da guerra, a coroa austríaca valia aproximadamente 20 centavos. No verão de 1922, ela valia 1/100 de um centavo. Em *Adventures of a Bystander*, Drucker se lembra como a hiperinflação austríaca acabou com a riqueza de sua família.

A guerra e a recessão proporcionaram o ímpeto para a crescente desconfiança no capitalismo que se manifestou no aumento do apoio à agenda do Partido Social Democrata. Drucker deixou a Áustria, partindo para a Alemanha, em 1927 para estudar e começar uma carreira jornalista relacionada a negócios e finanças.

Enquanto a Áustria e a Alemanha lutavam contra a hiperinflação e a baixa produtividade, os países que haviam sido menos prejudicados pela guerra se beneficiavam como exportadores para o resto do mundo. O resultado foi o "Roaring Twenties" (Loucos Anos 20) nos Estados Unidos e o "Golden Twenties" (Dourados Anos 20) na Europa. A Grande

240 O LEGADO VIVO DE PETER DRUCKER

Depressão (a Grande Queda no Reino Unido) começou com a quebra da bolsa em 1929, mas foi causada por políticas monetárias inadvertidamente contracionistas, arquitetadas pelo Federal Reserve Bank dos Estados Unidos. Embora a Depressão tenha começado nos Estados Unidos, ela rapidamente se espalhou pela Europa e durou muitos anos, com efeitos devastadores nos países industrializados e naqueles que exportavam matérias-primas.[7]

A questão de a Depressão ter sido um fracasso dos mercados livres ou um fracasso do governo estava em pauta. Aqueles que defendiam um maior papel do governo acreditavam que este era, em grande parte, um fracasso dos mercados livres, e aqueles que defendiam os mercados acreditavam que o fracasso do governo agravou os problemas econômicos.

De 1927 a 1933, Drucker ficou na Alemanha. Ele experimentou a hiperinflação alemã e o aumento na militância da classe trabalhista do país. Com a crescente força do Partido Social Democrata e mais a militância do Partido Nacional-Socialista dos Trabalhadores Alemães (Nazi), Drucker deixou a Alemanha, indo para Londres em 1933. Lá, em meio à recessão, ele foi exposto ao debate sobre a economia *laissez-faire* e os argumentos intervencionistas de John Maynard Keynes. Keynes argumentava contra a tendência ao autoequilíbrio da economia, e proporcionava um raciocínio lógico para administração governamental da atividade econômica. Ele argumentava que várias recessões fariam com que os consumidores se tornassem extremamente cautelosos em seus comportamentos para poupar/gastar. Ele chamava isso de "paradoxo da frugalidade" – quanto mais as pessoas tentam economizar, mais pobres elas ficam. Do mesmo modo, uma economia consegue emergir do declínio apenas se seus gastos aumentarem. O argumento para o governo ativista é de que se os consumidores não forem gastar, então o governo deve gastar (como inflar com uma bomba).[8]

Keynes argumentava em seu *General Theory of Employment, Interest, and Money* que despesas agregadas mais baixas contribuíram para o declínio maciço da renda e do emprego, que estava bem abaixo da norma. Ele argumentava que a economia poderia alcançar um ponto de equilíbrio de alto desemprego. Os economistas keynesianos pediam que os governos tomassem as rédeas durante os tempos de crise econômica ao aumentar os gastos e/ou cortar os impostos. Para entender algumas das observações de Drucker, é importante saber que Keynes desenvolveu seu

General Theory em um modelo econômico clássico que não dava espaço à inovação e ignorava as reações de consumidores individuais aos gastos agressivos do governo.

O *General Theory* foi publicado em 1936. Em 1937, Drucker mudou-se para os Estados Unidos. Franklin D. Roosevelt, um proponente da economia keynesiana, havia sido eleito presidente em 1932. Ecoando os sentimentos dos social democratas, ele culpou pela Depressão as grandes empresas e a avareza capitalista. O New Deal de Roosevelt tinha a intenção de enfrentar as deficiências do capitalismo *laissez-faire* ao conceder poder aos sindicatos trabalhistas e aos fazendeiros, e ao aumentar os impostos sobre os lucros corporativos. A Comissão de Valores Mobiliários (Securities and Exchange Commission), a Comissão Federal do Comércio (Federal Trade Commision) e a Seguridade Social (Social Security) são todos produtos do New Deal.

Embora a economia dos Estados Unidos tenha crescido de 1933 a 1937, grande parte do crescimento foi nos projetos do setor público que competiam por recursos com o setor privado. Drucker chegou aos Estados Unidos em uma época que o descontentamento com o New Deal estava crescendo. Em face deste descontentamento crescente, os conservadores conseguiram formar uma coalizão para barrar a expansão do New Deal. Por volta de 1934, a maioria dos programas de auxílio do New Deal haviam sido abolidos.[9]

A Segunda Guerra Mundial começou na Europa em 1939, uma consequência, em grande parte, do fracasso da economia alemã em se recuperar dos resultados da Primeira Guerra Mundial, em partes por causa das demandas irreais por reparações de guerra. Por volta de 1940, o PIB dos Estados Unidos ainda não havia retornado aos níveis de 1929, e a taxa de desemprego ainda era de aproximadamente 15%. Os Estados Unidos se envolveram na guerra no final de 1941. O problema do desemprego foi "solucionado" no início da Segunda Guerra Mundial, quando aproximadamente 12 milhões de homens foram recrutados e retirados do mercado de mão de obra. Além disso, os programas de produção de bens para a guerra levaram milhões de novos trabalhadores para os mercados de mão de obra. A produção em tempos de guerra nos Estados Unidos foi administrada pelo setor privado com financiamento público. Drucker testemunhou a habilidade do setor privado altamente industrializado dos

242 O LEGADO VIVO DE PETER DRUCKER

Estados Unidos em inovar e rapidamente fazer a transição para as necessidades de produção dos tempos de guerra.

Bases Econômicas

Outro aspecto importante da experiência de Drucker é sua exposição aos pensadores líderes da Escola Austríaca de Economia. Drucker cresceu em Viena durante uma época em que a Escola Austríaca era particularmente importante em oferecer perspectivas e tendências ao então recente histórico econômico. Os proponentes da Escola Austríaca defendiam a adesão ao individualismo metodológico severo. Eles argumentavam que, para ser válida, a teoria econômica deve ser logicamente derivada dos princípios da ação humana. Ao longo de uma abordagem formal à teoria da ação humana (por exemplo, a praxeologia, a ciência da ação humana), a escola defende uma abordagem dedutiva/interpretativa da história. O método praxeológico permite a descoberta de leis da economia que são válidas para todas as ações humanas, ao passo que a abordagem interpretativa discute eventos históricos específicos.

A Escola Austríaca adota uma abordagem racionalista diferente da abordagem positivista da economia clássica (por exemplo, de que o único conhecimento autêntico é o conhecimento científico, sendo que este pode vir apenas da afirmação de teorias por meio do método científico rigoroso). A escola é algumas vezes criticada pela sua rejeição do método científico em favor dos axiomas de "autoevidência" e raciocínio lógico verbal.

Assim como o marxismo foi um subproduto da Revolução Industrial e uma reação à economia clássica, a Escola Austríaca foi um subproduto da social democracia e uma reação ao marxismo, e mais tarde ao keynesianismo, especialmente no que diz respeito ao papel dos mercados e preços como uma alternativa para o planejamento central, o papel das taxas de juros e capital em alocações intertemporais, e o papel do governo em administrar a economia.[10]

Como foi revelado em seus escritos, Drucker foi profundamente influenciado pela metodologia e pelas ideias da Escola Austríaca, especialmente as ideias de Schumpeter, com quem ele teve um relacionamento pessoal por muito tempo.

As Visões de Drucker e Suas Fundações... 243

Carl Menger (1840-1921). Em 1871, com a publicação de seu livro, *Principles of Economics*, Menger tornou-se o "pai da Escola Austríaca". Em sua obra, ele desafiou a teoria do valor do trabalho com sua própria teoria marginalista. Pense em uma empresa que contrata pessoas para procurar diamantes. Alguns diamantes serão encontrados sem nenhum esforço, mas outros exigirão muito trabalho. Os salários dependerão da produtividade do trabalhador menos produtivo (o trabalhador marginal) e o valor dos diamantes que este trabalhador consegue encontrar. Outros trabalhadores receberão o mesmo, embora o que eles encontraram seja mais valioso.[11]

Em 1883, com a publicação de seu livro, *Investigations into the Method of the Social Sciences with Special Reference to Economics*, Menger desafiou o método clássico (Escola Histórica Alemã) de pesquisa em economia, o qual era baseado em um exame exaustivo da história. Em resposta, os membros da Escola Histórica Alemã debochadamente chamaram Menger e seus alunos de "Escola Austríaca". Eles fizeram isso para enfatizar a separação daquilo que era, na época, o principal pensamento econômico.[12]

Eugen von Böhm-Bawerk (1851-1914). Embora ele nunca tenha sido um aluno de Menger, Böhm-Bawerk era um discípulo devotado. Nos Livros I e II de *The Positive Theory of Capital, Capital* e *Interests*, ele criticava a teoria de exploração de trabalhadores de Marx. Böhm-Bawerk argumentava que os capitalistas não exploram os trabalhadores. Em vez disso, eles proporcionam renda aos empregados em antecipação ao recebimento de receita dos bens produzidos. Pense em uma longa cadeia de produção, apenas a venda final não é uma antecipação à mão de obra. Portanto, ele concluiu, "A mão de obra não pode aumentar sua parte da torta à custa do capital". Ele argumentava que a teoria marxista de exploração ignora a dimensão do tempo de produção e que a redistribuição das indústrias capitalistas minaria a importância das taxas de juros em alocações intertemporais e como uma ferramenta para a política monetária. A partir daí, o valor total de um produto não é produzido pelo trabalhador. Preferencialmente, a mão de obra pode apenas receber o valor presente da produção prevista.[13]

Os Livros III e IV, *Value* e *Price*, expandiram as ideias de Menger de utilidade marginal para desenvolver a ideia de valor subjetivo em relação

244 O LEGADO VIVO DE PETER DRUCKER

à marginalidade, em que as coisas têm valor contanto que as pessoas as queiram. Isso significa que nós não podemos inferir que o valor máximo monetário é o mesmo que o valor máximo social, e que não há um cálculo que os planejadores possam usar para decidir o que produzir.

Ludwig von Mises (1881-1973). Mises tem sido chamado de o "Reitor da Escola Austríaca". Ele foi professor visitante na Universidade de Nova York de 1945 a 1969, coincidindo com Drucker. Em seu discurso sobre a ação humana, Mises introduziu a praxeologia como a base conceitual da ciência de ações humanas.[14]

Muitos de seus trabalhos foram sobre a diferença entre economias controladas pelos governos e o câmbio livre. Mises argumentava que (como aconteceu no colapso econômico de 2008) a expansão significante de crédito causaria ciclos de negócios. Ele mantinha que o socialismo deve fracassar em razão da impossibilidade de um governo socialista em fazer os cálculos econômicos necessários para organizar uma economia complexa. Mises projetava que, sem uma economia de mercado, não haveria um sistema de preços funcional, o qual ele dizia ser essencial para alcançar uma alocação racional do capital. O socialismo fracassaria porque, sem os preços para direcionar a atividade produtiva, a demanda não poderia ser conhecida.

Friedrich von Hayek (1899-1992). Hayek é bastante conhecido pela sua defesa do capitalismo de livre mercado contra o pensamento socialista e coletivista. Embora Hayek tenha desfrutado da reputação como teorista econômico líder nos anos 1930, seus modelos não foram bem recebidos pelos seguidores de Keynes. Em seu popular livro, *The Road to Serfdom* (1944), Hayek alegava que o socialismo requer planejamento central, o que poderia levar ao totalitarismo, uma vez que a autoridade central teria de ter poderes que poderiam afetar também a vida social.[15]

Hayek argumentava que, em economias centralmente planejadas, um indivíduo ou um grupo seleto deve determinar a distribuição de recursos, mas que os planejadores nunca terão informações suficientes para realizar a alocação eficientemente. Hayek dizia que a troca e o uso eficaz dos recursos podem ser mantidos apenas por meio do mecanismo de preços nos mercados livres. Em "The Use of Knowledge in Society" (1945), Hayek argumentou que o mecanismo de preços serve para compartilhar

As Visões de Drucker e Suas Fundações... **245**

e sincronizar conhecimento local e pessoal, permitindo que os membros da sociedade alcançassem diversos e complicados fins por meio da organização espontânea.[16]

Na opinião de Hayek, o papel do estado é manter a lei com o mínimo de intervenção possível. Ele via o sistema de preços não como uma invenção consciente (intencionalmente projetada pelas pessoas), mas como uma ordem espontânea, "o resultado da ação humana, mas não um projeto humano".

Em seus livros, *Prices and Production* (1931) e *The Pure Theory of Capital* (1941), Hayek explicou a origem do ciclo de negócios em termos da expansão de crédito do banco central. A "teoria do ciclo de negócios da Áustria" foi criticada pelos defensores das expectativas racionais e economias neoclássicas, que apontaram para a neutralidade do dinheiro e para a verdadeira teoria do ciclo de negócios como provedores de um entendimento sólido.[17]

Joseph Schumpeter (1883-1950). Schumpeter era amigo da família Drucker na Áustria. Em 1919-1920, durante a hiperinflação após a guerra, ele serviu como ministro de finanças da Áustria. Ele pediu demissão em razão da sua frustração com o fracasso do governo austríaco em controlar o suprimento de dinheiro. Ele se mudou para Harvard em 1932, onde lecionou até 1950.

Schumpeter criticava Keynes por sua dependência de modelos que ignoram as complexidades da natureza humana. De acordo com ele, Keynes desenvolveu seus modelos mediante o congelamento de todas, com exceção de algumas, variáveis, o que levou à crença errônea de que as pessoas poderiam deduzir conclusões políticas diretamente de modelos teóricos altamente abstratos.

As contribuições mais importantes de Schumpeter são suas teorias sobre os ciclos de negócios e desenvolvimento econômico. Em seu livro, *The Theory of Economic Development*, ele começa com um discurso sobre o fluxo circular que, uma vez que este exclui a inovação, leva a um equilíbrio no estado estacionário. Ele o considera como a essência da economia clássica. Em seguida, ele introduz o empreendedor, que perturba o equilíbrio e é a causa do desenvolvimento econômico, o qual acontece em ciclos de ascensão e queda.[18]

Para Schumpeter, a inovação é perturbadora no sentido em que a busca por lucros, que embora melhorem parte da população, simultaneamente resulta no deslocamento econômico de outros. Pense na Revolução Industrial, enquanto o PIB per capita aumentava drasticamente, empregados básicos perdiam seus empregos. Schumpeter vê o capitalismo como um processo de "destruição criativa", em que as maneiras antigas são endogenamente destruídas e substituídas com novas maneiras. Ele argumenta que a importância do empreendedor depende de seu acesso ao capital necessário para desenvolver e explorar inovações.

Schumpeter rejeitava o keynesianismo pelo fato de que os programas públicos, cuja intenção era enfrentar os períodos cíclicos econômicos de baixa, na realidade impediam o crescimento a longo prazo e a prosperidade por meio de inovações. Ele argumentava que a Grande Depressão teria sido mais curta e teria acabado melhor se os programas do New Deal não tivessem sido implementados.

Schumpeter é solidário à conclusão de Marx que o capitalismo desmoronará, mas seu raciocínio é diferente. Em *Capitalism, Socialism, and Democracy*, ele concluiu que o capitalismo seria substituído pelo socialismo em razão dos fracassos do processo democrático. O sucesso do capitalismo poderia promover o crescimento popular de valores hostis ao próprio capitalismo, especialmente entre os intelectuais. O clima intelectual e social, necessário para permitir que o empreendedorismo prosperasse, pode não existir no capitalismo avançado. Em vez da revolta da classe trabalhadora, poderia haver a tendência de eleger candidatos de alguma forma de partido social democrata. Desse modo, o capitalismo desmoronaria de dentro para fora quando as maiorias votassem na criação de um estado de bem-estar e colocassem restrições sobre o empreendedorismo.

Schumpeter discutia a ideia de que a democracia é um processo pelo qual o eleitorado identifica o bem comum e os políticos o realizam. Ele argumentava que isso é irreal, e que as pessoas são largamente manipuladas por políticos, que estabelecem a agenda. Ele defendia um modelo minimalista de governo, no qual a democracia é simplesmente o mecanismo para competição entre os líderes.

O conceito de empreendedorismo não pode ser totalmente entendido sem as contribuições de Schumpeter. Ele ofereceu duas teorias. Na primeira, ele argumentava que inovação e mudança tecnológica vêm de empreendedores ou espíritos selvagens. Indivíduos são aqueles que fazem as coisas funcionar na economia. Na outra teoria, ele ressaltava que aqueles que realmente movem a inovação são as grandes empresas, as quais têm os recursos e o capital para investir em pesquisa e desenvolvimento.

A influência de Schumpeter sobre Drucker, e especialmente nas visões de Drucker sobre empreendedorismo e inovação, foi profunda.

Síntese

No início de sua vida, Drucker testemunhou uma série de estados fracassados e o totalitarismo na Europa. Ambos direcionariam o trabalho de sua vida. Quando ele disse que o século XX era "o século desperdiçado", foi por causa das duas guerras mundiais, da hiperinflação, de genocídios, de estados paternalistas e do desperdício humano. Ele não via uma situação muito melhor quando olhava para o mundo no ano 2000.

Por toda sua vida intelectual, Drucker esteve focado nas pessoas e na condição humana. Temendo as consequências do deslocamento econômico e da polarização social, ele foi em busca de modelos organizacionais e sociais que ele acreditava ter o potencial para alcançar um crescimento harmonioso. Embora tenha aceitado a rejeição da Escola Austríaca de governo como a solução, ele temia o estilo e as consequências do capitalismo *laissez-faire* que caracterizou a Revolução Industrial. Sua primeira tentativa para reconciliar os princípios econômicos com sua preocupação com o indivíduo foi a ideia de "comunidade fabril", da qual o Japão após a Segunda Guerra Mundial é provavelmente o melhor exemplo. Mais tarde, ele propôs refinamentos, como a ênfase na administração da inovação, e modelos alternativos, como suas visões da nova sociedade e da sociedade pós-capitalismo.[19]

A Visão de Drucker

> *Empresas comerciais... são órgãos da sociedade. Elas não existem simplesmente por existir, mas sim para preencher um propósito social específico e para satisfazer a necessidade específica de uma sociedade, uma comunidade ou indivíduos. (Management: Tasks, Responsibilities, Practices)*

Peter Drucker já escreveu o suficiente em tantos tópicos que as pessoas podem evocar passagens para dar suporte a qualquer posição. Ele é ge-

248 O LEGADO VIVO DE PETER DRUCKER

ralmente citado em suporte à proposta de que a administração tem uma responsabilidade social e ética que transcende a noção econômica clássica de maximização de lucro, e que a sobrevivência da empresa propriamente dita tem valor intrínseco. Mas estas são caracterizações precisas do que Drucker vê como a responsabilidade legítima da administração?

Entender o que Drucker quis dizer é interessante como um meio de limitar o potencial de suas palavras em distorcer a evolução do diálogo. Minha tese é que a visão de Drucker e seus princípios administrativos derivam de sua aplicação impecável dos princípios econômicos da Escola Austríaca (depender dos preços para direcionar a atividade econômica e a desconfiança do planejamento central como uma alternativa; a importância do indivíduo como um participante econômico e a rejeição consequente de modelos econômicos extremamente abstratos; capital para sustentar o papel da inovação como um motor de crescimento e a inevitabilidade resultante de baixas econômicas quando a inovação desacelera; e a estreita responsabilidade social da administração de empresas e o papel limitado do governo), temperado por uma boa dose de história e pela sua exposição a uma sequência particularmente turbulenta de eventos socioeconômicos. Entender Drucker nesse contexto permite que os líderes de negócios de hoje corretamente apliquem seus princípios administrativos a questões e decisões que eles enfrentam e evitem interpretações excessivamente amplas de responsabilidade social da administração. Essas bases são revistas em "On the Foundations of the Drucker Vision" no início deste capítulo.

As visões de Drucker são interdependentes, mas alguns de seus temas centrais podem ser organizados sob quatro títulos:

- Economia clássica e a intenção de lucro;
- Propósito social corporativo e o imperativo de valor;
- Responsabilidade social corporativa e ética administrativa; e
- Propósito corporativo e inovação.

Na seção final, exploro a análise de seus escritos para oferecer algumas conjecturas sobre como ele teria visto a crise financeira e econômica de 2008-2009.

Economia Clássica e a Intenção de Lucro

Sobre a Macroeconomia Keynesiana – Consistente com a visão da Escola Austríaca, Drucker era crítico dos modelos econômicos extremamente matemáticos e desdenhosos do papel do indivíduo. Keynes era um alvo específico e recorrente. Em 1946, Drucker escreveu:

> *O trabalho de Keynes foi elaborado presumindo que suposições fundamentais da economia laissez-faire do século XIX não eram mais verdadeiras em uma sociedade industrial... Mas ele almejava a restauração e preservação de... instituições básicas das políticas laissez-faire do século XIX; acima de tudo,... a preservação da autonomia e automatismo do mercado. Os dois não poderiam mais ser reunidos em um sistema nacional; as políticas de Keynes são mágicas – feitiços, fórmulas e encantamentos para fazer com que aqueles admitidamente irracionais se comportassem racionalmente. (The Ecological Vision)*

Ao admitir que a economia *laissez-faire* não funciona em uma sociedade industrializada, Drucker aceita a ideia de que a propensão da economia em restaurar o emprego total por meio de ajustes de preços poderá não funcionar quando os participantes econômicos forem grandes empresas industriais, sindicatos trabalhistas e outras, ligadas por contratos de longo prazo. Uma vez que os instrumentos de política meramente criam a ilusão de comportamento racional, não faz sentido estimular a economia ao artificialmente aumentar a demanda por mão de obra ou enganar as pessoas ao inflar o trabalho. Embora ele argumente contra a solução Keynesiana, ele não favorece a intervenção governamental.

Sobre a Intenção de Lucro – Drucker constantemente se referia ao desempenho econômico como a responsabilidade social predominante de uma empresa.

> *Em qualquer sociedade... a primeira e mais predominante função social e responsabilidade da empresa é o desempenho econômico... As demandas do desempenho econômico que a sociedade coloca para uma empresa são idênticas às demandas de autointeresse da empresa: a anulação de perdas... Não há conflitos entre o propósito social e o interesse de sobrevivência da empresa. (The New Society)*

250   O LEGADO VIVO DE PETER DRUCKER

Drucker reconhece que uma empresa lucrativa está fazendo o que a sociedade demanda. Ele faz isso sem sobrepor julgamentos normativos sobre valores que são diferentes de preços. Embora possam existir motivos para suprimir o mecanismo de preços, Drucker mantém que não é responsabilidade dos líderes de negócio fazer tais escolhas. Esta é exatamente a visão Austríaca.

A visão de Drucker sobre lucros deriva diretamente dos princípios econômicos.

> *Os lucros atendem três propósitos. Eles medem a eficácia líquida... das atividades de uma empresa,... são o "prêmio pelo risco" que cobre o custo de permanecer no negócio... e, por último, garantem o suprimento de capital futuro para inovação e expansão. (The Practice of Management)*

Assim sendo, Drucker aceita o papel dos preços em direcionar as atividades e o papel dos lucros em direcionar a alocação de recursos. Ele articula a visão da Escola Asutríaca (em um desafio direto a Marx) de que lucro é o retorno para o capital. Os lucros compensam aqueles que já pagaram pelos serviços de mão de obra embutidos no capital. Ao dizer que o lucro garante o suprimento de capital para inovação, Drucker estava expressando a premissa de Schumpeter de que capital é essencial para inovação e crescimento.

Drucker sempre fala do propósito da empresa em um contexto de bem-estar social, e ele sempre quer dizer a criação de valor para a sociedade. Os lucros (por exemplo, lucro econômico) validam o fato de a empresa estar alcançando seu objetivo social.

> *Empresas comerciais... são órgãos da sociedade. Elas não existem simplesmente por existir, mas sim para preencher um propósito social específico e para satisfazer a necessidade específica de uma sociedade, uma comunidade ou indivíduos. Elas não são os fins,... mas, sim, os meios...*
>
> *... Em empresas comerciais, o desempenho econômico é o raciocínio lógico e o propósito... A administração da empresa deve sempre... colocar o desempenho econômico em primeiro lugar... A administração de uma empresa fracassa se ela não produzir resultados econômicos. Ela fracassa se não suprir os bens e serviços desejados pelos consumidores a um preço que os consumidores estejam dispostos a pagar. Ela fracassa se não melhorar, ou pelo menos manter, a capacidade de produção de riqueza dos recursos econômicos con-*

As Visões de Drucker e Suas Fundações... **251**

fiados a ela. E isto... significa responsabilidade pela lucratividade. (Management: Tasks, Responsibilities, Practices)

Em 1946, Drucker reconheceu a intenção de lucro como um mecanismo para a eficiência social:

A intenção de lucro tem uma eficácia social... bastante alta. Todas as outras formas conhecidas pelas quais o desejo pelo poder pode ser expresso oferecem satisfação ao dar ao homem ambicioso o poder e domínio sobre seus subalternos. O motivo do lucro em si proporciona satisfação por meio do poder sobre as coisas. (The Concept of Corporation)

A intenção de lucro está no centro do pensamento da Escola Austríaca. A menos que as pessoas estejam focadas nos lucros, os preços não podem direcionar a atividade humana. Drucker expressava antipatia pelo planejamento central, o qual os austríacos criticavam como sendo não funcional. Ele havia visto, em primeira mão, as consequências de tentativas fracassadas ao planejamento central.

Mas seu respeito pela intenção de lucro na prática eleva a tensão com seu desdenho pela economia formal. Drucker questiona a existência da intenção de lucro como uma construção teórica.

É altamente duvidoso se realmente existe algo como uma intenção de lucro. A ideia foi inventada pela economia clássica para explicar a realidade econômica que sua teoria de equilíbrio estático não conseguia explicar... A intenção de lucro e... maximização de lucros são... irrelevantes para a função de uma empresa... e para o trabalho de administrar uma empresa. Na realidade, o conceito... prejudica. (Management: Tasks, Responsibilities, Practices)

As contradições entre essa visão e as primeiras visões de Drucker são aparentes. Na primeira, seu foco está no comportamento do indivíduo. Na segunda, ele quer dizer "igualar custo marginal e receita marginal".

As referências ao equilíbrio estático e à intenção de lucro são puramente schumpeterianas. Schumpeter argumentava que, porque não há inovação no modelo clássico, a economia clássica não consegue explicar o crescimento e os ciclos de negócios. Drucker acreditava que o conceito neoclássico prejudica porque ele tira o foco da inovação.

252 O LEGADO VIVO DE PETER DRUCKER

As visões de Drucker sobre lucros são fáceis de serem mal-interpretadas porque ele faz a distinção entre lucro, como uma medida do desempenho, e maximização de lucro, como uma orientação comportamental. Drucker disse que a raiz da confusão sobre o propósito da empresa é a crença errônea de que a intenção de lucro é um guia para a ação correta.

> *O conceito de maximização de lucros é... insignificante... Lucro e lucrativi-dade são, no entanto, cruciais – para a sociedade até mais do que para a empresa individual... Lucro não é o... raciocínio lógico do comportamento da empresa e de suas decisões, mas sua legitimação... A raiz da confusão é a crença errônea de que a intenção de uma pessoa – a tão chamada intenção de lucro – ... é uma explicação de... comportamento ou... guia para a ação corre-ta. (Management: Tasks, Responsibilities, Practices)*

Esta ênfase no comportamento humano, e não nos princípios abstratos como maximização de lucros, está no centro da economia da Escola Austríaca. Há a tendência de interpretar Drucker como partidário do valor do *stakeholder* em vez de o valor do acionista. Porém o que ele queria dizer é diferente. É consistente com o valor do *stakeholder*, mas não com interpretações que impliquem que os gerentes possam legitimamente fazer *trade-offs* entre os grupos de *stakeholders*. Na realidade, Drucker argumentava que uma ênfase na restrição da intenção de lucro levaria a uma política pública ruim.

> *A intenção de lucro... e... a hostilidade arraigada ao lucro... estão entre as doenças mais perigosas de uma sociedade industrial. Elas são largamente res-ponsáveis pelos piores erros da política pública,... os quais [são] perpendi-cularmente baseados no fracasso sobre o entendimento da natureza, função e propósito da empresa de negócios... Na realidade, uma empresa somente conseguirá fazer uma contribuição social se esta for altamente lucrativa. (Ma-nagement: Tasks, Responsibilities, Practices)*

Este posicionamento é moldado pela experiência de Drucker com as repercussões da Revolução Industrial. Se o público acredita que os acionistas lucram à custa dos empregados, lutará para eliminar os lucros. Erros de política (como controle dos preços e programas artificiais de criação de empregos) privariam o que Drucker (e Schumpeter) acreditava ser o recurso para financiar o crescimento econômico real.

As Visões de Drucker e Suas Fundações... **253**

Outra sutileza fácil de ser mal-interpretada é a distinção de Drucker entre a maximização de lucro e a suficiência de lucro.

Lucros são... necessários para pagar pela realização dos objetivos da empresa,... uma condição de sobrevivência... Uma empresa que obtém lucros suficientes para satisfazer seus objetivos... tem um meio de sobrevivência. A empresa que não tem... é uma empresa marginal e em perigo... O mínimo necessário poderá acabar sendo uma boa negociação, mais do que as metas de lucros de muitas empresas, particularmente seus resultados reais de lucro. (Management: Tasks, Responsibilities, Practices)

Uma pessoa poderá entender esta passagem melhor ao se lembrar da noção de Schumpeter sobre competição dinâmica. A lucratividade mínima necessária não significa que, uma vez que a empresa a alcança, ela pode fazer o que quiser com o restante. O mínimo deve incluir um retorno normal sobre o capital. Uma empresa que temporariamente alcança um retorno alto não é sustentável, a menos que ela continue a inovar com sucesso.

Propósito Social Corporativo e o Imperativo de Valor

Schumpeter esperava que o capitalismo fracassasse em razão da inabilidade dos processos democráticos em restringir o uso de políticas monetárias e fiscais para criar benefícios no curto prazo, e porque um eleitorado cada vez mais rico favoreceria programas sociais que minariam a inovação.

Primeiras Visões sobre a Comunidade Fabril – Em seus primeiros escritos, Drucker via a corporação como uma "solução" à previsão de Schumpeter. Ele argumentava que as empresas precisavam criar um senso de comunidade dentro da empresa (a "comunidade fabril") para reduzir os conflitos entre mão de obra e investidores. Em 1946, Drucker argumentava que todos os membros de uma empresa devem ser considerados como igualmente necessários.

A corporação precisa ser organizada em linhas hierárquicas. Mas também, todos, do chefe ao faxineiro, devem ser considerados como igualmente necessários para o sucesso comum da empresa. Ao mesmo tempo, as grandes

254 O LEGADO VIVO DE PETER DRUCKER

corporações precisam oferecer oportunidades iguais para o avanço. (The Concepts of the Corporation)

Drucker se lembrava das condições desumanas e das consequências catastróficas da Revolução Industrial. O apelo pelo respeito mútuo e oportunidades iguais reflete sua preocupação com a polarização da sociedade ao redor da percepção errônea de que a mão de obra não é um *stakeholder* em um regime capitalista. Além disso, é importante que os trabalhadores acreditem na racionalidade e previsibilidade das forças que controlam seus empregos.

Insegurança... leva à busca por bodes expiatórios... Apenas se restabelecermos a confiança do trabalhador na racionalidade e previsibilidade das forças que controlam seu emprego, poderemos esperar que as políticas na empresa industrial sejam eficazes. (The New Society)

Este escrito seguiu o ressurgimento de intranquilidade da mão de obra na era após a Segunda Guerra Mundial. Por "bodes expiatórios", Drucker queria dizer os gerentes e os capitalistas. Suas preocupações sobre os relacionamentos adversários entre trabalhadores e empresas são extensões naturais de sua experiência. Assim, ele buscou promover o reconhecimento de que os trabalhadores não conseguem beneficiar-se a menos que a empresa seja lucrativa.

Visões Posteriores sobre a "Comunidade Fabril" e a "Nova Sociedade" – A "comunidade fabril" foi essencialmente o modelo no Japão após a Segunda Guerra Mundial, como defendida por Drucker. O modelo funcionou bem enquanto o Japão tinha uma vantagem de custo em relação ao Ocidente e não tinha concorrência de países com custos de mão de obra mais baixos. Uma vez que a concorrência foi intensificada, muitas empresas japonesas não conseguiram manter o modelo orgânico da empresa, com emprego vitalício e promoção interna. Confrontado com esta realidade em 1990, Drucker buscou outros meios de satisfação do indivíduo.

Cinquenta anos atrás eu acreditava que a comunidade fabril seria o sucessor da comunidade anterior. Eu estava totalmente errado. Provamos que esta era totalmente incapaz até mesmo no Japão.[20]

Eu argumentava que... grandes empresas teriam de ser a comunidade na qual o indivíduo encontraria status e função... Isso... não funcionou... A resposta correta para a pergunta, "Quem cuida dos desafios sociais da sociedade de conhecimento?", não é o governo nem a organização empregadora. A resposta é um setor social novo e separado. ("How Knowledge Works", Atlantic Monthly)

Sem se deixar intimidar por estar errado sobre um dogma central de seus primeiros trabalhos, a preocupação de Drucker permaneceu: como evitamos os impactos divisores das mudanças econômicas que foram tão traumáticos na primeira metade do século XX? Quando o modelo de comunidade fabril provou não conseguir sustentar a pressão da concorrência, Drucker procurou soluções em outras dimensões.

Visões Posteriores sobre o Propósito e o Desempenho – Em seus últimos escritos, Drucker se debruçou sobre as questões relacionadas ao propósito corporativo e à avaliação do desempenho. Pelo menos em termos contábeis, ele via as empresas focando muito nos lucros e com uma visão de curto prazo – os resultados das administrações eram muito voltadas para o desempenho contábil em vez da criação do verdadeiro valor para o acionista.

Nem a quantidade de produção nem o "resultado final" são por si só medidas adequadas do desempenho... O posicionamento no mercado, a inovação, a produtividade, o desenvolvimento de pessoas, a qualidade, os resultados financeiros – são todos cruciais para o desempenho e sobrevivência de uma organização. (The New Realities)

Termos como "resultado final" são decididamente diferentes da ideia de lucro econômico, o qual Drucker adota como a verdadeira medida do sucesso da empresa. Lucro contábil, por contraste, é um indicador de curto prazo e não proporciona retorno para o capital.

[O] que geralmente chamamos de lucro, o dinheiro que sobra para a equivalência de serviços, geralmente não é um lucro. Até que os retornos sobre os lucros de uma empresa sejam maiores do que seu custo de capital, ela opera com perdas... a empresa continua retornando menos para a economia do que

256 O LEGADO VIVO DE PETER DRUCKER

ela consome em recursos... Até lá, ela não cria riquezas, ela as destrói. Por esta medida,... poucas empresas dos Estados Unidos têm tido lucro desde a Segunda Guerra Mundial. (Managing in a Time of Great Change)

Basicamente, Drucker critica severamente o lucro contábil como o propulsor do crescimento econômico.

Alguém poderá argumentar (como eu fiz) que a concentração presente na "criação de valor para o acionista" como a única missão de empresas de capital aberto é muito estreita... Mas ela resultou em melhorias no desempenho financeiro dessas empresas além de qualquer outra coisa que gerações anteriores teriam achado possível – e muito além do que algumas empresas produziram quando tentaram satisfazer vários objetivos, isto é, quando elas são dirigidas (e eu tenho que admitir que defendi isto por muitos anos) no "melhor interesse equilibrado" de todos os stakeholders. ("The New Pluralism", Leader to Leader)

A visão de lucro de Drucker como a medida de que a empresa está ou não servindo as necessidades da sociedade evolui por causa de sua percepção de que lucro contábil é um indicador de curto prazo e por causa das pressões do mercado de controle corporativo. No entanto, ele aderiu ao modelo de valor do acionista (lucro econômico) como a evidência de satisfação do propósito social.

Fundos de Pensão e o Mercado para Controle Corporativo – Durante a era de aquisições hostis dos anos 1980, Drucker expressou preocupações sobre o aumento na concentração de controle acionário nas mãos de gerentes de ativos institucionais.

Para quem a administração é contabilizada? E para quê? Em que a administração baseia seu poder? O que lhe dá legitimidade? Estas não são... questões econômicas. Elas são questões políticas. Ainda assim, elas fundamentam o assalto mais sério na administração em sua história – um assalto muito mais sério do que qualquer outro montado por marxistas ou sindicatos trabalhistas: as aquisições hostis... O que as possibilitou foi a emergência dos fundos de pensão dos funcionários como os acionistas controladores de empresas de capital aberto.
... Os fundos de pensão, embora legalmente "proprietários", são economicamente "investidores"... Eles não têm interesse na empresa e em seu bem-

estar. Na realidade, nos Estados Unidos pelo menos, eles... não são para serem considerados outra coisa a não ser ganhos pecuniários imediatos. O que fundamenta a licitação de aquisição é o postulado de que a única função da empresa é proporcionar o maior ganho imediato possível para o acionista. Na ausência de qualquer outra justificativa para a administração e a empresa, o "assaltante"... prevalece – e... geralmente quase imediatamente desmantela ou saqueia as preocupações em efeito, sacrificando a capacidade de longo alcance de produção de riqueza por ganhos em curto prazo. (The New Realities)

O centro das preocupações de Drucker era sua percepção de que há uma inconsistência entre valor em curto e longo prazo. Uma vez que sua visão para administração era baseada em valor de longo prazo, a propriedade significante para investidores em curto prazo ameaça sua prescrição de que os gerentes focam na criação de valor de longo prazo.

Responsabilidade Social Corporativa e Ética Administrativa

Sobre Responsabilidade pelos "Impactos" – A visão de Drucker sobre a responsabilidade social corporativa, como a busca pelo valor econômico, foi estremecida quando esta foi acoplada com a geração de externalidades ("impactos").

A terceira tarefa da administração é administrar o impacto social e as responsabilidades sociais da empresa... A livre iniciativa não consegue ser justificada como sendo boa para a empresa; ela pode ser justificada apenas como sendo boa para a sociedade... As empresas existem para suprir bens e serviços para os clientes, em vez de suprir empregos para trabalhadores e gerentes, ou mesmo dividendos para os acionistas. (Management: Tasks, Responsibilities, Practices)

O modo como o conflito é resolvido não é uma questão de os gerentes ponderarem os interesses dos *stakeholders*. Embora o valor econômico seja a medida, as empresas não existem estritamente para prover retornos para os acionistas. Elas devem, preferencialmente, prover retornos para os acionistas ao produzir o que a sociedade valoriza. O que isso implica para a administração é onde as coisas ficam confusas.

258 O LEGADO VIVO DE PETER DRUCKER

A pessoa é responsável por seus impactos... A primeira tarefa da administração é, portanto, identificar e antecipar os impactos... Se o impacto pode ou não ser eliminado ao abandonar a atividade que o causa, isto é... a melhor... solução ... Na maioria dos casos, a atividade não pode... ser eliminada... A abordagem ideal é fazer a eliminação de impactos dentro de uma empresa lucrativa... A eliminação de um impacto frequentemente significa o aumento dos custos... Estes, portanto, passam a ser uma desvantagem competitiva a menos que todos na indústria aceitem as mesmas regras. E isso, na maioria dos casos, pode ser feito apenas mediante regulamentações...

... Se uma empresa desconsiderou ou não a limitação do desempenho econômico e assumiu responsabilidades sociais que ela não poderia sustentar economicamente, ela se meteu em encrenca... Isso, para ter certeza, é uma posição bastante impopular de se assumir. É muito mais popular ser "progressivo". Mas os gerentes... não estão sendo pagos para serem heróis na mídia popular. Eles estão sendo pagos por desempenho e responsabilidade. (Management: Tasks, Responsibilities, Practices)

Assim sendo, a visão de Drucker sobre a responsabilidade para administrar os impactos era altamente limitada. Se a eliminação de um impacto fosse onerosa, a única questão real seria se sua eliminação unilateral faria ou não com que a empresa fosse não competitiva. Aqui, a única solução viável é a formação de cartel por meio de regulamentações. A visão de Drucker sobre governo limitado se chocava às vezes com seu argumento aqui. Por exemplo, existem maneiras melhores de encorajar o uso do etanol do que subsidiar os fazendeiros e obrigar o uso do etanol, sendo que ambas distorcem os preços e ofuscam a evidência de as empresas estarem ou não produzindo valor social.

Sobre a Responsabilidade Social e a Ética dos Gerentes – Qual é a responsabilidade dos gerentes de negócios em lidar com os problemas sociais? De acordo com Drucker, o gerente é responsável pelo sucesso da empresa – não pelas atividades que a desviam dessa. Um gerente que dedica esforços a atividades não comerciais está tirando recursos da empresa e distorcendo a medida de lucro do sucesso da empresa.

O gerente que usa um cargo... para se tornar uma figura pública e assumir a liderança a respeito dos problemas sociais... é irresponsável e incondizente com sua confiança... O desempenho da instituição... é também a primeira necessidade e interesse da sociedade... O desempenho de suas funções é a pri-

As Visões de Drucker e Suas Fundações... **259**

meira responsabilidade social da empresa. A menos que ela descarte suas... responsabilidades, ela não pode descartar qualquer outra coisa. Uma empresa em bancarrota... provavelmente não será um bom vizinho... E ela também não criará o capital para os empregos de amanhã e as oportunidades para os trabalhadores de amanhã...

... Mas onde se pede que as empresas... assumam... responsabilidade pelos... problemas ou doenças da sociedade,... a administração precisa pensar se a autoridade subentendida pela responsabilidade é legítima. Caso contrário, ela é usurpadora e irresponsável... Toda vez que é exigido que uma empresa assuma a responsabilidade por isso ou aquilo, devemos perguntar: "As empresas têm responsabilidades ou elas deveriam ter?"... A administração deve evitar ser responsável por um problema social que possa comprometer ou prejudicar a capacidade de desempenho de seus negócios... Ela deve resistir quando a exigência vai além de sua competência. Ela deve resistir quando a responsabilidade seria... uma autoridade ilegítima. (Management: Tasks, Responsibilities, Practices)

Drucker se preocupava com o fato de a administração perder seu foco sobre sua responsabilidade para com a sociedade e com a competência dos gerentes em lidar com problemas que vão além de sua especialidade. Sua preocupação foi moldada por suas experiências com o uso ilegítimo de poder na Europa e nos Estados Unidos.

Drucker via a ética como algo importante, mas ele não via as empresas envolvendo escolhas éticas singulares.

Inúmeros sermões foram proclamados... sobre a ética das empresas... A maioria não tem nada a ver com a empresa e pouco a ver com a ética... O problema é um problema de valores morais e educação moral... Mas também não há uma ética separada de empresas, e nem é necessária... O que é necessário é distribuir punições severas àqueles... que cedem às tentações...

... [Os] gerentes, como nos foi dito, têm a responsabilidade ética... de doar seu tempo às atividades comunitárias... No entanto, tais atividades não devem nunca ser forçadas neles, e nem os gerentes devem ser avaliados, recompensados ou promovidos de acordo com sua participação... É a contribuição de um indivíduo em sua capacidade como vizinho ou cidadão. E... esta se encontra fora do serviço e responsabilidade do gerente. (Management: Tasks, Responsibilities, Practices)

260 O LEGADO VIVO DE PETER DRUCKER

Assim como com impactos, a visão austríaca é de que a concorrência intensa evita que uma empresa tenha um padrão ético mais alto do que seus rivais. Neste ambiente, apenas restrições legais com punições apropriadas conseguem alinhar a conduta da empresa com as normas éticas.

Propósito Corporativo e Inovação

Sobre a Importância da Inovação – Schumpeter inicialmente via a inovação como resultado da substituição contínua de empresas existentes por empresas novas. Mais tarde, ele focou na habilidade das empresas em se renovarem por meio da inovação. A segunda visão é a base para a aspiração de Drucker, de que tais inovações podem ser alinhadas com os interesses dos empregados.

> *[A] empresa tem duas... funções básicas: marketing e inovação... Isso não é suficiente... para prover quaisquer bens ou serviços econômicos; ela deve prover bens e serviços mais econômicos e melhores...*
>
> *Mais cedo ou mais tarde, até mesmo a resposta mais bem-sucedida para a pergunta, "Qual é o seu negócio?", se torna obsoleta...*
>
> *... Tão importante quanto a decisão sobre o que coisas novas e diferentes farão é o abandono planejado e sistemático de coisas antigas que... não mais exprimem satisfação para o cliente ou clientes, não contribuem mais. (Management: Tasks, Responsibilities, Practices)*

Schumpeter estava interessado nos deslocamentos econômicos causados pela atividade inovadora. Drucker, que está mais próximo da prática, via os períodos de baixa econômica que derivavam das ondas de inovação como problemáticos. Ele tinha esperanças de um mundo no qual as atividades inovadoras das empresas existentes pudessem mitigar os impactos negativos dos deslocamentos. Assim, provavelmente um pouco da divisão que se seguiu após a Revolução Industrial pudesse ser evitada.

Sobre o Papel do Lucro na Inovação – Drucker, assim como Schumpeter, enfatizava que o lucro é essencial para a busca de inovação, mas ele argumentava que a atividade inovadora é direcionada mais pela oportunidade para criar valor do que pela busca de lucro em si.

As Visões de Drucker e Suas Fundações... **261**

A "teoria da destruição criativa... de Schumpeter... é a única teoria ... que explica por que existe algo que chamamos de "lucro". Os economistas clássicos... não raciocinaram sobre o lucro. De fato, na economia de equilíbrio de um sistema econômico fechado não há lugar para o lucro... Assim.... que alguém muda.... para a economia dinâmica, crescente, movimentada e mutável de Schumpeter, o que é chamado "lucro"... torna-se um imperativo moral. ("Schumpeter versus Keynes", Forbes)

Em um dos seus últimos esforços para alcançar um equilíbrio entre os objetivos corporativos e o bem-estar do indivíduo, Drucker uniu o progresso econômico e o bem-estar social à presença da administração empresarial e atribuiu as diferenças em crescimento por todas as nações para diferenças na orientação empresarial da administração.

Qualquer organização existente... declinará rapidamente se ela não inovar. Do mesmo modo, qualquer organização nova... sofrerá uma queda se ela não for administrada. Não inovar é a única e principal razão do declínio de organizações existentes. Não saber administrar é a única e principal razão para o fracasso de novos empreendimentos. (The New Realities)
Todas as instituições... precisam embutir em sua administração diária quatro atividades empresariais que correm paralelas. Uma delas é o abandono organizado de produtos... que não são mais uma alocação ótima dos recursos... A instituição deve, então, organizar-se para melhorias contínuas e sistemáticas... Em seguida, ela tem de organizar-se para a exploração contínua e sistemática, especialmente de seu sucesso... E, por último, ela tem de organizar a inovação sistemática. ("Management's New Paradigmas", Forbes)

Explorando Schumpeter, Drucker reconheceu que a destruição criativa faria com que o negócio atual da empresa fosse obsoleto. Com base no segundo modelo de atividade empresarial de Shumpeter, ele enfatiza a inovação sistemática como parte da responsabilidade da empresa. Ele credita a inovação contínua com a possibilidade de as empresas e economias evitarem os períodos muito longos de baixa econômica em que Schumpeter focava.

Schumpeter argumentava que a "destruição criativa" é o que move o crescimento econômico e prosperidade. A economia necessariamente passa por períodos de rápido crescimento precipitados pela inovação transformacional, seguido pelos períodos inevitáveis de baixa econômica quando a taxa de inovação desacelera. Drucker aceitava a visão de Schumpeter de que inovações importantes provavelmente serão desenvolvidas por grandes corporações que têm acesso ao capital necessário. No entanto, ao enfatizar a inovação como responsabilidade da administração, Drucker esperava desenvolver um meio construtivo para suprimir os períodos de baixa econômica. Ele aceitava a ideia de destruição criativa, mas ainda via a corporação como tendo valor de sobrevivência se, por meio da inovação, ela pudesse mitigar o impacto dos períodos de baixa econômica em seus funcionários.

Recapitulação

Drucker concluiu que a responsabilidade social das empresas é produzir bens e serviços que sejam valorizados pela sociedade com um preço maior do que os custos dos insumos, e que o lucro econômico é a melhor medida para saber se a empresa está ou não alcançando aquilo que a sociedade exige dela. Com base na abordagem praxeológica da Escola Austríaca, ele avançou a visão de que raciocínio econômico e previsões devem começar com um foco no indivíduo em vez de conceitos abstratos, como a maximização de lucros.

Baseado nos princípios econômicos e em suas visões sobre poder, autoridade e legitimidade, Drucker dizia que o propósito de um gerente é focar em alcançar os objetivos de lucro da empresa ao criar valor para os consumidores, não em resolver os problemas sociais que existem fora da organização. Ele enfatizava abordagens legais e políticas para lidar com as externalidades. Em face da pressão competitiva, uma empresa não pode fazer escolhas éticas que envolvam custos para alguns *stakeholders* e ganhos para outros.

Baseado em suas experiências com os distúrbios do período após a Revolução Industrial e na desconfiança de governos em enfrentar esses problemas, Drucker idealizava a possibilidade de alinhar a criação de valor com a cultura de comunidade. Embora eventualmente ele tenha sido forçado a abandonar esta visão, ele continuou buscando os mesmos objetivos por meio de sua ênfase no empreendedorismo corporativo e suas discussões sobre uma "nova realidade social".

Uma Conjectura da Visão de Drucker sobre o Colapso Econômico de 2008-2009

De acordo com o Índice de Habitações Case-Schiller, o valor de imóveis nos Estados Unidos aumentou 123% de 2000 a 2006. Motivando o aumento, duas empresas patrocinadas pelo governo dos EUA, Fannie Mae e Freddie Mac, juntamente com outras instituições, agressivamente expandiram a disponibilidade de fundos para hipotecas. Para reduzir sua exposição aos riscos do mercado de habitações, os financiamentos primários, bancos de investimento e empresas de seguros se engajaram em um leque complexo de táticas que maquiavam os riscos. Os acordos funcionavam enquanto os preços dos imóveis estavam subindo e seus proprietários continuavam fazendo seus pagamentos. Entretanto, de meados de 2006 a meados de 2008, os valores dos imóveis declinaram 21%. Os declínios mais do que dizimaram o patrimônio dos proprietários de imóveis em muitos mercados, mesmo para os empréstimos em conformidade com as diretrizes GSE.

Em face do aumento na inadimplência, os fracassos de algumas contrapartes e repercussões similares, alguns bancos foram confrontados com perdas de capital regulatório que, dramaticamente, os forçou a restringir suas atividades de empréstimos. O declínio no setor habitacional e a contração do setor bancário precipitaram um período de baixa econômica global.

O governo dos Estados Unidos respondeu de várias maneiras, incluindo infusões de capital para algumas instituições financeiras, compras de ativos com desempenho baixo para restaurar a habilidade dos bancos em conceder empréstimos, revisões das regras de "mark-to-market", infusão de capital para salvar empresas com problemas e gastos governamentais agressivos para compensar a indisposição percebida do consumidor para gastar.

É natural ponderar o que Drucker teria dito sobre esse colapso financeiro e econômico. Embora a conjectura esteja aberta a críticas fáceis, as conjecturas baseadas em história, economia e nos próprios escritos de Drucker não são fundamentalmente diferentes da metodologia de previsão econômica.

Drucker provavelmente teria visto o colapso como um fracasso tanto da administração quanto do governo. A respeito da administração, ele teria reiterado sua preocupação de que seus incentivos são em prazo muito curto para alinhar suas decisões com a criação de valor no longo prazo, o que beneficiaria não apenas os acionistas, mas também os clientes e funcionários. A respeito do governo, ele culparia aqueles que fazem as políticas por se estenderem de maneiras que criaram incentivos para que os gerentes de empresas financeiras focassem suas decisões de empréstimos em meios que não seriam sustentáveis.

O governo, de acordo com Drucker, é melhor se ele estiver limitado a prover uma infraestrutura de regras e reforços que possam permitir que as empresas prosperem ao oferecerem produtos e serviços que os clientes exigem. Embora Drucker estivesse frustrado em sua busca por modelos empresariais que pudessem alcançar a harmonia completa entre atendimento ao cliente e satisfação do funcionário, ele nunca propôs que o governo tivesse um papel legítimo no *trade-off* dos interesses do mercado de mão de obra e o mercado de consumo. Na realidade, Drucker temia a usurpação governamental do poder econômico.

Com base em suas críticas dos modelos econômicos que não são fundamentados no comportamento humano, Drucker provavelmente teria sido crítico dos modelos de engenharia financeira que eram baseados em arbitragem estatística e eram desconectados de questões básicas, por exemplo: como as pessoas responderão se os valores de imóveis declinarem e os pagamentos de hipotecas aumentarem radicalmente? E o que acontecerá com o setor financeiro se o declínio no valor dos imóveis e o aumento no desemprego levarem a inadimplências significativas? Drucker teria argumentado que, se o mercado de imóveis tivesse sido examinado pelas lentes da demografia básica, consumo doméstico e escolhas de investimentos, não teria sido difícil antecipar o declínio do mercado e prever seu impacto.

Drucker, como proponente da regra, não favorecia a intervenção governamental na sobrevivência de empresas financeiras ou empresas industriais específicas. A noção de "muito grande para fracassar" teria tido pouco peso com ele, contanto que os interesses dos consumidores e contrapartes pudessem ser protegidos.

Parece provável que Drucker argumentaria, ao longo das linhas de Schumpeter, que os produtores de automóveis dos EUA haviam falhado no teste de mercado. Portanto, talvez devêssemos ter permitido que eles

As Visões de Drucker e Suas Fundações... **265**

caíssem rapidamente para que seus recursos pudessem ser redistribuídos para atividades que a sociedade valoriza mais.

Com base em sua experiência na Áustria, Drucker teria se preocupado com o crescimento do governo. Ele também teria desafiado a eficácia dos órgãos reguladores, os quais eram para ter evitado a crise em primeiro lugar. A contabilidade "mark-to-market", a qual foi defendida pelos reguladores, na realidade aumentou o impacto das inadimplências. Seguindo a Escola Austríaca, Drucker teria observado que os participantes em mercados competitivos sempre encontrarão pontos fracos em qualquer infraestrutura regulatória, portanto, consequências não desejadas são inevitáveis.

Embasado em sua exposição a Schumpeter e sua experiência com a Grande Depressão, Drucker teria sido crítico das tentativas no estilo keynesiano de usar gastos governamentais para recuperar a atividade econômica. O governo inevitavelmente age politicamente, e o uso de gastos governamentais para lidar com o período de baixa econômica retarda os incentivos e a habilidade da economia em se recuperar por meio da inovação.

Juntamente com Schumpeter e outros da Escola Austríaca, Drucker teria sido crítico dos esforços do governo em influenciar o curso da inovação por meio do envolvimento direto em assuntos como o meio ambiente. Embora o governo possa proporcionar incentivos para ajudar a lidar com as externalidades reconhecidas, há poucas evidências que indicam que este é eficaz como um capitalista empreendedor. Em contraste, a indústria de capital de empreendimentos, a qual no seu ponto mais alto investiu apenas US$ 100 bilhões em um único ano e tem apenas 30 anos, está ligada a empresas econômicas que, até 2007, respondiam por 10% de empregos não governamentais e 17% do PIB dos EUA.[21]

15

Drucker sobre Marketing: Lembre-se, de que os Clientes são o Motivo para Você Ter um Negócio

Jenny Darroch

O marketing é tão básico que ele não pode ser considerado uma função separada dentro de uma empresa... Ele é, primeiro, uma dimensão central de toda a empresa,... é toda a empresa vista... do ponto de vista do cliente.
— Peter F. Drucker, *The Practice of Management*[1]

A meta do marketing é tornar o processo de venda supérfluo. A meta do marketing é conhecer e entender o cliente tão bem de modo que o produto ou o serviço seja apropriado para ele e se venda por conta própria.
— Peter F. Drucker, *Management: Tasks, Responsibilities, Practices*[2]

Embora Drucker seja frequentemente considerado o "pai da administração moderna", seu trabalho também tem um efeito profundo no campo de marketing. Por exemplo, como ilustram as duas citações de abertura, Drucker lembrava àqueles dentro de uma organização que os clientes eram o motivo de a empresa existir e, portanto, argumentava que o marketing era responsabilidade de todos os funcionários, não apenas daqueles no departamento de marketing. Ele integrou os princípios de marketing em seu trabalho sobre marketing de tal maneira que a pergunta de onde o marketing começa e a administração acaba é "mais uma questão de preferência".

O propósito deste capítulo é explorar o trabalho de Drucker sobre marketing. Assim sendo, organizei este capítulo ao redor de três temas. Primeiro, para poder dar um contexto ao trabalho de Drucker, proporcionarei uma breve história do marketing relevante à época em que ele escreveu sobre marketing e administração. Segundo, discutirei as principais contribuições de Drucker ao campo do marketing. E terceiro, examinarei o relacionamento entre marketing e inovação, desempenho organizacional e bem-estar social, todos temas centrais ao trabalho de Drucker.

Em vez de atualizar a obra de Drucker, escolhi exibi-la como um lembrete para todos nós de que seus conselhos são tão apropriados para os dias de hoje como eram quando ele começou a escrever sobre marketing. Lembro-me de uma vez ter perguntado a Drucker se ele achava que os gerentes eram melhores em mesclar marketing ou inovação; ele respondeu que a maioria das empresas não faz bem nem um nem outro. Assim, com isto cravado em minha mente, usarei este capítulo para reexaminar a obra de Drucker usando várias de suas citações, palavra por palavra, para nos relembrar sobre marketing – marketing à moda de Drucker.

A História do Marketing

A disciplina de marketing é relativamente nova. Na realidade, em 1935, a Associação Americana de Marketing (AMA) inicialmente definiu marketing como, "O desempenho das atividades comerciais que direcionam o fluxo de produtos e serviços dos produtores aos consumidores".

Esta definição era, claro, apropriada naquela época. A Grande Depressão no início dos anos 1930 havia acabado e os Estados Unidos enfrentava um período de expansão econômica que durou até 1937. Os gerentes estavam preocupados com a produção em massa e a eficiência da distribuição: fazer grandes quantidades de produtos, baixar os custos de produção e movimentar os produtos para os consumidores para satisfazer a demanda crescente.

Outra recessão aconteceu em 1937, a qual foi seguida pela Segunda Guerra Mundial. Imediatamente após a Segunda Guerra Mundial, os lares foram encorajados a consumir como um meio para facilitar a recuperação econômica após a guerra; ser um bom consumidor passou a ser sinônimo de ser um bom cidadão, e as organizações criaram estratégias e

Drucker sobre Marketing... **269**

programas para encorajar o consumo. Durante esse período, o conceito de vendas dominava.

Mas o conceito de vendas é uma abordagem bastante centrada na organização para se fazer negócios. Isso significa que as organizações se envolvem em vendas agressivas e técnicas promocionais para vender o que elas fazem, em vez de fazer o que o mercado quer. Os consumidores, no entanto, começaram a rebelar-se – eles simplesmente não gostavam que os produtos fossem "empurrados" tão agressivamente. Em resposta, vimos o aumento no movimento dos consumidores quando eles começaram a unir-se com uma voz comum, sentindo-se poderosos para se opor contra os produtores.

O início dos anos 1950 proporcionou um ponto de inflexão na história do marketing. Em resposta à crescente defesa do consumidor, as organizações tornaram-se mais voltadas para os clientes, que eram cada vez mais consultados pelos gerentes e o ponto de vista deles tornou-se central à definição da empresa. Durante essa época, surgiram termos como "o consumidor é o rei" ou "o centro do universo". Foi nessa mesma época que Drucker começou a escrever prolificamente sobre a prática de marketing.

Drucker sobre Marketing
Vendo a Organização do Ponto de Vista do Cliente

Um dos trabalhos de marketing mais influentes de Drucker é um capítulo de seu livro de 1964, *Managing for Results*, chamado "The Customer is the Business". Este capítulo reúne muito do que Drucker escreveu sobre marketing e ainda hoje continua bastante relevante. Na realidade, eu o uso como tarefa em muitas das minhas classes de gestão de marketing na Drucker School, e peço aos alunos que apliquem um, ou alguns, dos temas centrais de Drucker a uma organização em que estejam interessados. Os alunos gostam muito dessa tarefa (como se tarefa fosse algo para se gostar), e o *feedback* positivo dos alunos é um elemento de surpresa de que algo escrito em 1964 ainda se aplica hoje. Explorarei bastante este capítulo e examinarei o campo de marketing pelas lentes de Drucker.

A primeira contribuição substantiva de Drucker ao marketing foi ensinar aos gerentes a olhar a organização do ponto de vista dos clientes, algo a que Drucker se referia como a visão de marketing. Ele eloquentemente diz,

Tentar entender o comportamento aparentemente irracional do cliente força os fabricantes a adotar a visão de marketing em vez de simplesmente falar sobre ela.[3]

e

Se forçar a respeitar o que parece irracionalidade por parte do cliente, se forçar a encontrar as realidades da situação do cliente que se tornam um comportamento racional, talvez seja a abordagem mais eficaz para enxergar toda uma empresa do ponto de vista do mercado e do cliente.[4]

Drucker acrescentou que os gerentes não deveriam apenas entender a empresa do ponto de vista do cliente, mas eles também deveriam tentar identificar o que os clientes valorizam:

Começar com a utilidade do cliente, com o que o cliente compra, com quais são suas realidades e quais são seus valores – isso é que é marketing.[5]

Os Clientes São Racionais ou Irracionais?

As citações anteriores frequentemente se referem à irracionalidade do cliente. Na época em que Drucker escreveu sobre marketing, havia muitas discussões sobre o fato de os clientes se comportarem racional ou irracionalmente. Esse interesse na racionalidade surgiu por alguns motivos. Primeiro, o economista do século XIX, John Stuart Mill, já havia introduzido o conceito do *"Economic Man"* ou *"Homo economicus"* para descrever como as pessoas tomam decisões. Mill descreveu o *Homo economicus* como uma pessoa racional, uma pessoa que consegue processar várias informações para tomar uma decisão que maximizará sua utilidade (por exemplo, satisfação). Assim sendo, a ideia de racionalidade era certamente central à economia e havia aberto caminho para o marketing e a administração.

Segundo, em 1957, Herbert Simon publicou sua obra pioneira sobre o que ele chamava de "racionalidade limitada", a qual descrevia o que realmente acontece quando as pessoas tomam decisões. O que fez com que a obra de Simon fosse tão importante é que ela falou de nossa realidade. Ele argumentava que a maioria dos consumidores simplesmente não consegue processar informações suficientes para tomar uma decisão que

Drucker sobre Marketing... **271**

maximizará sua utilidade. Em vez disso, eles tomam decisões ao combinar uma abordagem racional para a tomada de decisões com um grau de emoção, o que faz com que suas decisões pareçam um pouco irracionais para as pessoas que estão tentando compreendê-las. A resposta de Drucker ao aumento da irracionalidade do cliente foi:

> *Precisamos presumir que os clientes são racionais. Mas sua racionalidade não é necessariamente a do fabricante; é a de sua própria situação. Presumir – como agora é moda – que os clientes são irracionais é um erro sério, assim como presumir que a racionalidade do cliente é a mesma do fabricante ou do fornecedor... É trabalho do fabricante ou fornecedor descobrir por que os clientes se comportam de maneira aparentemente irracional.*[6]

Assim sendo, Drucker advertia os gerentes que se atreviam a descrever os clientes como irracionais. Ele encorajava os gerentes a perguntarem "o que há na realidade deles que eu não estou conseguindo enxergar?".[7] Porque, afinal de contas, "há apenas uma pessoa que realmente sabe: o cliente".[8]

A "Abordagem ao Marketing Total"

Na seção anterior, discuti a visão de Drucker sobre o marketing, a abordagem de marketing total. Ao sugerir que eles adotassem a visão de marketing, Drucker encorajava os gerentes a olharem a organização de fora, do ponto de vista dos clientes. Isso significa que os gerentes precisam reservar um tempo para entender as necessidades e desejos que os clientes buscam satisfazer ao selecionar os produtos da organização.

Entretanto, de volta a 1964, Drucker achava que os gerentes não haviam abraçado completamente a visão de marketing porque eles ainda se referiam a "*nossos* produtos, *nossos* clientes, *nossa* tecnologia".[9] A mesma coisa acontece ainda hoje. Quantas vezes você vê um anúncio para um emprego de gerente de marketing, apenas para descobrir que é realmente um emprego de vendedor disfarçado? Portanto, embora muitas organizações estejam focadas em suas abordagens à tomada de decisões e alegam ter adotado a visão do marketing, muitas outras continuam agindo da boca para fora. Drucker captou perfeitamente esse sentimento quando ele disse:

A "visão de marketing" tem sido amplamente divulgada por mais de uma década. Ela até ganhou um nome pomposo: A Abordagem de Marketing Total. Nem tudo que usa um nome pomposo, merece. Mas um coveiro continua sendo um coveiro, mesmo quando chamado de agente funerário – aumentam apenas os custos de um enterro. Muitos gerentes de vendas foram renomeados como "vice-presidente de marketing" – e a única coisa que aconteceu foi que os custos e salários aumentaram.[10]

Limites do Mercado e Mercados em Mudança

Para alcançar as metas de suas organizações, Drucker encorajava os gerentes a adotar uma abordagem de fora para dentro em relação à tomada de decisão de marketing, a qual influencia o modo como os marqueteiros definem seus mercados e seus limites, identificam os concorrentes potenciais e buscam novas oportunidades de produtos que podem resultar na evolução do mercado. Por exemplo, os marqueteiros agora começam o processo de segmentação do mercado ao agrupar "clientes em segmentos baseados em necessidades similares e benefícios buscados... para solucionar um problema específico de consumo".[11] Assim sendo, os gerentes são encorajados a perguntar: "Qual é o mercado para o que este produto faz?", e não, "Qual é o mercado para este produto?".[12]

Pelo fato de Drucker ter assumido uma abordagem de dentro para fora para a definição do mercado, ele considerava concorrentes aquelas organizações que ofereciam produtos alternativos para consumo que satisfazem as mesmas necessidades ou desejos. Isso significa que novos produtos (e consequentemente novos concorrentes) emergem porque eles satisfazem as mesmas necessidades ou desejos:

O cliente raramente compra o que a empresa acha que vende para ele. Um dos motivos disso é que ninguém paga por um "produto". As pessoas pagam pela satisfação. Porque o cliente compra satisfação, todos os produtos e serviços competem intensivamente com produtos e serviços que... são todos meios alternativos para o cliente obter a mesma satisfação.[13]

Como nos lembrou Drucker, é central para a estratégia de marketing reservar um tempo para identificar as necessidades e desejos dos clientes. Os exemplos seguintes ilustram a perspectiva de Drucker sobre marketing. Quando eu escrevo e depois envio uma carta, qual é a minha necessidade

Drucker sobre Marketing... **273**

básica – um serviço postal eficiente ou a habilidade de me comunicar com amigos, familiares ou associados de negócios? Do mesmo modo, se eu comprar um CD, a minha necessidade básica é definida como um acesso a uma boa seleção de CDs a um preço razoável ou à habilidade de escutar música em minha casa, no carro ou no escritório? O ponto é que se os gerentes estivessem focados na necessidade que eu busco satisfazer quando consumo um produto, o gerente do correio teria perguntado: "De que outra maneira os clientes se comunicam com amigos, familiares e associados de negócios?", e o gerente de uma gravadora teria perguntado: "De que outra maneira os clientes poderiam escutar música em casa?". Poderiam também perguntar: "Quais são os problemas associados com o envio de cartas para se comunicar com amigos, familiares e associados de negócios?", ou "Quais são os problemas em armazenar músicas num CD?". Ao fazer tais perguntas, o gerente evita ser pego de surpresa pelos novos produtos e concorrentes, se posicionando, assim, à frente no desenvolvimento de novos produtos, desenvolvimento que poderá levar a uma mudança nos limites de produtos e mercados, resultando na evolução dos mercados. Se o correio ou a gravadora tivessem adotado essa abordagem centrada no cliente, talvez eles não tivessem sido pegos de surpresa pelos serviços de e-mail e mensagens instantâneas ou pelo inovador iTunes da Apple.

A visão de Drucker sobre limites dos mercados e concorrência pode ser resumida pela citação seguinte:

> *O que para o fabricante é um mercado ou uma categoria de produto, para o cliente muitas vezes é uma série de mercados não relacionados e uma série de satisfações e valores diferentes.*[14]

Assim, de acordo com Drucker, os mercados mudam e evolvem quando os gerentes desenvolvem novos produtos que satisfazem as mesmas necessidades e desejos básicos, ou quando solucionam os problemas que os clientes têm com os produtos existentes. Essa abordagem de fora para dentro à inovação é também conhecida como inovação da demanda tecnológica.

Drucker também escreveu sobre a inovação de fornecedores de tecnologia e reconheceu que os gerentes, às vezes, direcionam as mudanças no mercado, um fenômeno que Drucker chamou de "marketing inovador".

Uma abordagem de fornecedores de tecnologia à inovação é o marco das inovações tecnológicas de novos produtos, empreendedorismo e marketing empresarial. Drucker diz: "Ele precisa adaptar-se ao comportamento do cliente se ele não conseguir usar este comportamento a seu favor. Ou ele tem de embarcar no trabalho mais difícil de mudar os hábitos e visões do cliente".[15] Entretanto, Drucker advertia que mesmo quando as ideias para uma inovação são originadas internamente, o "teste da inovação é sempre o que ela faz para o usuário. Consequentemente, o empreendedorismo deve sempre estar focado no mercado, na realidade, motivado pelo mercado".[16]

Drucker sobre Inovação, Desempenho Organizacional e Bem-Estar Social

Agora, devemos considerar uma das principais contribuições de Drucker ao marketing (e à administração em geral): isto é, o relacionamento entre marketing, desempenho organizacional e bem-estar social.

Primeiro, um lembrete sobre a importância do papel do marketing: uma vez que uma organização existe por causa de seus clientes, o desempenho organizacional é largamente determinado por quão efetivamente a organização empreende as atividades de marketing que basicamente dão aos clientes um motivo para comprar dela, ou mesmo interagir com ela.

Marketing em Contextos Diferentes

Os marqueteiros muitas vezes querem saber como os princípios de marketing se aplicam às organizações beneficentes, empresas concessionárias, cidades, igrejas, museus, atrações turísticas e outras parecidas. A resposta é direta: os princípios de marketing se aplicam igualmente a qualquer organização, não importando o propósito da organização. Uma das principais diferenças, contudo, é que algumas organizações têm um leque mais amplo de *stakeholders* com um conjunto diferente de necessidades e desejos. Por exemplo, uma organização beneficente provavelmente terá pessoas que usam seus serviços, pessoas que provêm fundos para manter a organização em operação e talvez uma agência governamental que se interessa pelos serviços que esta organização beneficen-

Drucker sobre Marketing... **275**

te proporciona. Independentemente do contexto, é importante que você veja a sua organização da perspectiva de cada grupo de *stakeholder* (o lado de fora), e que entenda as necessidades e desejos dos *stakeholders*, assim como os problemas que eles estão tentando resolver ao interagir com a organização. Afinal de contas, qualquer organização bem-sucedida é caracterizada por sua relevância para seus *stakeholders*. Assim sendo, os marqueteiros não podem ser impressionados pelo contexto, mas sim permanecerem focados nos princípios sólidos de marketing.

Princípios Sólidos de Marketing: o Bom e o Ruim

O marketing tem um papel importante no monitoramento das mudanças no ambiente externo, na tecnologia, na política, nas regulamentações, na concorrência, nos segmentos de mercado, nas necessidades e nos desejos dos clientes. Os marqueteiros, portanto, precisam considerar como essas mudanças podem afetar a organização. É aí que o relacionamento entre marketing e inovação torna-se importante. Drucker realmente acreditava que os gerentes precisam ser adeptos ao empreendedorismo para poder identificar e responder às oportunidades de mercado. Isto é, a organização deve constantemente se adaptar, se ela quiser permanecer competitiva em um mundo em mudança.

A divisão no relacionamento entre marketing e inovação é muitas vezes aparente. Por exemplo, o governo dos Estados Unidos injetou milhões de dólares na indústria automobilística e, na época em que este livro era escrito, ainda estava decidindo o que fazer a seguir – permitir que a indústria vá à falência e depois reestruturá-la, ou continuar sustentando-a com dinheiro de ajuda financeira. O fracasso da indústria automobilística em inovar tem sido o ponto central de seu dilema. É claro que os consumidores podem ser criticados por continuar exigindo grandes SUVs que consomem muita gasolina, mas os líderes na indústria automobilística também precisam assumir parte da culpa por não, por exemplo, lançar veículos mais eficientes em combustível e depois direcionar os consumidores para esses veículos, moldando gostos e preferências. Enquanto ainda não sabemos o que acontecerá com a indústria automobilística, uma coisa é certa: ela tem a responsabilidade de inovar porque uma indústria em declínio é uma ameaça aos empregos, estabilidade financeira, ordem social e responsabilidade governamental.

276 O LEGADO VIVO DE PETER DRUCKER

O marketing, no entanto, também tem seus críticos. Ele é geralmente responsabilizado por criar a demanda por produtos indesejados – isto é, produtos pelos quais havia pouca demanda anterior – e por contribuir com o consumo em excesso e danos ambientais. Veja a habitação, por exemplo. A propriedade de imóveis tem sido uma prioridade para as famílias americanas. Desde 1862, a Lei da Propriedade Rural oferecia terra a qualquer um que estivesse disposto a "desbravar a fronteira do Oeste". Contudo, com o passar do tempo, nosso conceito sobre o tamanho de uma casa mudou. Em 1950, a casa americana média era de apenas 92 metros quadrados, e as pessoas achavam normal para uma família ter apenas um banheiro, ou que dois ou três meninos adolescentes compartilhassem um banheiro. Em 2004, a casa americana média era de aproximadamente 715,98 metros quadrados, e "normal" foi, sem dúvida alguma, redefinido. Na realidade, 0,5% das casas construídas em 2004 e 2005, ou 10.000 casas, tinham 558 metros quadrados ou mais, e o impacto dessas casas no meio ambiente começou a ser questionado. Parece que o marketing tem tido um papel em retratar casas grandes como "normais".

Sempre houve tensão no marketing entre as inovações que solucionam os problemas de consumo e facilitam as vidas das pessoas, e as inovações que criam necessidades que resultam no consumo excessivo e danos ao meio ambiente. Encontrar um equilíbrio entre os dois é um desafio. Charles Handy, um Acadêmico Residente na Drucker School, comentou sobre esta tensão em uma recente entrevista na rádio:

> *Drucker via as empresas como agentes do progresso. Sua principal responsabilidade, ele dizia, era surgir novas ideias e levá-las para o mercado. Mas não apenas qualquer ideia, por favor – apenas aquelas que trazem benefícios genuínos para os clientes e não prejudicam o meio ambiente. O mercado, infelizmente, não faz a diferença entre bom e ruim. Se as pessoas quiserem lixo, o mercado lhes dará lixo. Teremos de recorrer à consciência de nossos líderes de negócios. Talvez eles devessem ser obrigados a assinar o que seria equivalente ao Juramento de Hipócrates, o qual os médicos são obrigados a fazer, incluindo o compromisso, "Acima de tudo, não causar danos". Não, esta não seria uma exigência legal, apenas uma indicação de uma responsabilidade cultivada.[17]*

Conclusão

Um dos dogmas centrais do trabalho de Drucker sobre marketing era encorajar os gerentes a adotar a visão do marketing e, consequentemente, olhar a organização de fora para dentro, do ponto de vista dos clientes. A necessidade de realmente entender qual necessidade ou desejo seus clientes buscam satisfazer, ao consumir seu produto ou interagir com sua organização, está implícita nesta abordagem.

Mas apenas o marketing não é suficiente. As organizações precisam prestar atenção às inovações, nem que seja apenas para se manter em operação e manter uma organização vibrante que continua fazendo contribuições positivas para a sociedade em geral. Assim, como declarou Drucker:

Há apenas uma definição válida do propósito da empresa: criar um cliente... Assim sendo, qualquer empresa tem duas – e apenas duas – funções básicas: marketing e inovação.[18]

Dito isto, os gerentes de hoje devem continuar diferenciando o marketing entre inovação que solucione os problemas dos consumidores e facilite a vida das pessoas, e inovação que cria necessidades que resultam no consumo excessivo e danos ao meio ambiente.

Como vimos, assim como em muitas outras áreas sobre as quais Drucker escreveu a respeito, Drucker sempre esteve à frente no jogo. Isso é claramente ilustrado quando nos referimos às definições de marketing da Associação Americana de Marketing (AMA).

Em 1985, a AMA finalmente retirou a definição de 1935 e desenvolveu uma nova definição que focava mais no processo de marketing. Marketing é:

O processo de planejamento e execução da concepção, preço, promoção e distribuição de ideias, produtos e serviços para desenvolver trocas que satisfaçam os objetivos individuais e organizacionais.

Esta definição permaneceu até 2004, quando uma nova definição foi desenvolvida; ela foi levemente modificada em 2007. A definição de 2007 é:

278 O LEGADO VIVO DE PETER DRUCKER

Marketing é a atividade conduzida por organizações e indivíduos que operam através de um conjunto de instituições e processos para criar, comunicar, entregar e trocar as ofertas de mercado que têm valor para os consumidores, clientes, profissionais e a sociedade como um todo.

Entretanto, o mais interessante é que a AMA reconheceu apenas recentemente que o marketing é sobre a criação de valor para os clientes e outros *stakeholders*, um conceito que Drucker escreveu a respeito em 1964! Claramente, Drucker estava à frente de seu tempo, e permanece relevante até hoje.

16

Um Exame Mais Detalhado dos Planos de Pensão

Murat Binay

Os fundos de pensão pertencem a proprietários bastante diferentes dos magnatas do século XIX. Eles não são proprietários porque querem ser, mas sim porque eles não têm escolha. Eles não podem vendê-los. Eles também não podem tornar-se proprietários-gerentes. Mas, mesmo assim, são os proprietários. Como tais, eles têm mais do que simplesmente poder. Eles têm responsabilidades em garantir a performance e os resultados nas maiores e mais importantes empresas da América.

– Peter F.Drucker, "Reckoning with
the Pension Fund Revolution"

Em seu livro, *The Unseen Revolution: How Pension Fund Socialism Came to America*, Peter Drucker falava sobre como o crescimento na indústria de fundos de pensão alteraria o cenário de propriedade das empresas americanas. Nesse livro, publicado em 1976, Drucker profetizava precisamente as estruturas de acionistas que observamos nas maiorias das empresas S&P 500 de hoje – isto é, grandes fundos de pensão que são proprietários da maioria das ações em circulação. O tipo de estrutura de propriedade como a Berle-Means, na qual indivíduos atomísticos são proprietários de empresas, foi substituída pela estrutura concentrada, na qual os principais proprietários de corporações são os grandes fundos de pensão públicos e privados. A propriedade institucional cresceu drasticamente nas últimas duas décadas (veja a Figura 16-1). Hoje, aproximadamente 60% do mercado de capitais dos EUA é propriedade de investidores institucionais públicos e privados.

Este capítulo investigará a estrutura dos fundos de pensão nos Estados Unidos em detalhes. Quantias significantes de dinheiro são administradas pelos sistemas de fundos de pensão privados no mundo todo. Entre os principais países da OECD, os Estados Unidos desfrutam do maior portfólio de fundos de pensão privados, totalizando US$ 5,1 trilhões. Seguindo os Estados Unidos, aparece o Reino Unido com US$ 1,2 trilhões e o Japão com US$ 800 bilhões. Naturalmente, há um relacionamento direto entre o tamanho dos ativos dos fundos de pensão privados e o nível econômico do país. Assim sendo, seria mais significativo examinar o tamanho dos ativos dos fundos de pensão privados em relação ao PIB do país. Quando isso é feito, a Holanda passa a ser a primeira da lista, com ativos que totalizam 113% do PIB do país, seguido pela Suíça, Reino Unido, Islândia e os Estados Unidos com 102%, 85%, 83% e 75% respectivamente.

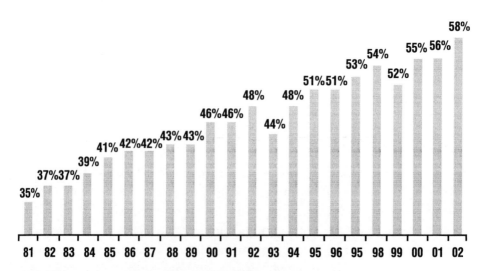

FIGURA 16-1 – Propriedade institucional de patrimônio líquido dos EUA
Murat Binay, "Performance Attribution of U.S. Institutional Investors",
Financial Management, Vol. 34, Edição 2, Verão de 2005.

O Mercado de Investimentos dos EUA

De acordo com o Federal Reserve, os mercados de capital e de dívida nos Estados Unidos totalizam US$ 31 trilhões. Aproximadamente 70% deste capital é alocado para investimentos corporativos: 54% para patrimônio líquido e 16% para títulos corporativos. O setor governamental recebe uma alocação de apenas 30% deste capital. Com esses números, o domínio do setor corporativo, especialmente o patrimônio líquido corporativo, é evidente.

Em vista disso, os fundos de pensão fornecem um fluxo contínuo de fundos de investimentos para o setor corporativo, permitindo que as corporações dos EUA cresçam, criem empregos e promovam o crescimento econômico. A questão é: por que a maior parte do capital para investimento fluiu para o setor corporativo?

Quando examinamos a média de retornos para as diferentes classes de ativos nos Estados Unidos nos últimos 75 anos, a Ibbotson Associates mostra que as ações alcançaram uma média de retorno anual de 11 a 12%, enquanto os títulos deram um retorno de apenas 5% a 6%. Os investidores assumiram o risco para o patrimônio líquido e proporcionaram investimento de capital valioso para as corporações. Em retorno, os patrimônios líquidos corporativos proporcionaram belos retornos.

Quando investigamos a composição do portfólio do sistema de fundos de pensão privados dos Estados Unidos, descobrimos que 44% dos ativos dos fundos de pensão privados são diretamente investidos em patrimônio líquido. Outros 18% são administrados pelos fundos mútuos, sendo que a maior parte destes também é investida em patrimônio líquido. Como resultado, mais da metade dos ativos dos fundos de pensão privados são agora investidos em ações corporativas. Os investimentos de renda fixa constituem apenas 17% dos portfólios dos fundos de pensão privados, indicando o domínio dos patrimônios líquidos como a classe de ativos preferencial para os investimentos dos fundos de pensão privados dos EUA. É esta preferência por ações corporativas que supre as fontes disponíveis de financiamento para as corporações americanas e também proporciona altos retornos para os investidores em fundos de pensão.

O sistema de aposentadoria dos Estados Unidos atualmente consiste de um total de US$ 11 trilhões de investimentos públicos e privados, de acordo com o *Investment Company Fact Book*. Desses fundos, 78%, um total de US$ 8,6 trilhões, são administrados pelos fundos de pensão,

282 O LEGADO VIVO DE PETER DRUCKER

companhias de seguros, bancos e corretoras de valores. Os 22% restantes, que correspondem a US$ 2,4 trilhões, estão sob a administração de fundos mútuos. Com esses números, está óbvio que o sistema de pensão dos EUA tornou-se um gigante financeiro nas últimas duas décadas. A revolução dos fundos de pensão também alterou a estrutura de propriedade de empresas. Os fundos de pensão tornaram-se os novos proprietários de corporações nos Estados Unidos.

Drucker indica que, com essa nova estrutura de propriedade, vêm novas responsabilidades. Os fundos de pensão devem garantir que o CEO e a equipe administrativa maximizem o que Drucker chama de "capacidade de produção de riqueza" da empresa. Além disso, os fundos de pensão precisam desenvolver sistemas para manter a responsabilidade administrativa para os novos proprietários. Isso acarreta uma análise detalhada e escrutínio do desempenho da administração pelos proprietários institucionais, assim como a permanência de uma diretoria eficaz. Atualmente, estas são as questões que precisam ser combatidas pelos investidores institucionais.

Anatomia dos Investidores dos Fundos de Pensão

O crescimento na indústria dos fundos de pensão é um resultado direto da mudança tectônica na estrutura do sistema de aposentadoria dos Estados Unidos. O primeiro fundo de pensão corporativo foi fundado pelo legendário CEO da GM, George Wilson, em 1950. Historicamente, os fundos de pensão corporativos dos EUA têm sido predominantemente planos de benefícios definidos. Os fundos de pensão públicos, que datam da era da Guerra Civil, sempre foram sistemas de benefícios definidos. Em uma estrutura de aposentadoria de benefícios definidos, o funcionário geralmente recebe um pagamento de pensão anual referente à média de seus últimos anos de salário até o final de sua vida. Sob este sistema, todos os riscos em prover fundos suficientes para cobrir as obrigações de pensão para os empregados são assumidos pela corporação. Entretanto, nas últimas duas décadas houve uma mudança drástica nos sistemas de pensão das corporações privadas. Embora os sistemas de pensão públicos tenham permanecido com estruturas de benefícios definidos, com a aprovação da Lei de Segurança da Renda de Aposentadoria do Empregado (ERISA) de 1974 e o estabelecimento de contas 401(k) e IRA, a maioria das corporações mudou para um sistema de contribuição definida.

Sob este sistema, a corporação faz pagamentos anuais nas contas de pensão privadas dos funcionários isentas de impostos. Embora a corporação determine a empresa de investimento que administrará esses fundos, os funcionários estão livres para escolher seus investimentos a partir de um espectro de classes de ativos. Este sistema permite que os funcionários jovens assumam riscos mais altos para obter retornos mais altos, e que os funcionários mais velhos invistam em ativos mais conservadores, em vez de impor uma abordagem que sirva para todos. Contudo, o risco de desenvolver uma base de fundos suficiente para uma aposentadoria confortável é transferido inteiramente para o funcionário. Esta mudança causou uma transferência significante na escolha de investimentos dos indivíduos nos Estados Unidos. Isso está aparente na composição de portfólios da Conta de Aposentadoria Individual (IRA) (veja Figura 16-2).

	Fundos Mútuos		Depósitos Bancários e Poupança		Companhias de Seguro de Vida		Títulos Mantidos em Contas de Corretagem		Total de Ativos
	Ativos (bilhões)	Cotas (porc.)	Ativos (bilhões)	Cotas (porc.)	Ativos (bilhões)	Cotas (porc.)	Ativos (bilhões)	Cotas (porc.)	Ativos (bilhões)
1990	140	22	266	42	40	6	190	30	636
1991	188	24	282	36	45	6	260	34	775
1992	238	27	275	31	50	6	311	36	874
1993	323	33	263	26	61	6	346	35	993
1994	350	33	255	24	69	7	382	36	1.056
1995	476	37	261	20	81	6	471	37	1.289
1996	598	41	258	18	92	6	518	35	1.466
1997	777	45	254	15	135	8	562	33	1.728
1998	975	45	249	12	156	7	770	36	2.150
1999	1.264	50	244	10	201	8	833	33	2.542
2000	1.237	49	252	10	202	8	816	33	2.507
2001	1.173	49	255	11	200	8	779	32	2.407

Figura 16-2 – Ativos IRA e Cotas do Total de Ativos IRA por Instituição, 1990-2001.

Por exemplo, enquanto em 1990 42% dos ativos da IRA eram investidos em depósitos bancários e poupança (conta poupança e CDs), por volta de 2001, esta quantia havia caído para 11%. Por contraste, enquanto 52% dos fundos da IRA eram investidos em fundos mútuos e contas de corretagem em 1990, esta quantia havia aumentado para 82% no final de 2001. Esta realocação drástica coincide com o início dos planos de contribuições definidas na América corporativa. Os indivíduos, que agora estão sofrendo o impacto do risco das aposentadorias, decidiram alocar uma porcentagem maior de seus fundos de aposentadoria para classes de ativos mais arriscados em troca de retornos potencialmente mais altos.

O sistema de fundos de pensão privados realmente se firmou após a aprovação da ERISA em 1974. O público investidor nos Estados Unidos passou por uma grande mudança nas suas preferências de investimento. Como resultado, a mudança que vemos nos portfólios IRA também pode ser vista nos ativos domésticos em geral (veja Figura 16-3).

De acordo com o *Securities Industry Association Factbook*, embora em 1985 os lares americanos dividissem seus ativos líquidos igualmente entre depósitos bancários e títulos, incluindo patrimônio líquido e renda fixa, no ano 2000 a cota de títulos nos portfólios domésticos dos Estados Unidos havia aumentado para 79% e a cota de depósitos bancários havia caído para apenas 21%. Os lares americanos agora estão mantendo

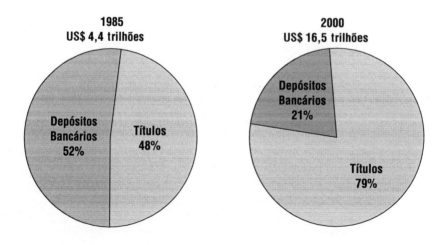

FIGURA 16-3 – Ativos Financeiros Líquidos dos Lares.

grande parte de seus ativos financeiros investidos em produtos financeiros transacionados em bolsas. Essa alteração na cultura também mudou os canais de distribuição da alocação de capital dos bancos para os mercados de títulos.

O portfólio doméstico dos Estados Unidos é agora um portfólio centrado no patrimônio líquido. Na realidade, 42% do portfólio doméstico é agora diretamente investido em patrimônio líquido, ao passo que 19% é investido em fundos mútuos, sendo que a maioria desses é investida em patrimônio líquido. Os depósitos bancários ainda são responsáveis por 21%. O total de investimentos em renda fixa é apenas 12% do portfólio doméstico. A porcentagem de lares que investe seu dinheiro em patrimônio líquido aumentou de 19% em 1983 para 50% em 2002. O número de lares que investem em patrimônio líquido triplicou nas últimas duas décadas, de 16 milhões para 53 milhões de lares. A mudança na cultura de investimentos nos lares dos Estados Unidos introduziu 40 milhões de novos indivíduos nos mercados de patrimônio líquido. Uma vez que a população dos Estados Unidos é de aproximadamente 250 milhões, um em cada três indivíduos agora tem investimentos nos mercados de patrimônio líquido. A média de idade do investidor em patrimônio é 47 anos, e este investe metade de sua fortuna em patrimônio líquido.

Usando os subgrupos demográficos (Geração X, Baby Boom, Geração GI), embora a quantidade de fundos investidos em patrimônio líquido seja a mais baixa entre os membros da Geração X, eles são o grupo que investe a maior porcentagem de suas fortunas em patrimônio líquido, aproximadamente 70%. Como era de se esperar, à medida que o investidor envelhece, o peso do patrimônio líquido em seus portfólios de investimento diminui. Entretanto, independentemente dos grupos etários, aproximadamente metade de todos os investidores em patrimônio líquido mantém ações individuais e aproximadamente 90% mantêm fundos mútuos em seus portfólios. Mais de 80% de todos os investidores em patrimônio líquido estão dispostos a assumir a exposição ao risco médio e ao risco acima da média. Apenas 15% desses investidores almejam investimentos com risco abaixo da média. Esse perfil tem permanecido constante entre o pico da bolha da internet, em 1999, e o terceiro ano do mercado em baixa, em 2002. Os investidores americanos incluem patrimônio líquido em seus portfólios para poderem ser expostos a uma classe de ativos com alto risco e altos retornos.

286 O LEGADO VIVO DE PETER DRUCKER

Quando estudamos os motivos de os investidores decidirem investir em classes de ativos individuais, observamos que 96% de todos os investidores em patrimônio líquido veem as ações como veículos de poupança no longo prazo e seguem uma estratégia de investimento de compra e venda de longo prazo. Consistente com este comportamento, eles não se preocupam e nem entram em pânico durante as flutuações do mercado no curto prazo. Mesmo após um mercado em baixa por três anos, 95% dos investidores em patrimônio líquido estão otimistas sobre a recuperação de seus investimentos, indicando seu nível de confiança neste mercado. A aposentadoria é a meta principal de 65% dos investidores, seguida pela educação. Aproximadamente 60% dos investidores dependem de profissionais financeiros para fazer as escolhas de investimento; no entanto, 74% daqueles que interagem com um conselheiro financeiro fazem suas próprias escolhas das alternativas recomendadas pelo profissional. Além disso, 13% delegam todas as decisões de compra de fundos para um profissional financeiro. Assim sendo, é extremamente importante que os conselheiros sobre fundos de pensão privados estejam familiarizados com esse tipo de informação na qual os investidores individuais estão interessados.

Ao fazerem suas decisões de compra, os investidores estão mais preocupados com o nível de risco dos fundos disponíveis para compra. O retorno esperado do produto financeiro e a reputação da empresa de fundos são as próximas informações mais importantes. Após tomarem suas decisões sobre a alocação de ativos, os investidores seguem de perto o desempenho de seus investimentos. Eles estão interessados em obter informações sobre o total de riqueza acumulada em sua conta, os retornos gerados pelos produtos financeiros em seus portfólios e as condições econômicas em geral.

Antes de os investidores tomarem suas decisões de compra, o conselheiro financeiro é a fonte mais influente de informações para eles. A mídia financeira também proporciona muitas informações. Como sempre, a propaganda boca a boca também parece ser uma fonte significante de informações que os investidores usam antes de tomarem suas decisões de compra e realocação. Eles usam os relatórios financeiros e da mídia para seguir o desempenho de seus investimentos após tomarem suas decisões sobre as alocações de ativos.

A Harris Interactive, uma grande empresa de pesquisa de mercado, estudou as atitudes dos investidores em fundos de pensão com relação

Um Exame Mais Detalhado dos Planos de Pensão **287**

à indústria de títulos. Os resultados indicam que as atitudes dos investidores em relação à indústria de títulos e seus corretores estão em seus níveis mais baixos desde o início deste estudo de rastreamento, em 1995. A porcentagem que mantém opiniões "bastante" favoráveis da indústria de títulos foi a que mais diminuiu. As principais preocupações dos investidores foram identificadas como a perda de dinheiro nos investimentos em ações e a desonestidade do mercado. Sua principal preocupação é perder o dinheiro de seus planos de aposentadoria. No entanto, eles também apontam para a desonestidade nas práticas contábeis corporativas e na indústria de títulos. Os investidores acreditam que essa indústria deveria ser mais honesta e confiável, aqueles que erram deveriam ser punidos, os controles internos e regulamentações devem ser aumentados e é necessário trabalhar mais na educação dos investidores. Por último, os investidores tornaram-se mais avessos ao risco, e alguns sentem que sabem muito pouco sobre investimentos. No entanto, a maioria dos investidores continua a abraçar a estratégia de "buy and hold" (comprar e reter), e não acredita que os eventos desfavoráveis do ano passado reduziram a sabedoria dessa abordagem ao investimento.

O sistema de fundos de pensão privados dos Estados Unidos, com sua ampla base de capital, fornece fundos de investimentos para as corporações americanas e promove crescimento econômico e criação de empregos. O poder e a eficácia deste sistema são baseados na confiança irrestrita do público investidor americano em seus mercados financeiros e corporações, e a disposição do público em prover capital para o sistema e em manter um foco de investimento de longo prazo. Quando lhes foi perguntado se os eventos infelizes de 11 de setembro os haviam levado a mudar suas alocações de ativos, 78% dos investidores pesquisados indicaram que eles não haviam tocado em seus portfólios. Dos 22% que haviam mudado suas alocações, 60% o fizeram por outros motivos; por exemplo, retirando o dinheiro de seus portfólios para financiar a educação universitária ou a compra de uma casa. Apenas 40% dos 22% (isto é, apenas 8% do público investidor) haviam mudado suas alocações de ativos com base nos eventos de 11 de setembro. A filosofia do público investidor pode ser resumida como uma estratégia de "buy and hold" orientada pela meta de alcançar objetivos financeiros específicos, principalmente uma aposentadoria confortável.

Notas

Capítulo 1

1. Peter F. Drucker, "Teaching the Work of Management", *New Management*, outono de 1988, p. 5.
2. Bruce A. Kimball, *Orators and Philosophers: a History of the Idea of Liberal Education* (Nova York: Teachers College Press, 1986).
3. Richard Hofstadter e C. DeWitt Hardy, *The Development and Scope of Higher Education in the United States* (Nova York: Columbia University Press for the Commission on Financing Higher Education, 1952).
4. Rakesh Khurana, *From Higher Aims to Hired Hands: The Social Transformation of American Business Schools and the Unfulfilled Promise of Management as a Profession* (Princeton, NJ: Princeton University Press, 2007), p. 122-125.
5. Kimball, *Orators and Philosophers*.
6. Darren Staloff, *The Making of an American Thinking Class: Intellectuals and Intelligentsia in Puritan Massachusetts* (Nova York: Oxford University Press, 1998), p. 91-98.
7. Stephen Innes, *Creating the Commonwealth: the Economic Culture of Puritan New England* (Nova York: Norton, 1995).
8. Gordon Wood, *The Creation of the American Republic: 1776-1787* (Chapel Hill: University of North Carolina Press, 1998).
9. Thomas Jefferson, "Report of the Commissioners for the University of Virginia", em *Thomas Jefferson: Writings* (Nova York: Library of America, 1984), p. 460.
10. Peter F. Drucker, "Political Correctness and American Academe", *Society*, novembro de 1994, p. 63.
11. A palavra *technê* é usada repetidamente por Drucker para representar conhecimento e ofício, mas não arte. Historicamente, contudo, a palavra tem

290 O LEGADO VIVO DE PETER DRUCKER

sido usada para se referir tanto a conhecimento quanto arte. "*Epistemê* é uma palavra grega frequentemente traduzida como conhecimento, enquanto *technê* é traduzida como ofício ou arte." *Stanford Encyclopedia of Philosophy;* <http://plato.stanford.edu/entries/episteme-techne>, acessado em 6 de abril de 2009. Drucker usa o termo *technê* para se referir à parte da administração que é tecnológica ou técnica (por exemplo, conhecimento especializado). Ele usa a palavra *arte* para se referir às aplicações do conhecimento às organizações humanas.

12. Peter F. Drucker com Joseph A. Maciariello, *The Daily Drucker* (Nova York: HarperCollins, 2004), p. 3.

13. Peter F. Drucker com Joseph A. Maciariello, *Management, Revised Edition* (Nova York: HarperCollins, 2008), p. 287.

14. Ibid., p. 208.

15. "A civilização certamente não pode mais ser igualada com a 'Tradição Ocidental', mas sim, ela deve ser reestruturada para também incluir a arte, a sabedoria, as religiões e a literatura do Oriente." Drucker, "Political Correctness and America Academe", p. 63.

16. Peter F. Drucker, *The Ecological Vision: Reflections on the American Condition* (New Brunswick, NJ.: Transaction Publishers, 1993), p. 213.

17. Transcrição de uma conversa entre Peter Drucker e Bob Buford, Estes Park, Colorado, 10 de agosto de 1993, p. 3.

18. Veja B. F. Skinner, *Beyond Freedom and Dignity* (Nova York: Knopf, 1971).

19. Peter F. Drucker, *Landmarks of Tomorrow* (New Brunswick, NJ.: Transaction Publishers, 1996), p. 258.

Capítulo 2

1. Peter F. Drucker, "*Really* Reinventing Government", *Atlantic Monthly*, fevereiro de 1995.

2. Após a queda da Bolsa de Valores de Nova York em outubro de 1987, Drucker disse que esperava por isso. "Porcos se empanturrando em um chiqueiro é sempre um espetáculo repugnante, e você sabe que isso não vai durar muito tempo", ele disse sobre os corretores do Wall Street, chamando-os de "uma corja totalmente não produtiva que está aí para ganhar muito dinheiro fácil". "Todos sabem a média de duração de uma bolha de sabão. É de aproximadamente 26 segundos. Aí a tensão sobe para a superfície, torna-se muito grande e ela estoura. Para as bolhas especulativas, essa média é de aproximadamente 18 meses", ele disse em uma explosão rara. AP, Los Angeles, "US management visionary Peter Drucker dies at 95", 13 de novembro de 2005, p. 1.

Notas **291**

3. Paul A. Volcker, "Public Service: the Quiet Crisis", American Enterprise Institute for Public Policy Research, 1 de janeiro de 2000.
4. "DoD's High-Risk Areas: Actions Needed to Reduce Vulnerabilities e Improve Business Outcomes", Escritório de Responsabilidade Governamental dos EUA, 12 de março de 2009, p. 21.
5. Landon Thomas, Jr., "Tax Break Helps a Crusader for Deficit Discipline", *New York Times*, 15 de fevereiro de 2008.
6. Para informações adicionais, veja <http://pgpf.org>.
7. Laza Kekic, "Index of Democracy 2007", The Economist Intelligence Unit.
8. Proudfoot Consulting, "2008 Global Productivity Report"; <http://www.proudfootconsulting.com/productivity/>.
9. Para informações adicionais, veja o Center for Business as an Agent of World Benefit na <http://worldbenefit.case.edu/>.
10. Veja Robert Behn, "The Massachusetts Department of Revenue, A-F", estudo de caso da Duke University, janeiro de 1991.
11. Rakesh Khurana, *From Higher Aims to Hired Hands: the Social Transformation of American Business Schools and the Unfulfilled Promise of Management as a Profession* (Princeton, NJ: Princeton University Press, 2007).
12. Francesca Di Meglio, "A Crooked Path through B-School?" *Business Week*, 24 de setembro de 2006.

Capítulo 3

1. Craig L. Pearce e Henry P. Sims, Jr., "Vertical versus Shared Leadership as Predictors of the Effectiveness of Change Management Teams: An Examination of Aversive, Directive, Transactional, Transformational, and Empowering Leader Behaviors", *Group Dynamics: Theory, Research, and Practice* 6, no. 2 (2002), p. 172-197.
2. Veja Brian Dumaine, "Who Needs a Boss?" *Fortune*, 7 de maio de 1990, p. 52-60; Charles C. Manz e Henry P. Sims, Jr., *Business without Bosses: How Self-ManagingTeams Are Bulding High-Performance Companies* (Nova York: Wiley, 1993).
3. Veja Robert C. Ford, Cherrill P. Heaton e Stephen W. Brown, "Delivering Excellent Service: Lessons from the Best Firms", *California Management Review* 44, no. 1 (2001), p. 39-56.
4. Para uma discussão das abordagens inovadoras para o relacionamento dos funcionários, veja E. E. Lawler e D. Finegold, "Individualizing the Organization: Past, Present, and Future", *Organizational Dynamics* 29, no. 1 (2000), p. 1-15; Jeffrey Pfeffer e John F. Veiga, "Putting People First for Organizational Success", *Academy of Management Executive* 13, no. 2 (1999), p. 37-48.

292 O LEGADO VIVO DE PETER DRUCKER

5. Susan Albers Mohrman, Susan G. Cohen e Allan M.Mohrman, Jr., *Designing Team-Based Organizations: New Forms for Knowledge Work* (São Francisco: Jossey-Bass, 1995).

6. Veja Craig L. Pearce e Jay A.Conger (editores), *Shared Leadership: Reframing the Hows and Whys of Leadership* (Thousand Oaks, Calif., Sage, 2002); Craig L. Pearce e Henry P. Sims, Jr., "Shared Leadership: Toward a Multi-Level Theory of Leadership", em Michael M. Beyerlein, Douglas A. Johnson e Susan T. Beyerlein (editores), *Advances in Interdisciplinary Studies of Work Teams*, vol. 7, *Team Development* (Grenwich, Conn.: JAI Press, 2000), p. 115-139; A. Seers, "Better Leadership through Chemistry: Toward a Model of Emergent Shared Team Leadership", em Michael M. Beyerlein, Douglas A. Johnson e Susan T. Beyerlein (editores), *Advance in Interdisciplinary Studies of Work Teams*, vol. 3, *Team Development* (Grenwich, Conn.: JAI Press, 1996), p. 145-172.

7. Veja M. D. Ensley e Craig L. Pearce, "Assessing the Influence of Leadership Behaviors on New Venture TMT Processes and New Venture Performance", apresentado na 20ª Conferência Anual de Pesquisa Empresarial, Babson Park, Mass.: junho de 2000; Charles Hooker e Mihaly Csikszentmihalyi, "Flow, Creativity and Shared Leadership: Rethinking the Motivation and Structuring and Knowledge Work", em Pearce e Conger (editores), *Shared Leadership*, p. 215-234; James O'Toole, Jay Galbraith e Edward E. Lawler, III, "The Promises and Pitfalls of Shared Leadership: When Two (or More) Heads Are Better than One", em Pearce e Conger (editores), *Shared Leadership*, p. 250-267; Pearce e Sims, "Vertical versus Shared leadership"; Craig L. Pearce, Youngjin Yoo e Maryan Alavi, "Leadership, Social Work and Virtual Teams: The Relative Influence of Vertical vs Shared Leadership in the Non-profit Sector", em Ronald E. Riggio e Sarah Smith-Orr (editores), *Improving Leadership in Nonprofit Organizations* (São Francisco: Jossey Bass, 2003); Boas Shamir e Yael Lapidot, "Shared Leadership in the Management of Group Boundaries: A Study of Expulsions from Officers' Training Courses", em Pearce e Conger (editores), *Shared Leadership*, p. 235-249.

8. Craig L. Pearce, Henry P. Sims, Jr., Jonathan F. Cox, Gail Ball, Eugene Schnell, Ken A. Smith e Linda Trevino. "Transactors, Transformers and Beyond: a Multi-Method Development of a Theoretical Typology of Leadership", *Journal of Management Development* 22, no. 4 (2003), p. 237-307.

9. Veja Charles C. Manz e Henry P.Sims, Jr., "Super Leadership: Beyond the Myth of Heroic Leadership", *Organizational Dynamics* 19 (inverno de 1991), p. 18-35; e Chester A. Schriesheim, Robert J. House e Steven Kerr, "Leader Initiating Structure: a Reconciliation of Discrepant Research

Results and Some Empirical Tests", *Organizational Behavior and Human Performance* 15 (1976), p. 197-321.

10. P. J. Guinan, J. C. Cooprider e S. Faraj, "Enabling Software Development Team Performance during Requirements Definitions: a Behavioral versus Technical Approach", *Information Systems Research* 9, no. 2 (1998), p. 101-125; J. C. Henderson e Soonchul Lee, "Managing I/S Design Teams: a Control Theories Perspective", *Management Science* 38, no. 6 (1992), p. 757-777.
11. Pearce et al., op cit.
12. Esta equipe era um cliente meu de consultoria que preferiu permanecer anônimo.
13. A. Harrington, "The Best Management Ideas", *Fortune* 104 (1999), p. 152-154.
14. Veja Brian D. Janz, "Self-Directed Teams in IS: Correlates for Improved Systems Development and Work Outcomes", *Information and Management* 35, no. 3 (1999), p. 171-192; e Enid Mumford, "The ETHICS Approach", *Communications of the ACM* 36, no. 46 (1993).
15. Veja Hooker e Csikszentmihalyi, "Flow, Creativity and Shared Leadership".

Capítulo 4

1. A administração baseada em valores estabelece a meta para a transformação da mentalidade cultural dentro da empresa para uma mentalidade de maximização do valor da empresa, onde o sucesso é definido em termos do aumento na riqueza do acionista.

Capítulo 5

1. Peter F. Drucker, "The Bored Board", em Peter F. Drucker, *Toward the Next Economics and Other Essays* (Londres: Heinemann, 1981), p. 116-117.
2. Ibid.
3. Veja a Mesa Redonda de Negócios, "Principles of Governance and American Competitiveness", 2005, p. 2; e Ira M. Millstein, Holly J. Gregory e Rebecca C. Grapsas, "Six Priorities for Boards em 2006", *Law and Governance* 10, no. 3 (2006).
4. Paul W. MacAvoy e Ira Millstein, *The Recurrent Crisis in Corporate Governance* (Nova York: Palgrave Macmillan, 2003), p. 22-23.
5. Colin B.Carter e Jay W. Lorsch, *Back to the Drawing Board: Designing Corporate Boards for a Complex World* (Boston: Harvard Business School Press, 2003), p. 93.

Capítulo 6

1. Jim Collins e Jerry I. Porras, *Built to Last: Successful Habits of Visionary Companies* (Nova York: HarperBusiness, 2004), p. 56.
2. *Introjeição* é a incorporação inconsciente de atitudes ou ideias na personalidade de uma pessoa.

Capítulo 7

1. *Financial Times*, 16 de março de 2009, p. 8.
2. *Financial Times*, 13 de março de 2009, p. 1.
3. *The Economist*, 8 de maio de 2004, p. 64.
4. *Wall Street Journal*, 10 de janeiro de 2009, p. 1.
5. Drucker refere-se a "objetivos" como "a estratégia fundamental de uma empresa" [*Management: Tasks, Responsibilities, Practices* (Nova York: Harper & Row, 1974), p. 99] e, portanto, usa o termo para se referir tanto aos fins (metas) quanto aos meios (estratégia) para alcançá-los. Ao se manter fiel à terminologia contemporânea, os objetivos são separados da estratégia na estrutura POEE (Figura 7-1).
6. John W. Bachmann, "Competitive Strategy: It's O.K. to Be Different", *Academy of Management Executive* 16, no. 2 (2002), p. 61-65.

Capítulo 8

1. Frances Hesselbein, "Future Challenges for Nonprofit Organizations", em Ronald E. Riggio e Sarah Smith Orr (editores), *Improving Leadership in Nonprofit Organizations* (São Francisco: Jossey-Bass, 2004), p. 4.
2. Ibid.
3. Marshall Ingwerson, "Non profits Need to be Better Managed to Survive, Drucker Says", *Christian Science Monitor*, 16 de novembro de 1993.
4. John W. Gardner foi o arquiteto de muitos programas de ação social, incluindo a fundação do Setor Independente, hoje uma coalizão de mais de 700 organizações sem fins lucrativos, fundações e programas de filantropia corporativos que proporcionam uma grande base comum para organizações no setor, sendo uma força para o avanço do trabalho de organizações sem fins lucrativos e comunidades filantrópicas. Fonte: <http://www.independentsector.org/about/gardner.html>.
5. Peter Drucker, em uma introdução de Hesselbein na Conferência Kravis-de-Roule, em 22 de fevereiro de 2002, patrocinada pelo Kravis Leadership Institute, creditou a Hesselbein o aumento na consciência do país sobre o impacto e a importância do setor social como sendo o motivador para criar e prover ferramentas para os líderes do setor social e as instituições para

que eles desempenhem eficazmente. Ao completar sua introdução, ele disse: "Não há um líder melhor, mais extraordinário, mais significante no cenário de organizações sem fins lucrativos do que Frances Hesselmein".

6. Entrevista com Frances Hesselbein, 9 de abril de 2009.
7. Ibid.
8. Ingwerson, "Nonprofits Need to Be Better Managed to Survive, Drucker Says".
9. Peter F. Drucker, *The Five Most Important Questions You Will Ever Ask about Your Nonprofit Organization* (São Francisco: Jossey-Bass, 1993).
10. Gary J. Stern, *The Drucker Foundation Self-Assessment Tool: Process Guide* (São Francisco: Jossey-Bass, 1999), p. 4.
11. Peter F. Drucker, "What Business Can Learn from Nonprofits", *Harvard Business Review*, agosto de 1989.
12. Peter F. Drucker palestra em sala de aula, 21 de março de 2005.
13. *Chronicle of Philanthropy*, 9 de abril de 2009, p. 34.
14. Paul Arnsberger, Melissa Ludlum, Margaret Riley e Mark Stanton, "A History of the Tax-Exempt Sector: An SOI Perspective", *Statistics of Income Bulletin*, inverno de 2008, p. 6; <http://www.irs.gov/pub/irs-soi/tehistory.pdf>, acessado em 26 de abril de 2009.
15. Drucker, "What Business Can Learn".
16. Fonte: <http://www.ashoka.org/social_entrepreneur>, acessado em 11 de abril de 2009.
17. Fonte: <http://www.michaelorenzen.com/carnegie.html>, acessado em 11 de abril de 2009.
18. Bill Drayton, CEO e fundador da Ashoka, é um empreendedor social. A Ashoka é a associação global de líderes empresariais sociais do mundo, fundada em 1981. Com sua comunidade global, eles desenvolvem modelos para colaboração e projeto da infraestrutura necessária para avançar o campo de empreendedorismo social e o setor do cidadão. Seus seguidores inspiram outros a adotar e espalhar suas inovações, demonstrando a todos os cidadãos que eles têm o potencial para fazer mudanças poderosas.
19. David M. Van Slyke e Harvey K. Newman, "Venture Philanthropy and Social Entrepreneurship in Community Redevelopment", *Nonprofit Management & Leadership* 16, no. 3 (primavera de 2006) (Wiley Periodicals, Inc.). Fonte: <www.interscience.wiley.com>, acessado em 8 de abril de 2009, com referência a J. Gregory Dees, Jed Emerson e Peter Economy, *Strategic Tools for Social Entrepreneurs: Enhancing the Performance of Your Enterprising Nonprofit* (Hoboken, N. J.: Wiley, 2002).
20. Existem sete princípios centrais embutidos no Certificado de Comércio Justo: 1. Preço justo – um piso mínimo de preço é garantido aos grupos de fazen-

296 O LEGADO VIVO DE PETER DRUCKER

deiros, os quais cobrem os custos de produção sustentável, um "prêmio social" para projetos de desenvolvimento da comunidade e e um prêmio adicional no preço quando suas safras são certificadas como orgânicas. 2. Mão de obra justa – os fazendeiros certificados garantem condições seguras de trabalho, salários melhores e liberdade de associação; o trabalho infantil e o trabalho forçado são estritamente proibidos. 3. Comércio direto – os produtores desenvolvem a capacidade comercial para exportar suas próprias colheitas, contornando os intermediários e conectando os fazendeiros diretamente no mercado global. 4. Acesso ao crédito – os compradores são encorajados a oferecer crédito comercial aos fazendeiros, seja diretamente ou em colaboração com intermediários fianceiros. 5. Organizações democráticas e transparentes – a concessão de poder é um princípio central. Os pequenos fazendeiros formam cooperativas que os permitem processar e exportar suas colheitas competitivamente. Os empregados em grandes fazendas formam conselhos trabalhistas que identificam, planejam e administram os projetos de desenvolvimento de suas próprias comunidades. Ambos os tipos de organizações são auditados anualmente para transparência, processo democrático e admnistração financeira sólida. 6. Desenvolvimento da comunidade – os prêmios para comércio justo permitem que os fazendeiros e os empregados invistam em projetos de desenvolvimento da comunidade, incluindo água potável, educação, serviços de saúde, habitação, reflorestamento e certificação orgânica. 7. Sustentabilidade ambiental – os padrões exigem métodos de cultivo ambientalmente sustentáveis que protegem a saúde dos fazendeiros e preservam os ecosistemas. <http://www.transfairusa.org>, relatório anual de 2007, acessado em 10 de abril de 2009.

21. O Kravis Leadership Institute (KLI) é um de uma série de institutos de pesquisa baseados no Claremont McKenna College, operando dentro da comunidade de Claremont Colleges, a qual inclui o Peter F. Drucker/Masatoshi Ito School of Management e o Drucker Institute. O autor deste capítulo era líder de conferência e diretor executivo interino da KLI.

22. Relatou eletrônico de Paul Rice em 20 de maio de 2009.

23. Ibid.

24. Conferência sobre Liderar a Mudança Social patrocinada pelo Kravis Leadership Institute, 27 de fevereiro de 2009.

25. Jim Collins, *Good to Great and the Social Sectors, a Monograph to Accompany Good to Great* (Nova York: HarperCollins, 2005), p. 18.

26. Drucker, "What Business Can Learn".

27. Conferência sobre Liderar a Mudança Social, 2009.

28. Ibid., p. 1

29. Ibid., p. 2

30. George Gendron, "Flashes of Genius", *Inc.*, maio de 1996; <http://www.inc.com/magazine/1996051/2083_Printer_Friendly.html>, acessado em 12 de maio de 2009.
31. *Chronicle of Philanthropy*, 9 de abril de 2009 e 21 de abril de 2009: <http://philanthropy.com/news/updates>, acessado em 25 de abril de 2009.
32. Ibid., acessado em 12 de maio de 2009.
33. Robert Lang, CEO da Fundação Mary Elizabeth e Gordon B. Mannweiler, lidera a cobrança para estabelecer a Low-Profit Limited Liability Company (L_3C), permitindo que uma entidade com fins lucrativos seja organizada para se engajar em atividades socialmente benéficas. Esta estrutura permite que as fundações invistam usando uma alternativa às subvenções: investimentos relacionados ao programa (PRIs). A estrutura de investimento das L_3C seria projetada para angariar novos grupos de fundos, como os investimentos de pensão e doações, para arcar com os problemas que normalmente são tratáveis apenas pelos dólares de organizações sem fins lucrativos. Veja <http://www.philanthromedia.org/archives/2007/10/lc3_legal_structure.html>.
34. Collins, *Good to Great and the Social Sectors,* nota do autor.
35. Ibid., p. 20

Capítulo 9

1. Peter F. Drucker, *Drucker 20 seiki wo ikite: Watashino rirekisho [My Personal History]* (Tóquio: Nihon keizai shinbunsha, 2005).
2. Veja James P. Womack, Daniel T. Jones e Daniel Ross, *The Machine That Changed the World: the Story of Lean Production* (Londres: Macmillan, 1990).

Capítulo 10

1. Max Weber, *The Theory of Social and Economic Organization*, tradução de A. M. Henderson e Talcott Parsons (Nova York: Oxford University Press, 1947), p. 358-392; e Jay A. Conger e Rabindra N. Kanungo (editores), *Charismatic Leadership: The Elusive Factor in Organizational Effectiveness* (São Francisco: Jossey-Bass, 1988); veja também Michelle C. Bligh, Jeffrey C. Kohles e Rajnandini Pillai, "Crisis and Charisma in the California Recall Election", *Leadership* 1, no. 3 (1988), p. 323-352.
2. Weber, *Theory of Social and Economic Organization*, p. 358.
3. Joseph A. Maciariello, Comunicações pessoais, 2009.
4. Peter F. Drucker, *The Essential Drucker* (Nova York: HarperCollins, 2001).

298 O LEGADO VIVO DE PETER DRUCKER

5. Peter F. Drucker, "Can There Be 'Business Ethics'?" *Public Interest* 63, no. 3 (primavera de 1981), p. 18-36.
6. Jean Lipman-Blumen, *Connective Leadership: Managing in an Interdependent World* (Nova York: Oxford University Press, 2000).
7. John Browne, "The G-20 Meeting: What Really Happened in London", 9 de abril de 2009; <http://www.dailymarkets.com/economy/2009/04/08/the-g-20-meeting-what-really-happened-in-london/>.
8. Lipman-Blumen, *Connective Leadership*.
9. Fonte: <http://www.labnol.org/internet/total-websites-on-internet-worldwide/5206>.
10. Fonte: <http://www.internetworldstars.com/stats.htm>.
11. Lipman-Blumen, *Connective Leadership*.
12. Leavitt serviu como Professor Walter Kilpatrick de Comportamento Organizacional na Stanford University Graduate School of Business de 1966 a 1996.
13. Jean Lipman-Blumen e Harold J. Leavitt, "Vicarious and Direct Achievement Patterns in Adulthood", *Counseling Psychologist* 6, no. 1 (1976), p. 26-32.
14. Lipman-Blumen, *Connective Leadership*, p. 19.
15. Fonte: <http://dictionary.reference.com/browse/Machiavellian>.
16. Lipman-Blumen, *Connective Leadership*, p. 17.
17. Niccolò Machiavelli, *The Prince*, edição e tradução Robert M. Adams (1513; reimpresso em Nova York: W. W. Norton, 1977).
18. Lipman-Blumen, *Connective Leadership*, p. 17-18.
19. Robert Greenleaf, *The Servant as Leader* (Newton Centre, Mass.: Robert Greenleaf Center, 1970).
20. Edward A. Shils e Henry A. Finch (edição e tradução), *Max Weber on the Methodology of the Social Sciences* (Nova York: Free Press, 1949).
21. Lipman-Blumen, *Connective Leadership*, p. 142.
22. Ibid., p. 151.
23. Ibid., p. 198.
24. Shils e Finch, *Max Weber on the Methodology of the Social Sciences*. Veja também Chester I. Barnard, *The Function of the Executive* (Cambridge, Mass.: Harvard University Press, 1964).
25. Robert B. Cialdini, *Influence: How and Why People Agree to Things* (Nova York: Morrow, 1984).
26. O ASI, OASI e ASSET podem ser obtidos, calculados e recuperados na internet em <www.connectiveleadership.com> ou <www.achievingstyles.com,> sob a supervisão dos Praticantes de Liderança Conectiva treinados e certificados pelo Connective Leadership Institute (anteriormente chamado de Achieving Styles Institute), em Pasadena, Califórnia. Além das versões em

inglês de todos os inventários atuais de estilos de realização baseados na internet, as versões em tailandês e búlgaro podem ser encontradas no mesmo site.
27. Jean Lipman-Blumen, *The Allure of Toxic Leaders* (Nova York: Oxford University Press, 2005), p. 229-230, 241-242.
28. Ibid.
29. Lipman-Blumen, *Connective Leadership*, capítulo 12.
30. Ernest Becker, *The Denial of Death* (Nova York: Free Press, 1973).
31. Lipman-Blumen, *Connective Leadership*, p. 352.
32. Clifford Geertz, *The Interpretation of Cultures* (Nova York: Basic Books, 1973).
33. Victor E. Frankl, *Man's Search for Meaning*, tradução de Ilse Lasch (1959; reimpresso por Boston: Beacon Press, 1992), p. 17.

Capítulo 11

1. Peter F. Drucker, *Management Challenges for the 21st Century* (Nova York: HarperCollins, 1999), p. 157.
2. Thomas Davenport, *Thinking for a Living: How to Get Better Performance and Results from Knowledge Workers* (Boston: Harvard Business School Press, 2005), p. 7.
3. Drucker, *Management Challenges*, p. 157.
4. Davenport, *Thinking for a Living*, p. 4.
5. Fonte: <http://www.babsonknowledge.org/2005/12/was_drucker_wrong.htm>, acessado em 1 de abril de 2009.
6. Drucker, *Management Challenges*, p. 149.
7. Ibid., p. 148
8. Peter F. Drucker, *The Practice of Management* (Nova York: Harper-Business, 1993), p. 3.
9. Kirk Warren Brown, Richard M. Ryan e J. David Creswell, "Mindfulness: Theoretical Foundations and Evidence for its Salutary Effects", *Psychological Inquiry* 18, no. 4 (2007), p. 211-237.
10. Veja o site da University of Massachsetts Center for Mindfulness in Medicine, Health Care and Society na internet: <www.umassmed.edu/cfm/mbsr/>.
11. Leonard L. Riskin, "The Comtemplative Lawyer: on the Potential Contribuitions to Mindfulness Meditation to Law Students and Lawyers and their Clients", *Harvard Negotiation Law Review* 7 (2002), p. 1-66.
12. Phil Jackson, *Sacred Hoops: Spiritual Lessons from a Hardwood Warrior* (Nova York: Hyperion Press, 1995).
13. Jeremy Hunter e Don McCormick, "Mindfulness in the Workplace: an Exploratory Study", trabalho apresentado na reunião anual de 2008 da Academia para Administração, Anaheim, Califórnia.

300 O LEGADO VIVO DE PETER DRUCKER

14. Drucker, *Management Challenges*, p. 161.

15. Sem falar em reforçar as políticas que suportam a atividade saudável do cérebro, mas isso não se encontra no escopo deste capítulo.

16. William James, *Principles of Psychology*, vol. 1 (Nova York: Holt, 1890), p. 424.

17. Pater F. Drucker, *The Essential Drucker* (Nova York: HarperCollins, 2001), p. 345.

18. Ibid., p. 344.

19. Peter F. Drucker, *Innovation and Entrepreneurship* (Nova York: Harper Perennial, 1985), p. 104.

20. Mihaly Csikszenthihalyi, *Flow: The Psychology of Optimal Experience* (Nova York: HarperCollins, 1993).

21. Joshua S. Rubinstein, David E. Meyer e Jeffrey E. Evans, "Executive Control of Cognitive Processes in Task Switching", *Journal of Experimental Psychology – Human Perception and Performance* 27, n. 4.

22. Karin Foerde, Barbara J. Knowlton e Russel A. Poldrack, "Modulation of Competing Memory Systems by Distractions", *Proceedings of the National Academy of Sciences* 103, no. 31 (2006).

23. A meditação por concentração é uma das muitas variedades de práticas de meditação.

24. Herbert Benson e Miriam Klipper, *The Relaxation Response* (Nova York: HarperPaperback, 2000).

25. Sara Lazar et al., "Meditation Experience is Associated with Increased Cortical Thickness", *NeuroReport* 16 (2005), p. 1893-1897. Se quiser ver os dados, visite <https://nmr.mgh.harvard.edu/~lazar/>. Se quiser ler o trabalho, visite <http://surfer.nmr.mgh.harvard.edu/pub/articles/Lazar_ Meditation_Plasticity_05.pdf.lativa>.

26. Para informações adicionais, sugiro o *site* do Centro para a Mente Contemplativa na Sociedade na Internet (<www.contemplativemind.org>). Este tem vários recursos.

27. A obra clássica sobre neuroplasticidade é *The Mind & The Brain: Neuroplasticity and the Power of Mental Force*, escrita pelos professores da UCLA Jeffrey Schwartz e Sharon Begley (Nova York: Harper Perennial, 2003).

28. Fonte: <www.adamsmith.org/smith/tms/tms-p3-c2.htm>.

29. Carol Dweck, *Mindset: The New Psychology of Success* (Nova York: Ballantine Books, 2006).

30. Paul Ekman, *Emotions Revealed: Recognizing Faces and Feelings to Improve Communication and Emotional Life* (Nova York: Times Books, 2003), p. 75.

31. Elizabeth Haas Edersheim, *The Definitive Drucker* (Nova York: McGraw-Hill, 2007), p. 9-10.

Capítulo 14

1. Leslie C. Tihany, "The Austro-Hungarian Compromise, 1867-1918: a Half Century of Diagnosis; Fifty Years of Post-Mortem", *Central European History* 2, no. 2 (1969), p. 114-138.
2. Para informações estatísticas, veja John Ellis e Michael Cox, *The World War I Databook: the Essential Facts and Figures for All Combatants* (Londres: Aurum, 2001).
3. O período de tempo coberto pela primeira onda varia entre historiadores diferentes. Veja Eric Hobsbawn, *The Age of Revolution: Europe 1789-1848* (Londres: Weidenfeld & Nicolson Ltda, 1962) e T.S. Ashton, *The Industrial Revolution, 1760-1830* (Londres: Oxford University Press, 1997).
4. Para informações sobre o passado, veja David McLellan, *Karl Marx: His Life and Thought* (Nova York: Harper & Row, 1973).
5. Veja Martin Kitchen, *A History of Modern Germany, 1800-2000* (Malden, Mass.: Blackwell, 2006).
6. Veja Mark Cornwall, ed., *The Last Years of Austria-Hungary: A Multi--National Experiment in Early Twentieth-Century Europe* (Exeter: University of Exeter Press, 2002) e Ellis e Cox, *World War I Databook*.
7. Veja Robert F. Himmelberg, *The Great Depression and the New Deal* (Westport, Conn.: Greenwood Press, 2001); e Patricia Clavis, *The Great Depression in Europe, 1929-1939* (Nova York: St. Martin's Press, 2000).
8. Michael S. Lawlor, *The Economics of Keynes in Historical Context: an Intellectual History of the General Theory* (Nova York: Palgrave Macmillan, 2006).
9. Veja Robert S. McElvaine, *Franklin Delano Roosevelt* (Washington, D.C.: CQ Press, 2002).
10. Wolfgang Grassl e Barry Smith, editores, *Austrian Economics: Historical and Philosophical Background* (Nova York: New York University Press, 1986).
11. Carl Menger, *Principles of Economics*, traduzido e editado por James Dingwall e Bert F. Hoselitz (Glencoe, Ill.: Free Press, 1950).
12. Carl Menger, *Investigations into the Method of the Social Sciences with Special Reference to Economics*, editado por Louis Schneider, traduzido por Francis J. Nock (Nova York: New York University Press, 1985).
13. Eugen V. Böhm-Bawerk, *Capital and Interest: a Critical History of Economical Theory*, 1890; fonte aberta disponível no <http://www.econlib.org/library/BohmBawerk/bbCICover.html>. *Capital e Interest* inclui Livros I e II da *The Positive Theory of Capital*. *Value* e *Price* inclui os Livros III e IV.
14. Ludwig von Mises, *Human Action, a Treatise on Economics* (New Haven, Conn.: Yale University Press, 1949).

302 O LEGADO VIVO DE PETER DRUCKER

15. Friedrich A. von Hayek, *The Road to Serfdom* (Chicago: University of Chicago Press, 1944).
16. Friedrich A. von Hayek, "The Use of Knowledge in Society", *American Economic Review* 35, no. 4 (1945), p. 519-530.
17. Friedrich A. von Hayek, *Prices and Production*, 2a. edição (Londres: Routledge, 1935; reimpresso em Nova York: A. M. Kelley, 1967), e Friedrich A. von Hayek, *The Pure Theory of Capital* (Chicago: University of Chicago Press, 1952).
18. Joseph Alois Schumpter, *The Theory of Economic Development: an Inquiry into Profts, Capital, Credit, Interest, and the Business Cycle* (Cambridge, Mass.: Harvard university Press, 1934).
19. Veja Peter F. Drucker, *The Concept of Corporation* (Nova York: New American Library, 1964); *The New society: the Anatomy of Industrial Order* (Nova York: Harper & Row, 1962); *Post-Capitalist Society* (Nova York: HarperBusiness, 1993) e *Innovation and Entrepreneurship: Practice and Principles* (Nova York: Harper & Row, 1985).
20. Peter F. Drucker, citado em Tim Stafford, "The Business of Kingdom", *Christianity Today*, 15 de novembro de 1999.
21. Global Insight, "Venture Impact: the Economic Importance of Venture Capital Backed Companies to the U. S. Economy", 2007.

Capítulo 15

1. Peter F. Drucker, *The Practice of Management* (Nova York: Harper and Brothers, 1954), p. 38-39.
2. Peter F. Drucker, *Management: Tasks, Responsibilities, Practices* (Nova York: Harper & Row, 1974), p. 64.
3. Peter F. Drucker, "The Customer Is the Business", em *Managing for Results* (Londres: Heinemann, 1964), p. 128.
4. Ibid., p. 131.
5. Peter F. Drucker, *Innovation and Entrepreneurship* (Nova York: HarperCollins, 1985), p. 251.
6. Drucker, "The Customer Is the Business", p. 116.
7. Ibid., p. 128.
8. Ibid., p. 113.
9. Ibid.
10. Ibid., p. 112-113.
11. Philip Kotler e Kevin Lane Keller, *Marketing Management*, 13a. edição (Upper Saddle River, N.J.: Pearson/Prentice Hall, 2008), p. 228.
12. Peter F. Drucker, *The Daily Drucker* (Nova York: HarperCollins, 2004), p. 225.

13. Drucker, "The Customer Is the Business", p. 114.
14. Ibid., p. 111.
15. Ibid., p. 128.
16. Drucker, *Innovation and Entrepreneurship*, p. 252.
17. Charles Handy, "Finding Drucker's Vision in All That Stuff", entrevista no *Marketplace*, American Public Media, 4 de fevereiro de 2008; <http://marketplace.publicradio.org/display/web/2008/02/04/drucker>, acessado em 23 de março de 2009.
18. Drucker, *The Practice of Management*, p. 39-40.

Referências

Capítulo 1

Barnard, Chester I. *The Functions of the Executive.* Cambridge, Mass.: Harvard University Press, 1938.

Drucker, Peter F. com Joseph A. Maciariello, *Management, Revised Edition.* Nova York: HarperCollins, 2008.

Drucker, Peter F. "Political Correctness and American Academe", *Society* 32, no. 1. Novembro-Dezembro 1994, p. 58-63.

Drucker, Peter F. com Joseph A. Maciariello, *The Daily Drucker.* Nova York: HarperCollins, 2004.

Drucker, Peter F. *The Concept of Corporation.* Nova York: John Day Company, 1946.

Drucker, Peter F. *The New Realities.* Nova York: Harper & Row, 1989.

Drucker, Peter F. *The Ecological Vision: Reflections on the American Condition.* New Brunswick, N.J.: Transaction Publishers, 1993.

Drucker, Peter F. Transcrição de uma conversa entre Peter Drucker e Bob Buford, Estes Park, Colorado, 10 de agosto de 1993.

Drucker, Peter F. *Landmarks of Tomorrownagement, Revised Edition.* New Brunswick, N. J.: Transaction Publishers, 1996.

Ética Aristotélica, <http://www.experiencefestival.com/a/Aristotelia_ethics/id/1918156>, acessado em 6 de abril de 2009. Nota do autor: Para Aristóteles, *aretê*, ou virtude, não era simplesmente uma questão de intelecto, mas também de vida virtuosa.

Fogel, Robert William. *The Fourth Great Awakening and the Future of Egalitarianism.* Chicago: University of Chicago Press, 2000.

306 O LEGADO VIVO DE PETER DRUCKER

Greider, William. *The Soul of Capitalism: Opening Paths to a Moral Economy*. Nova York: Simon and Schuster, 2003.

Hymowitz, Carol. "Pay Gap Fuels Worker Woes", *Wall Street Journal*, 28 de abril de 2008. <http://online.wsj.com/articles/SB120933662693248203.html?mod=googlenews_wsj>; acessado em 4 de abril de 2009.

Innes, Stephen. *Creating the Commonwealth: The Economic Culture of Puritan New England*. Nova York: Norton, 1995.

Khurana, Rakesh, *From Higher Aims to Hired Hands: The Social Transformation of American Business Schools and the Unfulfilled Promise of Management as a Profession*. Princeton, N. J.: Princeton University Press, 2007.

Skinner, B. F. *Beyond Freedom and Dignity*. Nova York: Knopf, 1971.

Staloff, Darren. *The Making of an American Thinking Class: Intellectuals and Intelligentsia in Puritan Massachusetts*. Nova York: Oxford University Press, 1998.

Sullivan, Patricia. "Management Visionary Peter Drucker Dies". *Washington Post*, 12 de novembro de 2005, p. B06.

Vogl, A. J. "The RealPower." revista *Across the Board, The Conference Board Review*™, janeiro-fevereiro de 2005.

Wood, Gordon. *The Creation of the American Republic: 1776-1787*. Chapel Hill: University of North Carolina Press, 1998.

Wuthnow, Robert. *God and Mammon in America*. Nova York: Free Press, 1994.

Capítulo 2

AP, Los Angeles. "US Management Visionary Peter Drucker Dies at 95". 13 de novembro de 2005, p. 1.

Behn, Robert. "The Massachusetts Department of Revenue, A-F". Estudo de caso da Duke University, janeiro de 1991.

Center for Business as an Agent of World Benefit; <http://worldbenefit.case.edu/>.

Di Meglio, Francesca. "A Crooked Path through B-School?" *Business Week*, 24 de setembro de 2006.

Drucker, Peter F. com Joseph A. Maciariello, *Management, Revised Edition*. Nova York: Harper Collins, 2008.

Drucker, Peter F. "*Really* Reinventing Government", *Atlantic Monthly,* fevereiro de 1995.

Drucker, Peter F. *The Age of Discontinuity: Guidelines to Our Changing Society.* Nova York: Harper & Row, 1969.

Drucker, Peter F. *The New Realities.* New Brunswick, N.J.: Transaction Publishers, 2003.

Escritório de Contabilidade do Governo dos EUA. "DoD's High-Risk Areas: Actions Needed to Reduce Vulnerabilities and Improve Business Outcomes". 12 de março de 2009, p. 21.

Fundação Peter G. Peterson. <http://pgpf.org/>.

Heineman, Ben. "G20 Fails to Take on Bribery", Op-Ed. *HarvardBusiness Review,* 3 de abril de 2009.

Jackson, Ira A. e Jane Nelson. *Profits with Principles: Seven Strategies for Creating Value with Values.* Nova York: Doubleday, 2004.

Kekic, Laza. "Index of Democracy 2007". The Economist Intelligence Unit.

Khurana, Rakesh, *From Higher Aims to Hired Hands: The Social Transformation of American Business Schools and the Unfulfilled Promise of Management as a Profession.* Princeton, N. J.: Princeton University Press, 2007.

Proudfoot Consulting. "2008 Global Productivity Report". <http://www.proudfootconsulting.com/productivity>.

Schulte, Bret. "A World of Thirst". *U. S. News & World Report,* 27 de maio de 2007.

Thomas, Landon, Jr. "Tax Break Helps a Crusader for Deficit Discipline". *New York Times,* 15 de fevereiro de 2008.

Volcker, Paul A. "Public Service: The Quiet Crisis."American Enterprise Institute for Public Policy Research, 1 de janeiro de 2000.

Capítulo 4

Drucker, Peter F. *A Functioning Society.* New Brunswick, N.J.: Transaction Publishers, 2003.

Drucker, Peter F. *Management: Tasks, Responsibilities, Practices.* Nova York: Harper & Row, 1993, p. 345.

Drucker, Peter F. *Managing in a Time of Great Change.* Butterworth-Heinemenn, 2002, p. 84.

308 O LEGADO VIVO DE PETER DRUCKER

Drucker, Peter F. *The Practice of Management*. Nova York: Harper & Row, 1954, p. 39-40.

Freeman, Edward. *Strategic Management: a Stakeholder Perspective*. Pitman Publishing, 1984.

Friedman, Milton. *Capitalism and Freedom*. Chicago: University of Chicago Press, 1962.

Goodyear, C. "Social Responsibility Has a Dollar Value." Theage.com, 27 de julho de 2006.

Handy, Charles. "What's a Business For?" *Harvard Business Review*, dezembro de 2002, p. 54.

Instituto de Contadores Administrativos "Executives Say Corporate Responsibility Can Be Profitable". *IMA Online Newsletter*, 15 de outubro de 2007.

Jensen, Michael. "Value Maximization, Stakeholder Theory, and the Corporate Objective Function". *Bank of America Journal of Applied Corporate Finance* 14, no. 3 (2001), p. 8-21.

Lougee, Barbara e James S. Wallace. "The Corporate Social Responsibility (CRS) Trend". *Journal of Applied Finance* 20, no. 1 (Inverno de 2008).

Martin, John D., J. William Petty e James S. Wallace. *Value-Based Management with Corporate Social Responsibility* 2ª edição. Oxford: Oxford University Press, 2009.

Orlitzky, M., F. Schmidt e S. Rynes. *Organization Studies* 24, no. 3 (2003).

Porter, Michael E. e Mark R. Kramer. "Strategy and Society: The Link between Competitive Advantage and Corporate Social Responsibility". *Harvard Business Review* OnPoint, dezembro de 2006.

Smith, Adam. *The Wealth of Nations*. Chicago: The University of Chicago Press, 1976.

Stewart III, G.Bennett. *The Quest for Value*. Nova York: Harper Business, 1991.

Capítulo 5

Barrington, Louise. "Business, Government and Civil Society – Working Together for a Better World". *Asian Review of Public Administration* 12, no. 1 (janeiro-junho de 2000).

"Big Investors Want SRI Research: European Institutions to Allocate Part of Brokers' Fees to 'Nontraditional' Information". *Financial Times*, 18 de outubro de 2004.

Business Roundtable, "Principles of Governance and American Competitiveness", 2005.

Byrne, John A. "The Man Who Invented Management". *Business Week*, 28 de novembro de 2005.

Carter, Colin B. e Jay W. Lorsch. *Back to the Drawing Board: Designing Corporate Boards for a Complex World*. Boston: Harvard Business School Press, 2003.

Carver, John. "The Promise of Governance Theory: Beyond Codes and Best Practices". *Corporate Governance* 15, no. 6 (2007), p. 1030-1037.

Centre for Civil Society and Centre for the Study of Global Governance, London School of Economics. *Global Civil Society 2003*, editores Mary Kaldor, Helmut Anheier e Marlies Glasius. Oxford: Oxford University, 2003.

Coombes, Paul e Simon Chiu-Yin Wong. "Chairman and CEO – One Job or Two?" *McKinsey Quarterly*, no. 2 (2004).

de Kluyver, Cornelis A. *A Primer on Corporate Governance*. Williston, Vt.: Business Expert Press, 2009.

Drucker, Peter F. "The Bored Board". *Wharton Magazine*, outono de 1976. Reimpresso em Peter F. Drucker, *Toward the Next Economics and Other Essays*, Londres: Heinemann, 1981.

Felton, Robert e Pamela Fritz. "The View from the Boardroom". *McKinsey Quarterly*, edição especial de 2005: "Value and Performance".

Jones, Dale E. "Corporate Crisis: The Readiness is All". *Heidrick & Struggles Governance Letter*, segundo trimestre de 2007.

MacAvoy, Paul W. e Ira M. Millstein. *The Recurrent Crisis in Corporate Governance*. Nova York: Palgrave Macmillan, 2003.

Millstein, Ira M., Holly J. Gregory e Rebecca C. Grapsas. "Six Priorities from the Boards in 2006". *Law and Governance* 10, no. 3 (2006).

"Re-examining the Role of the Chairman of the Board". Knowledge@Wharton, 18 de dezembro de 2002.

Saxby, John e Mark Schacter. *Civil Society and Public Governance: Getting a Fix on Legitimacy*. Ottawa: The Conference Board of Canada, 2003.

"Splitting Up the Roles of CEO and Chairman: Reform or Red Herring?" Knowledge@Wharton, 2 de junho de 2004.

310 O LEGADO VIVO DE PETER DRUCKER

"The State of Corporate Board, 2007 – A McKinsey Global Survey." *McKinsey Quarterly*, abril de 2007.

World Investment Report 2004: The Shift Towards Services. Geneva: UNCTAD, 2004.

Capítulo 7

Christensen, Clayton M. *The Innovator's Dilemma*. Boston: Harvard Business School Press, 1977, p. 133.

Drucker, Peter F. *Management: Tasks, Responsibilities, Practices*. Nova York: Harper & Row, 1974, p. 99 e Capítulo 34.

Drucker, Peter F. *The Practice of Management*. Nova York: Harper and Brothers, 1954, p. 36-37 e 51-56.

Drucker, Peter F. "The Theory of Business". *Harvard Business Review*, setembro-outubro de 1994, p. 95-104.

Edward Jones, Harvard Business School Caso 9-700-009, p. 7 e 15.

Edward Jones em 2006, Harvard Business School Caso 9-707-497, exibições 13 e 14.

Sathe, Vijay. *Manage Your Career*. Williston, Vt.: Business Expert Press, 2008, p. 28-30.

Capítulo 9

Bain, Joe S. *Barriers to New Competition: Their Character and Consequences in Manufacturing Industries*. Cambridge, Mass.: Harvard University Press, 1956.

Bain, Joe S. *Industrial Organization*. Nova York: John Wiley & Sons, 1959.

Caves, Richard E. *American Industry: Structure, Conduct, Performance*. Englewood Cliffs, N. J.: Prentice-Hall, 1964.

Drucker, Peter F. *Drucker 20 seiki wo ikite: Watashino rirekisho [My Personal History]*. Tóquio: Nihon keizai shinbunsha, 2005.

Drucker, Peter F. *Innovation and Entrepreneurship*. Nova York: Harper & Row, 1985.

Drucker, Peter F. *Managing for Results*. Nova York: Harper & Row, 1964.

Drucker, Peter F. *The Age of Discontinuity*. Nova York: Harper & Row, 1968.

Mason, Edward S. "Price and Production Policies of Large-Scale Enterprise". *American Economic Review* 29 (1939), p. 61-74.

Porter, Michael E. *Competitive Strategy: Techniques for Analysing Industries and Competitors*. Nova York: Free Press, 1980.

Scherer, F. M. *Industrial Market Structure and Economic Performance*. Chicago: Rand McNally, 1970.

Schumpeter, Joseph A. *Capitalism, Socialism, and Democracy*. Nova York: Harper & Brothers, 1942.

Womack, James P. Daniel T. Jones e Daniel Roos. *The Machine That Changed the World: The Story of Lean Production*. Londres: Macmillan, 1990.

Capítulo 10

Barnard, Chester I. *The Functions of the Executive*. Cambridge, Mass.: Harvard University Press, 1964.

Becker, Ernest. *The Denial of Death*. Nova York: Free Press, 1973.

Bligh, Michelle C., Jeffrey C. Kohles e Rajnandini Pillai. "Crisis and Charisma in the California Recall Election". *Leadership* 1, no. 3 (2005), p. 323-352.

Browne, John. "The G-20 Meeting: What Really Happened in London". 9 de abril de 2009. <http://www.dailymarkets.com/economy/2009/04/08/the-g-20-meeting-what-really-happened-in-london/>.

Cialdini, Robert B. *Influence: How and Why People Agree to Things*. Nova York: Quill, 1984.

Conger, Jay A. e Rabindra N. Kanungo, editores. *Charismatic Leadership: The Elusive Factor in Organizational Effectiveness*. São Francisco: Jossey-Bass, 1988.

Drucker, Peter F. "Can There Be Business 'Ethics'?". *The Public Interest* 63, no. 3, primavera de 1981, p. 18-36.

Drucker, Peter F. "Prefácio". Em *The Leader of the Future*. Frances Hesselbein, Marshall Goldsmith e Richard Beckhard, editores. São Francisco: Jossey-Bass, 1996.

Drucker, Peter F. *The Essential Drucker*. Nova York: HarperCollins, 2001.

Frankl, Viktor E. *Man's Search for Meaning*. Traduzido por Ilse Lasch, Boston: Beacon Press, 1959/1992.

312   O LEGADO VIVO DE PETER DRUCKER

Geertz, Clifford. *The Interpretation of Cultures*. Nova York: Basic Books, 1973.

Greenleaf, Robert K. *The Servant Leader*. Newton Centre, Mass.: Robert K. Greenleaf Centre, 1970.

Lipman-Blumen, Jean. *Connective Leadership: Managing in an Interdependent World*. Nova York: Oxford University Press, 2000/1996.

Lipman-Blumen, Jean e Harold J. Leavitt. "Vicarious and Direct Achievement Patterns in Adulthood". *Counseling Psychologist* 6(1) (1976), p. 26-32.

Lipman-Blumen, Jean. *The Allure of Toxic Leaders*. Nova York: Oxford University Press, 2005.

Machiavelli, Niccolò. *The Prince*. Nova York: W.W. Norton, 1977.

Maciariello, Joseph A. 2009. Comunicações pessoais.

Shils, Edward A. e Henry A. Finch, editores e tradutores (1949). *Max Weber on the Methodology of the Social Sciences*. Nova York: Free Press, 1949.

Weber, Max. *The Theory of Social and Economic Organization*. A. M. Henderson e Talcott Parsons, tradutores. Nova York: Oxford University Press, 1974.

<http://dictionary.reference.com/browse/Machiavellian>.

<http://www.internetworldstats.com/stats.htm>.

<http://www.labnol.org/internet/total-websites-on-internet-worldwide/5206/>.

<www.connectivelaedership.com ou www.achievingstyles.com>.

Capítulo 12

Akerlof, George. "Labor Contracts as Partial Gift Exchange". *Quarterly Journal of Economics* 97, no. 4 (1982), p. 543-569.

Becker, Gary. *Human Capital*, 2ª edição. Chicago: University of Chicago Press, 1975.

Card, David. "Immigrant Inflows, Native Outflows, and the Local Labor Market Impact on Higher Immigration." *Journal of Labor Economics* 19, no. 1 (2001), p. 22-64.

Doeringer, Peter e Michael Piore. *Internal Labor Markets and Manpower Analysis*. Lexington, Mass.: Heath, 1971.

Drucker, Peter F. *Management: Tasks, Responsibilities, Practices*. Nova York: Harper & Row, 1974.

Drucker, Peter F. *The New Society: The Anatomy of Industrial Order*. New Brunswick, N. J.: Transaction, 1993.

Edwards, Richard. "The Social Relations of Production in the Firm and the Labor Market Structures". Em *Labor Market Segmentation*, editores R. Edwards, M. Reich e D. Gordon. Lexington, Mass.: Heath, 1975.

Kerr, Clark, "Labor Markets: Their Character and Consequences". *American Economic Review* 40, no. 2 (1975), p. 278-291.

Oi, Walter. "Labor as a Quasi-Fixed Factor". *Journal of Political Economy* 70, no. 6 (1962), p. 538-555.

Pedace, Roberto. "Immigration, Labor Market Mobility, and the Earnings of Native-Born Workers: an Occupational Segmentation Approach". *American Journal of Economics and Sociology* 65, no. 2 (2006), p. 313-345.

Stiglitz, Joseph. "The Efficiency Wage Hypothesis, Surplus Labor, and the Distribution of Income in LDCs". *Oxford Economic Papers* 28, no. 2 (1976), p. 185-207.

Capítulo 13

Akerlof, George A. "The Market for 'Lemons': Quality Uncertainty and the Market Mechanism". *Quarterly Journal of Economics* 84, no. 3 (1970), p. 488-550.

Beatty, Jack. "The Education of Peter Drucker". *Atlantic*, 15 de dezembro de 2005.

Drucker, Peter F. com Joseph A. Maciariello. *The Daily Drucker*. Nova York: HarperCollins, 2004.

Drucker, Peter F. *Post-Capitalist Society*. Nova York: HarperBusiness, 1993.

Drucker, Peter F. *The New Realities*. Nova York: Harper & Row, 1989.

Fama, Eugene. "Efficient Capital Markets: a Review of Theory and Empirical Work". *Journal of Finance* 25 (1970), p. 383-417.

Pearce, Craig L. "The Future of Leadership: Combining Vertical and Shared Leadership to Transform Knowledge Work". *Academy of Management Executive* 18, no. 1 (2004), p. 47-57.

314 O LEGADO VIVO DE PETER DRUCKER

Capítulo 14

Ashton, T. S. *The Industrial Revolution, 1760-1830*. Londres: Oxford University Press, 1997.

Böhm-Bawerk, Eugen V. *Capital and Ingterest: a Critical History of Economical Theory*. 1890. Fonte aberta disponível no <http://www.econlib.org/library/BohmBawerk/bbCICover.html>.

Clavin, Patricia. *The Great Depression in Europe, 1929-1939*. Nova York: St. Martin's Press, 2000.

Cornwall, Mark, editor, *The Last Years of Austria-Hungary: a Multi-National Experiment in Early Twentieth-Century Europe*. Exeter: University of Exeter Press, 2002.

DeLong, J. Bradford. "Restoring the Pre-World War I Economy, Slouching Towards Utopia?: The Economic History of the Twentieth Century". Monografia eletrônica, Universidade da Califórnia em Berkely, fevereiro de 1997. Disponível no <http://www.j-bradford-delong.net/tceh/Slouch_Old.html>.

Drucker, Peter F. *Adventures of a Bystander*. Nova York: Harper & Row, 1979.

Drucker, Peter F. Cotado em Tim Stafford, "The Business of the Kingdom". *Christianity Today*, 15 de novembro de 1999.

Drucker, Peter F. *The Concept of the Corporation*. Nova York: New American Library, 1964.

Drucker, Peter F. *The Ecological Vision: Reflections on the American Condition*. New Brunswick, N. J.: Transaction Publishers, 1993.

Drucker, Peter F. "How Knowledge Works". *Atlantic*, novembro de 1994.

Drucker, Peter F. *Innovation and Entrepreneurship: Practice and Principles*. Nova York: Harper & Row, 1985.

Drucker, Peter F. *Management: Tasks, Responsibilities, Practices*. Nova York: Harper & Row, 1974.

Drucker, Peter F. "Management's New Paradigms". *Forbes*, 5 de outubro de 1998.

Drucker, Peter F. *Managing in a Time of Great Changes*. Nova York: Truman Talley Books/Dutton, 1995.

Drucker, Peter F. "The New Pluralism". *Leader to Leader*, outono de 1999.

Drucker, Peter F. *The New Realities: in Government and Politics, in Economics and Business, in Society and World View*. Nova York: Harper & Row, 1989.

Drucker, Peter F. *The New Society: the Anatomy of Industrial Order*. Nova York: Harper & Row, 1962.

Drucker, Peter F. *The Practice of Management*. Nova York: Harper and Brothers, 1954.

Drucker, Peter F. *Post-Capitalist Society*. Nova York: HarperBusiness, 1993.

Drucker, Peter F. "Schumpeter vs Keynes". *Forbes*, maio de 1983.

Ellis, John e Michael Cox. *The World War I Databook: the Essential Facts and Figures for All the Combatants*. Londres: Aurum, 2001.

Global Insight. "Venture Impact: The Economic Importance of Venture Capital Backed Companies to the U. S. Economy". 2007. Disponível no <http://www.globalinsight.com/PressRelease/PressReleaseDetail8726.htm>.

Grassl, Wolfgang e Barry Smith, editores. *Austrian Economics: Historical and Philosophical Background*. Nova York: New York University Press, 1986.

Hamilton, Richard F e Holger H. Herwig, editores *The Origins of World War I*. Cambridge, R. U.: Cambridge University Press, 2003.

Hayek, Friedrich A. von. *Prices and Production*, 2ª edição. Londres: Routledge, 1935; reimpresso em Nova York: A. M. Kelley, 1967.

Hayek, Friedrich A. von. *The Pure Theory of Capital*. Chicago: University of Chicago Press, 1952.

Hayek, Friedrich A. von. *The Road to Serfdom*. Chicago: University of Chicago Press, 1944.

Hayek, Friedrich A. von. "The Use of Knowledge in Society". *American Economic Review* 35, no. 4 (1945), p. 519-530.

Himmelberg, Robert F. *The Great Depression and the New Deal*. Westport, Conn.: Greenwood Press, 2001.

Hobsbawn, Eric. *The Age of Revolution: Europe 1789-1848*. Londres: Weidenfeld & Nicolson Ltd., 1962.

Keynes, John Maynard. *The General Theory of Employment, Interest and Money*. Nova York: Harcourt, Brace, 1936.

Kitchen, Martin. *A History of Modern Germany, 1800-2000*. Malden, Mass.: Blackwell, 2006.

Lawlor, Michael S. *The Economics of Keynes in Historical Context: An Intellectual History of the General Theory*. Nova York: Palgrave Macmillan, 2006.

316 O LEGADO VIVO DE PETER DRUCKER

Lidtke, Vernon L. *The Outlawed Party, Social Democracy in Germany, 1878-1890*. Princeton, N.J.: Princenton University Press, 1966.

Marx, Karl. *Karl Marx: Selected Writings*, editor David Mclellan. Oxford: Oxford University Press, 2000.

McElvaine, Robert S. *Franklin Delano Roosevelt*. Washington, D.C.: CQ Press, 2002.

McLellan, David. *Karl Marx: his Life and Thought*. Nova York: Harper & Row, 1973.

Menger, Carl. *Investigations into the Method of the Social Sciences with Special Reference to Economics*, editor Louis Scheider, tradutor Francis J. Nock. Nova York: New York University Press, 1985.

Menger, Carl. *Principles of Economics*, editores e tradutores James Dingwall e Bert F. Hoselitz. Glencoe, Ill.: Free Press, 1950.

Mises, Ludwig von. *Human Action, a Treatise on Economics*. New Heaven, Conn.: Yale University Press, 1949.

Schumpeter, Joseph Alois. *Capitalism, Socialism, and Democracy*. Nova York: Harper and Brothers, 1950.

Schumpeter, Joseph Alois. *The Theory of Economic Development: an Inquiry Into Profits, Capital, Credit, Interest, and the Business Cycle*. Cambridge, Mass.: Harvard University Press, 1934.

Sked, Alan. *The Decline and Fall of the Hapsburg Empire, 1815-1918*. Harlow, Inglaterra: Longman, 2001.

Smith, Richard. "The Drucker Vision: Corporations, Managers, Markets, and Innovation". Capítulo 14 neste volume. Nova York: McGraw-Hill, 2009.

Standard & Poor's. "S&P/Case – Shiller Home Price Indices 2008, A Year in Review". 13 de janeiro de 2009. Disponível no <http://www.standardandpoors.com/spf/pdf/index/Case-Shiller_Housing_Whitepaper_YearinReview.pdf>.

Tihany, Leslie C. "The Austro-Hungarian Compromise, 1867-1918: a Half Century of Diagnosis; Fifty Years of Post-Mortem". *Central European History* 2, no. 2 (1969), p. 114-138.

Capítulo 15

Adler, Margot. "Behind the Ever-Expanding American Dream House." National Public Radio (2009). <http://www.npr.org/templates/story/story.php?storyId=5525283>, acessado em 23 de março de 2009.

Bartels, Robert. *The Development of Marketing Thought*. Homewood, Ill.: R. D. Irwin, 1962.

Bell, Martin J. e C. William Emory. "The Faltering Marketing Concept". *Journal of Marketing* 35 (1971), p. 37-42.

Bennett, Roger e Robert Cooper. "Beyond the Marketing Concept". *Business Horizons* 25 (1979), p. 76-83.

Cohen, Elizabeth. *A Consumer's Republic: the Politics of Mass Consumption in Postwar America*. Nova York: Knopf, 2003.

Darroch, Jenny, George Day e Stan Slater. "A Tribute to Peter Drucker: Editors' Introduction to the Special Issue". *Journal of the Academy of Marketing Science* 37 (2009), p. 1-7.

Drucker, Peter F. *Management: Tasks, Responsibilities, Practices*. Nova York: Harper & Row, 1974.

Drucker, Peter F. *The Practice of Management*. Nova York: Harper and Brothers, 1954.

Drucker, Peter F. *The Age of Discontinuity: Guidelines tour Changing Economy*. Nova York: Harper & Row, 1968.

Drucker, Peter F. "The Customer is the Business". Em *Managing for Results*. Londres: Heinemann, 1964, p. 110-131.

Drucker, Peter F. *The Daily Drucker*. Nova York: HarperCollins, 2004.

Drucker, Peter F. *Innovation and Entrepreneurship: Practice and Principles*. Nova York: Harper & Row, 1985.

Flanigan, James e Thomas S. Mulligan. "Prolific Father of Modern Management". *Los Angeles Times*, 12 de novembro de 2005. <http://articles.latimes.com/2005/nov/12/business/fi-drucker12>, acessado em 23 de março de 2009.

Keith, Robert J. "The marketing Revolution". *Journal of Marketing* 24 (1960), p. 35-38.

Kotler, Philip e Kevin Lane Keller. *Marketing Management*, 13a. edição. Upper Saddle River, N. J.: Pearson/Prentice Hall, 2008.

Capítulo 16

Drucker, Peter F. "Reckoning with the Pension Fund Revolution". *Harvard Business Review*, março-abril de 1991.

Federal Reserve Board Flow of Funds Accounts, 2002.

318 O LEGADO VIVO DE PETER DRUCKER

Global Pension Statistics (2002) e OECD. Stat Extracts Pension Indicators (2008) Database.

Harris Interactive for the Security Industry Association. "Investors' Attitudes Towards the Securities Industry (2003)".

Ibbotson Associates. *Stocks, Bonds, Bills & Inflation (SBBI) Yearbook*. Chigaco: Ibbotson Associates, 2002.

Investment Company Fact Book, maio de 2003.

Investment Company of America and the Securities Industry Association. "Equity Ownership in America (1999)".

Securities Industry Association (SIA) Factbook, 2003.

Securities Industry Association. "1999 Annual SIA Investor Survey: Investors' Attitudes Towards the Securities Industry".

"Share Ownership Survey". New York Stock Exchange, 2000.

Índice

(Número de página "n" indica "notas")

A

A Functioning Society (Drucker), 85
A mão invisível do mercado, 77-79
Abandono sistemático, 56, 59, 199-201
Abordagem ao marketing total, 271
Abordagem de fora para dentro à definição do mercado, 271-274
ABR (administração baseada em responsabilidade), 137
Academia, 37, 61, 165
Acionistas:
    Ativismo aumentado dos, 93-94
    Foco corporativo nos, 35-36, 76, 107-115, 118-119, 126, 255-256
Administração baseada em valor (ABV), 32-33, 35, 39-45, 76-83, 293n1
Administração baseada em valor(es), 75-85, 121-122
Administração baseada na responsabilidade (ABR), 137-138
Administração de recursos humanos, 212
Administração ética, 38-39, 42-43, 97, 251-260
Administração:
    Ambiente, importância do, 153-164
    Autoadministração, 189-207
    Baseada em valor (ABV), 32-33, 35, 39-45, 76-83, 293n1
    Baseada em valor(es), 75-85, 121-122
    Baseada na responsabilidade (ABR), 137

Como arte liberal, 31-45, 54-55, 158-160
Contexto histórico, 66-68
De profissionais do conhecimento, 63-73, 189-219
E propósito corporativo, 119-122
Ética, 38-39, 42-43, 97, 257-260
Funcionários, responsabilidade para com os, 39-40
Papel dos recursos humanos da, 212-215
Responsabilidade da diretoria, 89-90, 92-95
Responsabilidades dos fundos de pensão, 282
vs governança, 92-93
AIG (American International Group), 41
Ajuda internacional, desvantagens da, 145
Akerloff, George, 230
Alemanha, 50, 61
Alocação de capital como propósito corporativo, 108-113
Ambiente global, 162-164
Ambiente industrial, 154-158, 162-164
Ambiente nacional, 155, 158-164
Ambiente, organizacional, 153-164
Arte *vs techné*, 289-290n11
Artes liberais, administração como, 31-45, 55, 158-160
ASAI (Inventário de 360° de Avaliação dos Estilos de Realização), 185-186

320 O LEGADO VIVO DE PETER DRUCKER

ASI *(Inventário L-BL de Estilos de Realização)*, 184
ASSET *(Técnica de Avaliação Situacional dos Estilos de Realização)*, 184-185
Associação Americana de Marketing (AMA), 277-278
Atenção direcionada, 194-202 (*Veja também* Atenção plena)
Atenção focada, poder da, 194-202 (*Veja também* Atenção plena)
Atenção plena, 192-194, 199-206
Atenção, importância da, 194-202 (*Veja também* Atenção plena)
Atitude mental de crescimento, 202-204
Atitude mental fixa, 202-204
Atitude mental para o *status quo*, 202-204
Atitude mental, fixa e de crescimento, 202-204
Ativos, funcionários como, 48, 191
Autenticidade, 172-173
Autoadministração, 188-207
Autoatualização, 116-117
Autointeresse e operações de mercado, 77-78

B

Bachman, John, 135-136
Barnard, Chester, 39
Beatty, Jack, 222
BHP Billiton, 82
Binay, Murrat, 28, 279
Böhm-Bawerk, Eugen von, 243
Buffet, Warren, 112-113

C

CAI (Conta de Aposentadoria Individual), 283-284
Capital humano, 226
Capitalism and Freedom (Friedman), 76
Capitalism, Socialism, and Democracy (Schumpeter), 153, 158, 246

Captação de riqueza *vs* criação de riqueza, 110
Caráter, 38, 121, 168, 172, 187-188
Carisma, 165-168, 179, 187
CEO (diretor-executivo), 40-41, 54, 94-99, 196-199
CEO interno, fortalecendo o, 196-199
Cérebro/Sistema nervoso e autoadministração, 194-202
Chambers, John, 69
Clientes:
  E marketing, 267-278
  Foco corporativo no, 105-122, 126, 135-136, 267-278
  Foco de organizações sem fins lucrativos nos, 141, 146-147
  Racionalidade vs irracionalidade de, 270-271
Codeterminação, 88-89
Collins, Jim, 152
Compensação, lacuna entre executivo-trabalhador na, 40-41, 55
Competitive Strategy (Porter), 156
Competitividade, 110-111, 162-164, 272-273
Conceito de "Comunidade Fabril", 253-257
Conceito de diretor líder, 98
Conjunto de estilos de realização direto, 177-179
Conjunto de estilos de realização instrumental, 179-181
Conjunto de estilos de realização relacional, 181-184
Corporativo (*Veja* Setor comercial)
Corrupção, organizacional, 35-36, 50, 99-100, 102, 226-227
Csikszentmihalyi, Mihaly, 196

D

Danos morais no mercado de mão de obra, 213-215
Darroch, Jenny, 28, 267

Davenport, Tom, 189-190
de Kluyver, Cornelis A., 26, 85, 87
Delegação, *trade-off* na, 185-186
Deming, W. Edwards, 160
Democracia, 57, 175, 246, 253
Desigualdade, socioeconômica, 39, 55
Desregulamentação do setor financeiro, 55
Dinâmica coletiva, poder da, 226-233
Dinâmica de grupo, poder da, 226-233
Direitos proprietários, 107-108
Diretores, diretoria corporativa, 89-90, 93-95, 99-101
Diretorias, 87-101
Diversidade e liderança conectiva, 170-172
Drayton, Bill, 144, 295n18
Drucker, Peter F.:
  Administração como arte liberal, 36, 38-39
  Administração ética, 42-45
  Aspecto ruim do carisma, 165-168
  Cliente como foco da empresa, 267-278
  Como ecologista social, 48
  Como economista humanista, 221-233
  Como pensador de sistemas, 49-50, 55
  Compensação excessiva de executivos, 40-42
  Desafios como oportunidades, 58, 153, 164
  E a administração baseada em valor(es), 84-85
  E a teoria dos negócios, 134
  E o Japão, 42, 158, 160-161, 195, 247, 254
  Estratégia e propósito, 125-138
  Fundos de pensão, 279-287
  Governança corporativa, 87-102
  Governo, 47, 49-54, 56-57, 60
  Informações biográficas, 50-51, 236-242

Intenção de lucro, 1115, 125, 129
Liderança compartilhada, 66-68, 72
Liderança conectiva, 168-185
Marketing, 267-278
Mercados de mão de obra e recursos humanos, 209-233
Profissionais com conhecimento, 63-73, 189-207
Propósito corporativo, 80-81, 103-138, 253-267
Responsabilidade, 48, 54-56
Setor social (sem fins lucrativos), 139-152
Sociedade civil, 47-61
Visão de, 235-265 (*Veja também* tópicos específicos)
Visão geral dos princípios, 49-50
Dweck, Carol, 203

E

Economia clássica, 242, 245, 248, 249-253
Economia Keynesiana, 224, 241, 242, 245-246, 249-250
Economia *laissez-faire*, 249
Economia:
  Ambiente para organizações, 153-164
  Bases da visão de Drucker 242-247
  Colapso da economia global (2008-2009), 31, 54-55, 263-265
  Como fundação para a administração baseada em valor(es), 80-81, 84
  Contribuições de Drucker à, 221-233
  Keynesiana, 224, 227, 241, 245-246, 249
Economista humanista, Drucker como, 221-233
Edersheim, Elizabeth Haas, 207
Educação em negócios, desenvolvimento da, 34
Edward Jones, 129-130, 133-138
Ekman, Paul, 205

322 O LEGADO VIVO DE PETER DRUCKER

Elasticidade da lei salarial, 210-211

Ellsworth, Richard, 26, 107, 123, 126

Emoções reativas, atenção plena das, 205-206

Empreendedorismo social, 60-61, 143-153

Empreendedorismo, setor social, 60-61, 143-152

Era Conectiva, 168-184

Era Geopolítica, 168-170, 178, 184

ERISA (Lei de **Segurança** da Renda de Aposentadoria do Empregado) (1974), 282-284

Escola Austríaca de Economia, 242, 245

Espectador imparcial, 201-206

Essays on Entrepreneurs, Innovations, Business Cycles, and the Evolution of Capitalism (Schumpeter), 235

Estilo de realização colaborativo, 181-184

Estilo de realização competitivo, 178

Estilo de realização confiante, 180-181

Estilo de realização contribuidor, 182

Estilo de realização indireto, 182-183

Estilo de realização intrínseco, 177

Estilo de realização pessoal, 179-180

Estilo de realização social, 180

Estilo para alcançar o poder, 178

Estilos de realização, 173, 175, 185

Estratégia de liderança de delegação de poder, 71-72

Estratégia de liderança diretiva, 68-69

Estratégia de liderança transacional, 69

Estratégia de liderança transformacional, 70

Estratégia, 68-72, 117-120, 125-139

Estrutura de análise da indústria com cinco forças, 157

Estrutura POEE, 127-139

Execução *vs* estratégia e propósito corporativo, 136-138

F

Fazer dinheiro como propósito corporativo, 77-79, 107-113, 119-120, 127-130

Frankl, Viktor, 187

Freeman, Edward, 79

Friedman, Milton, 76, 79

From Higher Aims to Hired Hands (Khurana), 36

Funcionários:

Como ativos, 48, 191

E propósito corporativo, 107, 136-138

E trabalho como fonte de significado, 115-116 (*Veja também* Profissionais do conhecimento)

Problemas de recrutamento no setor público, 56

Questão de diversidade, 170-171

Recursos humanos e mercados de mão de obra, 209-219

Responsabilidades de liderança para os, 123

Fundação Drucker, 140-142

Fundação Peter F. Drucker para Administração de Empresas Sem Fins Lucrativos, 140-142

Fundos de pensão, 256-257, 279-287

G

Galbraith, John Kenneth, 170

Gardner, John W., 140, 294n4

Global Compact, ONU, 58-59

Globalização, 99, 168, 170

GM (General Motors), 55-56, 224-225, 282

Goodyear, C. W., 82

Governança, corporativa, 87-102

Governo:

Democracia social, 238-240, 242

Democracia, 57, 174-175, 246-253

E transformação do setor social, 151

Papel na sociedade civil, 47, 49-54, 56-58, 59-60
Poder do, 59, 227-233, 264-265
Regulamentação pelo, 55, 87, 93, 231-233, 258
Greenleaf, Robert K., 175
Greider, William, 41
Grupos de interesse especial, 226-227

H

Handy, Charles, 76-77, 276
Hanna, Mark, 226
Hayek, Friedrich von, 244-245
Hesselbein, Frances, 140, 294n5
Hewlett-Packard (HP), 105
Hipótese de mercados eficientes, 225
Hipótese do salário de eficiência, 214-215, 218
Hunter, Jeremy, 27, 189
Hwang, Henry Y., 47

I

Imigração, impacto do mercado de mão de obra da, 215-218
Independência, diretoria e diretores, 89-90
Innovation and Entrepreneurship (Drucker), 143
Inovação:
   E marketing, 272-274
   E mudança ambiental, 155, 157-160, 162-164
   E propósito social corporativo, 260-262
   Setor social (sem fins lucrativos), 143-152
Instituto de Líder para Líder, 141-142
Instrumentalismo ético, 173-175
Interdependência, liderança conectiva, 170-172
Inventário de 360° de Avaliação dos Estilos de Realização (ASAI), 184-185

Inventário de Estilos de Realização Organizacional (OASI), 184
Inventário individual, liderança conectiva, 184
Inventário situacional para liderança conectiva, 184-185
Inventários para liderança conectiva, 184-185
Investigations into the Method of the Social Science With Special Reference to Economics (Menger), 243
Investimento institucional, 87, 100, 256-257, 279-287
Investimento socialmente responsável (ISR), 84

J

Jackson, Ira A., 25, 47, 58-60
James, William, 194
Japão, 42, 158, 160-161, 195, 247, 254
Jenson, Robert, 81
Johnson & Johnson, 114-115

K

Khurana, Rakesh, 36
Kimbal, Bruce, 38
Kramer, Mark, 81
Kravis Leadership Institute, 145, 296n21

L

Landmarks of Tomorrow (Drucker), 44
Lang, Robert, 297n33
Leavitt, Harold J., 173
Lei "Sirva à América", do Senador Edward M. Kennedy, 151
Lei salarial total, 210-212
Lei salarial, 210-218
Lei Sarbanes-Oxley (2002), 88, 93-94
Lewis, Kenneth D., 95
Líder servidor, 175
Liderança compartilhada, 64-73
Liderança conectiva, 168-185

324 O LEGADO VIVO DE PETER DRUCKER

Liderança de comando e controle, 67-68, 169, 178

Liderança hierárquica, 64-71, 72-73, 130, 169, 178

Liderança vertical, 64-71, 73, 130-131, 168-169, 178

Liderança:
Como imperativo governamental, 52
Como responsabilidade vs privilégio, 185-186
Compartilhada, 64-73
Conectiva, 168-187
Contexto histórico, 66-68
De delegação de poder, 70-71
De profissionais do conhecimento, 63-73, 189-207
Desvantagens do carisma, 165-167, 179, 188
Diretiva, 68-69
Diretoria, 87-102
Drucker sobre, 166-167
E propósito corporativo, 122-123
E vida significativa, 186-188
Transacional, 69
Transformacional, 70
Vertical, 64-70, 73, 130, 168-169, 178-179

Linkletter, Karen, 25, 31

Lipman-Blumen, Jean, 27, 165, 173, 193

Lougee, Barbara, 84

Low-Profit Limited Liability Company (L_3C), 297n33

M

Maciariello, Joseph A., 23, 25, 31, 35, 54

Man's Search for Meaning (Frankl), 187

Manage Your Career (Sathe), 125

Management, Revised Edition (Drucker), 36, 40

Management: Tasks, Responsibilities, Practices (Drucker), 75, 115, 134, 212, 247, 250-253, 257-262, 267

Managing for Results (Drucker), 154, 164, 269

Managing in a Time of Great Change (Drucker), 80, 256

Maquiavel, Niccolò, 173-174

Maquiavelismo desnaturado, 173-175

Marcos significativos, objetivos como, 134-135, 294n5

Marketing, 247-278

Martin, John, 75

Maslow, Abraham, 116

Mason, Edward S., 156

Maximização de riqueza (*Veja* motivo de lucro)

McCallum, Daniel C., 67

Meditação por concentração, 198-199

Meditação, concentração, 198-199

Menger, Carl, 243

Mercados de mão de obra e recursos humanos, 209-219

Mercados de mão de obra internos (MMOIs), 212-213, 218

Mercados:
Abordagem de fora para dentro, 271-274
E autointeresse, 77-78
Hipótese de mercados eficientes, 225
Impacto dos fundos de pensão, 281-287
Para mão de obra, 209-219
Resposta organizacional aos, 153-164

Metas operacionais, 120-121

Mill, John Stuart, 270

Mises, Ludwig von, 244

Missão, administrando para a, 145, 150, 176

MMOIs (Mercados de mão de obra internos), 212-213, 218

Modelos de comportamento dos consumidores, 222-223

Modelos L-BL de Estilos de Realização, 177-184

Monopólio natural, 232

Índice **325**

Motivo de lucro:
A mão invisível de Smith, 77-79
Como meios para fins maiores, 76-77
E foco no acionista, 107-113
E foco no cliente, 113-115
E inovação, 260-262
Propósito social do, 249-253, 255-256

N

National Labor Relations Board (NLRB), 67-68
Neuroplasticidade, 200-201, 206

O

OASI (Inventário L-BL de Estilos de Realização Organizacional), 184
Objetivos no propósito e estratégia, 134-135, 294n5
Oportunidade, desafios como, 58, 153, 164
Orators and Philosophers (Kimball), 38

P

Pearce, Craig L., 23, 25, 63, 225
Pedace, Roberto, 27, 209, 217
Pensador de sistemas, Drucker como, 49-50, 56
Percepção e produtividade, 201 (Veja também Atenção plena)
Percepção, treinamento da, 195-196, 206-207
Peter F. Drucker and Masatoshi Ito Graduate School of Management, 19-25, 61
Peterson, Pete, 56-57
Petty, William, 85
Políticas de Diferenças, 171
Políticas de semelhanças, 171
Políticas e propósito corporativo, 137
Porter, Michael E., 81, 156
Posições de Chairman vs CEO, 95-99

Prag, Jay, 28, 221
Princípios do Certificado de Comércio Justo, 295n20
Principles of Economics (Menger), 243
Produtividade de profissionais do conhecimento, 189-207
Produtos do comércio justo, 145-148
Profissionais do conhecimento, 58, 63-73, 189-207
Profits with Principles (Jackson), 58-59
Propósito social corporativo:
Acionistas como foco do, 36, 76, 107-113, 118, 126, 255-256
Conceito de "comunidade fabril", 254-255
Definido, 104-105
E administração baseada em valor(es), 75-85, 121-122
E estratégia, 117-120, 125-138
E inovação, 260-262
E metas operacionais, 120-121
E o colapso econômico (2008-2009), 263-265
E valores compartilhados, 121-122
E vida significativa, 115-117
Equilibrando os interesses dos stakeholders, 106
Funcionários como foco do, 107, 136-138
Intenção de lucro, 76-79, 107-115, 249-253, 255, 260-262
Introdução, 103-104
O cliente como foco do, 105-122, 126, 135-136, 267-278
Responsabilidades administrativas, 119-122
Responsabilidades de liderança, 122-123
Propósito, corporativo (Veja Propósito social corporativo)
Propriedade, corporativa, 108-109, 112, 279-280

326 O LEGADO VIVO DE PETER DRUCKER

R

Racionalidade limitada, 270-272
"*Really* Reinventing Government"
(Drucker), 49
*Reckoning with the Pension Fund
Revolution* (Drucker), 108
Regulamentação, 54-55, 88-89, 93-94,
230-233, 258
Responsabilidade social corporativa
(RSC):
  Administração baseada em valor(es),
  77, 80-84
  Administração ética, 257-260
  Fundos de pensão, 256-257
  Governança, 99-102
  Intenção de lucro, 249-253
  Na sociedade civil, 54-56, 58-61, 262
  No colapso econômico (2008-2009),
  31
  Por resultados vs atividades, 137
Responsabilidade, 54-56, 58-61, 172-
173
Responsabilidade:
  [*Veja também* Responsabilidade social
  corporativa (RSC)]
  Como central à sociedade civil, 48,
  54-56
  Fundos de pensão, 282
  Na liderança, 90-91, 93-95, 122-123,
  185-186
  Para com os funcionários, 39-40
Retorno sobre os ativos (ROA) e RSC,
84
Rice, Paul, 145-148

S

Sathe, Vijay, 26, 117, 125
Say, Jean Baptiste, 66
SCA Packaging, 81-82
Scherer, Scott, 27, 189
Schumpeter, Joseph A., 153, 157-158,
235, 242, 245-247, 261-262

Seleção adversa no mercado de mão de
obra, 214-215
Setor comercial:
  Fatores ambientais, 145-156
  Marketing, 268-278
  O cliente como foco no, 105-122,
  126, 135-136, 267-278
  Papel da sociedade civil, 53-56, 58-
  61, 100, 248
  Questão da propriedade, 108, 112,
  279-280
  Teoria dos negócios, 134
  Visão, corporativa, 117-118, 125-
  138 (*Veja também* as entradas que
  começam com Corporativo)
Setor filantrópico, 48
  [*Veja também* Setor social (sem fins
  lucrativos)]
Setor privado, 48, 59
  [*Veja também* Setor social (sem fins
  lucrativos)]
Setor público, 48, 60
  (*Veja também* Governo)
Setor sem fins lucrativos (social) [*Veja*
  Setor social (sem fins lucrativos)]
Setor social (sem fins lucrativos):
  Definido, 142-143
  Desenvolvimento recente no, 57-58
  Drucker sobre o, 139-152
  Empreendedorismo no, 61, 143-152
  Foco da missão do, 145, 150
  Foco do cliente no, 141, 146-147
  Papel da sociedade civil no, 48, 53,
  57
Simon, Herbert, 270
Sistema de aposentadoria, 256-257,
279-287
Sistema nervoso e autoadministração,
194-202
Smith Orr, Sarah, 27, 139
Smith, Adam, 77-79, 201-202
Smith, Richard, 27-28, 235
Sociedade civil:

Índice **327**

E marketing, 274-276
Introdução, 47-48
Papel acadêmico, 60-61
Papel corporativo, 53-56, 58-61, 100, 248, 262
Papel do setor social (sem fins lucrativos), 48, 53, 57
Papel governamental, 47, 49-54, 56-58, 59-60
Profissionais com conhecimento em, 58
Stakeholders, 99-101, 106, 122-123, 132-134
  (*Veja também* Clientes; Funcionários; Acionistas)
Stewart, G. Bennett III, 78
Stocker, Leslie E., 70
Strategic Management: A Stakeholder Perspective (Freeman), 79
Strategy and Society (Porter e Kramer), 81
Sullivan, Patricia, 40

T

Teoria da utilidade, 222-223
Teoria dos *stakeholders*, 76, 80-83
The Age of Discontinuity (Drucker), 47, 49-51, 63, 153
The Concept of the Corporation (Drucker), 40, 250-251
The Corporation (filme), 129
The Definitive Drucker (Edersheim), 207
"The Education of Peter Drucker" (Beatty), 221
The End of Economic Man (Drucker), 50
The Farther Reaches of Human Nature (Maslow), 116
The Functions of the Executive (Barnard), 39
The New Realities (Drucker), 51, 221-224, 226, 230, 256-257

The New Society (Drucker), 209, 212, 213, 249, 254
The Positive Theory of Capital (Böhm-Bawerk), 243
The Practice of Management (Drucker), 37, 80, 107, 125-128, 192, 250, 267
The Purpose Driven Life (Warren), 35
The Quest for Value (Stewart), 78
The Road to Serfdom (Hayek), 244
The Soul of Capitalism: Opening Paths to a Moral Economy (Greider), 45
The Theory of Economic Development (Schumpeter), 245
The Theory of Moral Sentiments (Smith), 201
The Unseen Revolution: How Pension Fund Socialism Came to America (Drucker), 279
The Wealth of Nations (Smith), 77-78
Trabalhadores (*Veja* Funcionários)
Trabalhadores manuais, 215-218
Trabalho com conhecimento baseado em equipes, 63-73
  "Teoria dos negócios", 134
  Technê vs arte, 289n11
TransFair USA, 145-148
Transparência, organizacional, 55-56, 88

V

Valores compartilhados e propósito corporativo, 121-122
Value-Based Management with Corporate Social Responsibility (Martin, Petty e Wallace), 75
Várias tarefas e produtividade, 196-198
Vida significativa:
  Contribuição da liderança à, 186-188
  E propósito corporativo, 115-117
Visão:
  Corporativa, 117-118, 125-139
  De Drucker, 235-265
Voluntarismo, 57

W

Walker, David, 57
Wallace, James, 26, 75, 85
Warren, Rick, 35
Washington, Fay, 148-149
Weber, Max, 165
Welch, Jack, 126
"What Business Can Learn from Nonprofits" (O Que as Empresas Podem Aprender com as Organizações Sem Fins Lucrativos) (Drucker), 140
Wilson, George, 282
Wriston, Walter, 41
Wuthnow, Robert, 45

Y

Yamawaki, Hideki, 23, 27, 153
YWCA da Grande Los Angeles (YWCA/GLA), 148-150